H. O. Kluge

Lehrbuch der Schwimmkunst

H. O. Kluge

Lehrbuch der Schwimmkunst

ISBN/EAN: 9783743394438

Hergestellt in Europa, USA, Kanada, Australien, Japan

Cover: Foto ©Andreas Hilbeck / pixelio.de

Weitere Bücher finden Sie auf **www.hansebooks.com**

Lehrbuch

der

Schwimmkunst.

--- —

Für Turner und andere Freunde der Leibesübungen

und zur

Benutzung in Schul- und Militär-Schwimmanstalten

unter Mitwirkung

von

Dr. Carl Euler,

erstem Civillehrer an der Königl. Central-Turnanstalt zu Berlin,

herausgegeben

von

H. O. Kluge,

Vorsteher von Turnanstalten und Turnlehrer bei der Berliner Feuerwehr.

Mit neun Tafeln Abbildungen.

—— — ——— —

BERLIN

VERLAG VON E. H. SCHROEDER

HERMANN KAISER

Unter den Linden Nr. 41.

1870.

Vorwort.

Es war die ursprüngliche Absicht, dem »Lehrbuch der Schwimmkunst« als Einleitung eine Geschichte der Schwimmkunst in eingehender Darstellung vorauszusenden. Als aber der von Kluge seit Jahren gesammelte, durch die werthvollen Beiträge Lion's beträchtlich vermehrte Stoff zum Zweck der Herausgabe gesichtet, geordnet und überarbeitet wurde, wuchs derselbe so bedeutend in die Breite, dass es den Herausgebern angemessen erschien, um für das rein Sachliche mehr Raum zu gewinnen, mit Verzichtleistung auf eine ausführliche Geschichte des Schwimmens sich mit einigen kurzen geschichtlichen Andeutungen zu begnügen und dieselben in das Vorwort zu verweisen. —

Das Schwimmen darf man als eine der ältesten und verbreitetsten Leibesübungen bezeichnen, die von allen Völkern getrieben wurde und getrieben wird, deren Wohnsitze sich an Flüssen und Meeren befinden. Die Inselbewohner des stillen Oceans z. B., Männer und Frauen, sind ganz ausgezeichnete Schwimmer, die selbst die stärksten Brandungen nicht scheuen.

Die Griechen waren sehr früh des Schwimmens kundig. In anschaulichster Weise schildert Homer im fünften Buch der Odyssee, wie Odysseus, nachdem Poseidon sein Floss zertrümmert, den Schleier der Göttin Leukothea sich als Schwimmgürtel umlegend und »die Hände verbreitend, *) in Eile dahin schwimmt,«

---

*) Vergleiche man hiermit eine Stelle beim Propheten Jesaia (lebte um 700 v. Chr.) 25, 11: „Und er wird seine Hände ausbreiten mitten unter sie, wie sie ein Schwimmer ausbreitet, zu schwimmen." Homer und Jesaia sprechen übereinstimmend (auch in dem Urtext) von einem Ausbreiten der Hände. Es ist hier also beim Schwimmen wohl ein ähnliches Ausbreiten

I*

IV

zwei Tage und zwei Nächte hindurch, bis er endlich das Land
erblickt, wie er dann mit der Brandung kämpft und herumschwimmt, »hinschauend zum Land, abhängiges Ufer irgendwo
zu erspähn und sichere Busen des Meeres;« bis er »die Mündung
des schönherwallenden Stromes schwimmend erreicht« und sich
nun gerettet sieht.

Das Schwimmen war besonders zu Athen eine so allgemein
verbreitete, schon in der Jugend erlernte körperliche Fertigkeit,
dass die Worte: er kann »weder schwimmen noch lesen« (μήτε
νεῖν μήτε γράμματα) die sprüchwörtliche Bezeichnung eines körperlich und geistig ungebildeten Menschen wurde. Die Knaben
sollen vor allen Dingen schwimmen und lesen lernen, ist ein
Gebot der solonischen Erziehungsgesetzgebung. Plato lobt die
Schwimmkunst, weil sie den Menschen aus grossen Gefahren
befreien könne und ihn ausserdem beherzt und kühn mache.
Aristoteles stellt Betrachtungen an über das Baden und Schwimmen im Meere und Süsswasser und findet, dass sich im ersteren leichter schwimmen lasse, weil es den Körper besser trage.
Er vergleicht das Schwimmen in Bezug auf die dabei obwaltende Thätigkeit und Bewegung der Glieder mit dem Lauf.
(Vgl. Krause, Gymnastik und Agonistik der Hellenen S. 626
u. 632.) Herodot berichtet (VIII. 89), wie in der Schlacht bei
Salamis die Hellenen, denen ihr Schiff zertrümmert wurde, ans
Land schwammen, während die des Schwimmens unkundigen
Perser massenhaft ertranken. Bekannt ist die Erzählung von
Leander, der allnächtlich über den Hellespont zu seiner Geliebten Hero schwamm, bis er in einer stürmischen Nacht ein Raub
der Wellen wurde. Lord Byron führte 1810 mit glücklichem
Erfolg dasselbe Wagestück aus. Auch in mancherlei Schwimmkünsten waren die Griechen erfahren. So übten sich die
Athener auch fleissig im Tauchen. Besonders aber die Inselgriechen, z. B. die Bewohner von Delos, waren vortreffliche
Taucher. Der Skionäer Skillias soll im zweiten Perserkrieg viele

der Arme, d. h. ein Seitwärtsstreichen derselben zu verstehen, wie wir es
beim Schwimmen machen, also kein s. g. Pudeln! Eine andre Stelle in der
Bibel, welche beweist, dass das Schwimmen den Juden auch in späterer Zeit
nicht unbekannt gewesen ist, befindet sich Apostelgeschichte 27, 43: „Und
hiess, die da schwimmen konnten, sich zuerst in das Meer lassen und entgehen an das Land."

V

durch den Schiffbruch der persischen Flotte versunkene Schätze
vom Meeresboden heraufgeholt haben. Ja, man erzählte von
ihm, dass er 2 Meilen (80 Stadien) unter dem Meere geschwommen sei, um von der persischen Flotte zur griechischen zu gelangen. Doch erscheint dies selbst Herodot (VIII. 8) nicht recht
glaublich. Es wird uns weiter von gymnastischen Spielen
im Wasser, von Schwimm- und Taucherwettkämpfen erzählt,
und die Griechen, welche vom leukadischen Felsen ins Meer
hinabsprangen (um die Leiden der Liebesgluth zu heilen), dürfen
sich kühn unseren besten Wasserspringern zur Seite stellen.

Auch bei den Römern ist das Schwimmen eine von Alters her
getriebene und hochgeschätzte, ja von Dichtern besungene Kunst,
die selbst den Frauen in den früheren Zeiten der Republik nicht
unbekannt gewesen zu sein scheint. Nach römischer Ueberlie-
ferung durchschwimmt Clölia mit zehn anderen Jungfrauen den
Tiberstrom, um König Porsena zu entfliehen, springt Horatius
Cocles von der tapfer vertheidigten Brücke in den Strom hinab
und theilt in voller Rüstung mit kräftigen Armen die Wogen.
Das Schwimmen gehörte zur körperlichen Erziehung der römischen Jugend. Der Vater lehrt den Sohn reiten, schwimmen,
mit der Faust und mit den Waffen kämpfen. Dies berichtet
z. B. Plutarch vom älteren Cato (Plut. Cato major c. 20). Letzterer begnügte sich aber nicht mit dem einfachen Schwimmen
im ruhigen Wasser, sondern sein Sohn musste auch lernen,
kühnen Muthes dem Strudel und den sturmerregten Wellen zu
trotzen. Auch in der Kaiserzeit blieb das Schwimmen eine
körperliche Hauptübung, in der noch Augustus seine Enkel
selbst unterrichtete. Wenn die vornehme römische Jugend ihre
Waffenübungen auf dem Marsfeld beendet hatte, nahm sie ein
erfrischendes Schwimmbad in der vorbeifliessenden Tiber. Nur
Weichlinge entzogen sich solchen Vergnügungen. Wer des
Schlafes bedürftig ist, sagt Horaz, möge gesalbt dreimal die
Tiber durchschwimmen: Ter uncti

Transnanto Tiberim, somno quibus est opus alto.
(Hor. Serm. II, 1. 8.)

Als einen sehr rüstigen Schwimmer bezeichnet Sueton (Caes. 64)
den Cäsar, der sich im alexandrinischen Krieg durch Schwimmen
vom sinkenden Schiff zu einem anderen rettete, indem er hoch
in der Linken seine Schriften hielt, also mit einer Hand schwamm

und seinen Feldherrnmantel mit den Zähnen festhaltend nach
sich zog. Shakspeare im »Julius Cäsar« (I. 2) lässt freilich Cassius
sich rühmen, dass er den ermatteten und um Rettung winseln-
den Cäsar aus den Fluthen der Tiber gezogen habe.
Die Erlernung des Schwimmens war eine Forderung, die
an alle römischen Soldaten gestellt wurde. Denn nicht
immer, sagt Vegetius (de re militari I,10), kann man die Flüsse
auf Brücken überschreiten, sondern sowohl beim Rückzug wie
bei der Verfolgung muss das Heer oft schwimmen. Oft auch
pflegen durch plötzliche Regengüsse und das Schmelzen des
Schnees die Flüsse auszutreten, und den des Schwimmens Unkundigen droht theils vom Feind, theils vom Wasser selbst das
Verderben. Auch die Reiter und selbst die Pferde müssen sich
im Schwimmen üben. In der Römischen Kaiserzeit begnügte
man sich nicht mit dem Naturbad im offenen Fluss oder im
Meere, sondern legte grossartige, mit allem Luxus ausgestattete
Bade- und Schwimmbassins (piscinae, baptisteria) an, die auch
mit warmem Wasser gefüllt werden konnten. Mäcenas soll
dieselben zuerst eingeführt haben (Krause, Gymnastik und Agonistik S. 630, Mercurialis de re gymnastica III, 14). Aber es
gab auch noch in der spätern Zeit Römer, die ein Flussbad
vorzogen. Dies bezeugt folgende schöne Stelle eines Zeitgenossen
des Vegetius (3. Jahrh. n. Chr.), des Dichters Ansonius in seiner
Mosella:

Manche schon hab ich gesehn, die, ermattet vom häufigen Badschweiss,
Wannen verschmähten zum Bad und frostiges Fischteichwasser,
Um sich der fliessenden Welle zu freun, und, alsbald von dem Flussbad
Wohlig, die kühlende Fluth mit plätscherndem Schwimmen zertheilten.
(V. 341 ff. nach der Uebersetzung von Böcking.)

Die Germanen waren grosse Freunde des kalten Fluss-
bades, und das Schwimmen war eine von Jugend auf geübte
Fertigkeit. Besonders die Franken zeichneten sich darin aus.
»Vincitur a te cursu Herulus, Chunnus iaculis, Francusque na-
tatu,« sagt der Dichter Sidonius. Zur Zeit Karls des Grossen
und später bildeten die Waffenübungen, das Jagen, Reiten,
Schwimmen und andere körperliche Uebungen die Hauptbeschäf-
tigung der Jugend. Das Schwimmen gehörte zu den sieben nobeln
Passionen oder Vollkommenheiten, welche gegenüber den s. g.
sieben freien Künsten, die in den mittelalterlichen Schulen gelehrt

wurden (Grammatik, Dialektik, Rhetorik, Musik, Arithmetik,
Geometrie, Astronometrie), der ritterliche Adel als nothwendige
Eigenschaften des Ritterthums ansah, nämlich: Reiten, Schwimmen, Pfeilschiessen, Fechten, Jagen, Schachspielen und Verse-
machen (equitare, natare, sagittare, cestibus certare, aucupare,
scacis ludere, versificare). Im »Ritterspiegel« werden diese Fer-
tigkeiten die »Behendigkeiten« genannt.

> Die andere (Behendigkeit), dass er schwimmen kann,
> Dass im Wasser dreist er tauche,
> Dass sich krümm' und drehe der Mann
> Auf den Rücken von dem Bauche.
> (Vgl. Wassmannsdorff in Kloss N. Jahrb. f. d. Turnkunst XII, S. 256.)

In dem Schachgabelbuche (»wie Kaiser Octavianus sine kint
hies leeren«) heisst es:

> Dass er seine Söhne hiess lehren
> In der Jugend, und ihren Fleiss kehren
> An Kunst, und liess sie an sich nehmen,
> Was zu froher Jugend und Mannskraft möchte geziemen.
> An aller Art Dingen — Schwimmen, Springen, Ringen,
> Oder was sonst mochte männlich sein.

Wenn man aus einer Stelle im Nibelungenlied einen Rück-
schluss machen darf, so scheint die Kunst des Schwimmens bei
der Geistlichkeit wenigstens nicht allgemein gewesen zu sein.
Bei der todbringenden Fahrt der burgundischen Helden au
Etzels Hof hatte das Meerweib Hagen verkündet, dass keiner
der Helden die Heimath wieder sehen werde, ausser dem Kaplan.
Als sio nun über die Donau fuhren, warf Hagen denselben in
den Fluss, um die Prophezeiung zu Schanden zu machen.
Aber der Kaplan,

> Ob er nicht schwimmen konnte, doch half ihm Gottes Hand,
> Dass er wohlgeborgen hinwieder kam ans Land.

Da erkannte Hagen, dass ihre Geschicke sich erfüllen würden.

Das Schwimmen gehört auch mit zur körperlichen Erziehung des vornehmen islamitischen Orientalen. In der
Unterweisung, welche im Buch des Kabus der in der Gegend
des kaspischen Meeres residirende Fürst Kjekjawus, der, ehe er
den Thron bestieg, bei einem Schiffbruch untergegangen sein
würde, wenn ihn sein Vater in der Jugend nicht hätte schwimmen lernen lassen, seinem Sohn Ghilan Schach gab, ermahnt
er diesen, dass er seinen Sohn auch unterrichten lasse, im

Wasser zu schwimmen (Schmidt, Geschichte der Pädagogik. II., S. 115).

Von einzelnen deutschen Fürsten wird uns berichtet, dass sie des Schwimmens wohl kundig gewesen seien. Der Longobardenkönig Aribert wollte auf der Flucht den Tessin durchschwimmen; da er aber viel Gold bei sich trug, zog ihn die Last nieder und er ertrank (im Jahre 712). Karl der Grosse liebte besonders in den warmen Bädern zu Aachen sich von seinen Kriegsstrapazen zu erholen. Hier übte er auch fleissig das Schwimmen, worin er, wie sein Lebensbeschreiber Einhard sagt (vita Carolimagni c. 22) von keinem übertroffen wurde.

Auch bei den späteren Kaisern finden wir diese Kunst. Auf seine Körperkraft und Schwimmkunst vertrauend, erzählt Thietmar von Merseburg (III. 12), stürzt sich Otto II. in voller Bekleidung von dem griechischen Schiff, auf das er sich nach der unglücklichen Schlacht in Calabrien im Jahre 982 gerettet hatte, in's Meer und schwamm zu seinen Getreuen an's Ufer. Von Heinrich IV. lesen wir, dass, als er als Knabe 1062 vom Erzbischof Anno in einem Rheinschiff plötzlich entführt wurde, er sich von Furcht erfasst in die Fluthen des Rheines gestürzt habe, dass Graf Ekbert ihm aber nachgesprungen und ihn gerettet habe. Wenn auch nicht Heinrich, obgleich es anzunehmen ist, so ist jedenfalls Ekbert ein kundiger Schwimmer gewesen.

Und noch in den späteren Jahrhunderten scheint der Unterricht im Schwimmen zur körperlichen Erziehung der vornehmen Jugend in und ausser Deutschland gehört zu haben. König Ludwig XI. von Frankreich »badete und schwamm mit seinem ganzen Hofe mitten in der Seine am hellen Tage, eben zur Zeit, wo das Volk aus der Brüderschaft des bitteren Leidens, die Kirche verliess« (Frank, System einer vollst. medic. Polizei. VI. S. 168). Vittorino Ramboldini da Feltre, als Erzieher seiner Söhne vom Marchese Gonzaga 1424 nach Mantua berufen, übte seine Zöglinge ohne Rücksicht auf Wind und Wetter abwechselnd im Reiten, Ringen, Fechten, Bogenschiessen, Schwimmen u. s. w. Rabelais (1483—1553) lässt in seinem bekannten satirischen Roman: »Gargantua und Pantagruel« (c. 23) den jungen Riesen Gargantua unter Leitung eines jungen Edel-

mannes aus Touraine, mit Namen Gymnastes, Leibesübungen
treiben, darunter Schwimmen, mit mancherlei Schwimmkünsten.
Er sprang mit dem Kopf zuerst ins Wasser (machte einen
»Kopfsprung«), schwamm mit dem ganzen Körper auf der
Seite, mit den Füssen allein, mit einer Hand, in der andern
hoch gehobenen ein Buch haltend wie Julius Cäsar und so
über die ganze Seine. Conrad Heresbach († 1576) empfiehlt,
dass man Prinzen im Schwimmen unterweise. Den noch in
zartem Alter stehenden Prinzen soll aber gefährliches Springen
und Wasser schwimmen (noch) nicht gestattet sein, heisst
es in der Instruction des Herzogs Maximilian von Baiern für
die Hofmeister seiner Prinzen (1584).

Und dass man in neuester Zeit wieder das Schwimmen
neben Reiten und Fechten als eine von den Prinzen früh zu
erlernende Fertigkeit ansieht, beweist der Artikel: »Prinzen-
erziehung« in Schmid's Encyklopädie des gesammten Erzie-
hungs- und Unterrichtswesens (VI., S. 363).

Eine besondere Schrift über das Schwimmen von Nicolas
Wynmann (einem geborenen Holländer und Sprachlehrer zu
Ingolstadt), unter dem Titel »Columbetes«, aus dem Jahre 1538,
erwähnt Vieth (Encyklopädie der Leibesübungen. II., S. 315).

Besonders galten die Venetianer und Genuesen (zumal
im XVI. Jahrhundert) als tüchtige Schwimmer und Taucher.

Im späteren Mittelalter verdrängt aber bei dem Volke
der immer weiter sich verbreitende Gebrauch der warmen Bäder (Schwitzbäder) in besonderen Badestuben oder Badehäusern
und der Heilquellen das Baden im fliessenden Wasser und mithin das Schwimmen. Dass dies nicht zum Vortheil der Sittlichkeit geschah, beweist unter anderem der bekannte Brief des
Poggio über das Badeleben zu Baden in der Schweiz zur Zeit
des Conzils von Constanz. Das Zeitalter der Reformation, das
im Gegensatz zu dem tyrannischen, mönchischen Zwang in den
mittelalterlichen Schulen und der gewaltsamen, finsteren, aske-
tischen Unterdrückung der von Gott anerschaffenen menschlichen Natur (Luther) auch dem Spiel und allerlei jugendlichen
Ergötzlichkeiten ihr Recht im häuslichen wie im Schulleben zu-
gestand, war offenbar dem Eisglitschen und Schneeballenwerfen
im Winter und dem kalten Baden und Schwimmen im fliessenden Wasser abgeneigt, ja es bekämpfte diese Leibesübungen

zum Theil aufs Heftigste. Doch empfiehlt noch Zwingli das
Schwimmen, wenn auch mit Vorbehalt. In seinem »Leerbiech-
lein, wie man die Knaben Christlich unterweysen und erziehen
soll,« sagt er, dass die Jugend Spiele treiben solle, die zur
Ausbildung des Geistes und des Leibes dienlich seien. Zu letzteren rechnet er: Laufen, Springen, Steinwerfen, Ringen, Fechten, Schwimmen. Von Letzterem heisst es: »Schwimmen syhe
ich wenig leutten dienen. Wie wol es zu weylen dem leyb gut
ist, das man schwimmet vnd zu ainem visch wirt. Doch ist
das schwimmen vnderweylen zu etlichen fellen gutt gewest.
Also ist etwa ainer auss dem Capitolio geschwummen, der dem
Camillo der Römer obristen Feldhauptman von dem erbermb-
lichen zustandt der stat Rom botschaft bracht. So ist die
edel Römisch Junkfraw Clelia auch wider zu den jren geschwummen.« (Vrgl. K. Fulda: Philonexia. Zur Beförderung
der Schwimmkunst. Weissenfels 1843, S. 74.)

Es wurden 1541 zu Frankfurt a. M. acht Männer bestraft,
weil sie am St. Petritage im Main bloss und nackt gebadet,
getanzt und gesprungen (also Schwimm- und Springkünste getrieben hatten. Zappert: Ueber das Badewesen mittelalterlicher
und späterer Zeit. S. 4).

Wie hier wohl Gründe der Sittlichkeit bei der Bestrafung
massgebend waren, so wurde anderweitig auch besonders die
Gefahr des Ertrinkens beim Baden betont. Dass aber diese
Gefahr besonders hervorgehoben wird, beweist, dass die Fertigkeit im Schwimmen abgenommen und eben in Folge dessen die
Gefahr des Ertrinkens beim Baden in tiefem Wasser immer mehr
zugenommen habe, so sehr, dass GutsMuths noch von seiner
Zeit die Behauptung aufstellte: »Bisher ist das Ertrinken Mode
gewesen, weil das Schwimmen nicht Mode ist.« (Kleines Lehrbuch der Schwimmkunst, Vorrede).

In Wien wurde 1633 den »Junge Leith, so sich Irem für-
wiz nach des abkiehlens und Padens in der Thonau, woll auch
in bezechter weiss gebrauchen, darüber vielleicht aus Iren da-
bey verübten mutvillen unndt unverschambtheit, durch den ge-
rechten Zorn Gottes ertrunkhen«, das Baden mit Androhung
von Strafen untersagt (Zappert, S. 5). Aehnliche Verbote wurden 1697 auch in Wiens Umgebung erlassen. An den Schulen
wird das Baden im Sommer in Flüssen durch besondere Ge-

setze verboten. Trotzendorf, der berühmte Rektor in Goldberg
(1490—1556), gestattete die Leibesübungen, untersagte aber
durch ein Schulgesetz, »sich zur Sommerzeit in kaltem Wasser
zu baden, im Winter aufs Eis zu gehen oder sich mit Schnee-
ballen zu werfen« (Raumer, Geschichte der Pädagogik. I., S. 222).
Dasselbe Verbot bestand in Württemberg. So war z. B. auch in
den Schulgesetzen der Domschule zu Königsberg unter dem Rektor
Mylius (1641) das Baden und das Betreten des Eises streng
verpönt (Programm des Kneiphöfschen Gymnasiums zu Königsberg
1866. S. 8).

Diese engherzigen Ansichten erhielten sich in Deutschland
bis zum Ende des 18. Jahrhunderts. »Noch kurz vor dem
siebenjährigen Kriege«, erzählt Jahn in seinem Volksthum
(S. 244), »wurden in den Schulen mit Ruthenstreichen die
Knaben bestraft, die der Versuchung des Wasserbades nicht
hatten widerstehen können«. Ja es wurde sogar gegen das
Baden und Schwimmen gepredigt (vrgl. Wassmannsdorff in
Kloss N. Jahrb. f. d. Turnkunst. XV., S. 132). Gegen Ende des
18. Jahrhunderts verbot ein Superintendent und Aufseher einer
grossen preussischen gelehrten Schule seinen Freitischgängern
das Baden: »Bei Verlust meines Tisches« (Jahn. S. 244). Ein
sächsisches Rescript von 1766 untersagt das Baden in der Elbe
und Weistritz bei namhafter Strafe (Frank, VI., S. 206).

Selbst Aerzte waren in dem allgemeinen Vorurtheil gegen
das Schwimmen und kalte Baden in offenem Wasser befangen.
Hatte noch der Arzt Hieronymus Mercurialis (1530—1606) in
seinem Werk de arte gymnastica 1569 zwei besondere Abschnitte
dem Schwimmen gewidmet (l. III. c. 14 und l. VI. c. 12) und
die Wirkungen desselben eingehend erörtert, und der gelehrte
Statthalter Heinrich Rantzau in dem Buch de conservanda
valetudine (1573) »unter den Arten von Uebungen dadurch die
Gesundheit kan erhalten werden«, auch das Schwimmen genannt, so erklärt zu Anfang des 18. Jahrhunderts der Arzt
Abel es für schändlich, öffentlich in das kalte Wasser zu steigen. »Warum will man«, fragt er, »den Fischen die Schwimmkunst ablernen, da wir doch eine andere Natur und structuram
mechanicam haben?« (Wassmannsdorff a. a. O. S. 124 ff.)

Um so kräftiger erhob seine Stimme für das Baden und
Schwimmen der Engländer Locke. In seinen 1693 erschienenen,

Epoche machenden »Gedanken von der Erziehung der Kinder«,
sagt er unter Anderem: »Kalte Bäder wirken bewundernswürdig,
besonders auf schwächliche Personen. Schwimmen müssen alle
Knaben lernen, das verstand sich bei den alten Deutschen von
selbst«.

Allmählig erwachte nun bei den einsichtsvolleren Aerzten
und Pädagogen wieder das Verständniss für die Nothwendigkeit und Nützlichkeit des Badens und Schwimmens. So erschien von dem Berliner Arzt Zückert 1764 und 1765 eine
Schrift, »Diätetische Erziehung der Kinder«, in welcher auch
das Schwimmen seine Stelle erhielt (Wassmannsdorff: Die
Turnübungen in den Philanthropinen, S. 11). Von grösster
Bedeutung aber waren die gewichtigen Stimmen Rousseaus
und Basedows. Ersterer sagt im zweiten Buch seines »Emil«,
die jungen Leute lernten Alle das kostspielige Reiten, aber keiner
das Schwimmen, obgleich jeder Reitende auch ohne die Reit-
schule durchgemacht zu haben, nöthigenfalls reiten könne, wer
aber nicht schwimmen könne, ertränke und man schwimme
nicht, ohne es erlernt zu haben. Zum Reiten sei keiner gezwungen, wohl könne man aber in den Fall kommen, schwimmen
zu müssen. Man müsse sich ebenso im Wasser wie auf dem
Lande bewegen.

Schon vor dem Erscheinen von Rousseaus Emil hatte
Basedow, im Anschluss an Locke in seiner 1758 erschienenen
»Practischen Philosophie für alle Stände«, empfohlen, die Kinder
»zur rauhen Luft, zu nassem Wetter, zu zerrissnen Schuen,
zu harten und veränderlichen Betten, zur leichten Kleidung,
zum Schwimmen und zum regelmässigen Auswurfe der Natur zu gewöhnen«. Auch in seinen späteren Werken, z. B.
im »Methodenbuch für Väter und Mütter der Familien und
Völker« 1770 und in anderen hebt er das Schwimmen der
Knaben hervor. So wurde denn das Schwimmen als besondere
Leibesübung auch thatsächlich in den auf Basedowschen Er-
ziehungsgrundsätzen beruhenden Erziehungsanstalten (Philan-
tropinen) in Dessau, Marschlins und an anderen Orten eingeführt, ja es wird ein besonderes »Badelied«, welches die Lust
des Schwimmens besingt, erwähnt (vrgl. Wassmannsdorff, a. a. O.
S. 24). Die Schriften, welche das Schwimmen empfehlen, mehren sich, und es wird darin gegen die Vorurtheile und Be-

fürchtungen der Eltern wegen der Gefahr des Ertrinkens an-
gekämpft. So empfiehlt Brechter in seinen »Briefen über den
Aemil des Herren Rousseau« (Zürich 1773) das Baden und
Schwimmen, weist dabei auf das Beispiel des englischen Adels,
auf die alten Deutschen hin und sagt: »In unseren Zeiten hat
diese Uebung (in Deutschland) ihr Ansehen ganz verloren. Ist
es vielleicht unserem Leib weniger nützlich, als dem Leib der
Alten? Können sich keine Fälle mehr eräugnen, wo derjenige
das Ende seiner Tage vor sich siehet, der nicht schwimmen
kann?« (Wassmannsdorff a. a. O. S. 37.)

In der bekannten von Salzmann 1784 gegründeten Erziehungsanstalt zu Schnepfenthal wurde das Schwimmen
1790 eingeführt (Wassmannsdorff a. a. O. S. 64) und anfangs
von Lenz, später von GutsMuths gelehrt und sehr eifrig betrieben.

Auch von dem Pädagogium zu Halle, einer zu den Frankeschen Stiftungen gehörenden Anstalt, wird berichtet, dass neben
anderen Leibesübungen auch das Schwimmen betrieben wurde.
Der Direktor der Frankeschen Stiftungen, A. H. Niemeyer,
nennt »das Baden und Schwimmen, jenes schon als Beförderung
der Reinlichkeit und Stärkung des ganzen Körpers, dieses als
Beförderungsmittel der Gesundheit und Furchtlosigkeit in Wassers-
gefahr, überhaupt in vieler Rücksicht eine der vortrefflichsten
gymnastischen Uebungen« (Grundsätze der Erziehung und des
Unterrichts. 9. Ausgabe. 1834. I., S. 65). Schulpforta erhielt
1810 eine bereits 1806 beantragte besondere Badeanstalt. Und
so wurde auch an manchen anderen deutschen Erziehungs-
und Unterrichtsaustalten am Ende des 18. und Anfang des
19. Jahrhunderts das Baden und Schwimmen eingeführt.

Es sind hier besonders noch drei Männer zu nennen, die
an der Schwelle des 19. Jahrhunderts für die Wichtigkeit und
Nothwendigkeit des kalten Badens und Schwimmens in überzeu-
gender und beredter Weise gesprochen haben: J. P. Frank,
Vieth und GutsMuths.

J. P. Frank betrachtet in seinem »System einer vollständigen medicinischen Polizey«, Bd. VI. (aus dem Jahr 1792)
S. 165 ff. und 205 ff., das Baden und Schwimmen besonders
vom gesundheitlichen Standpunkt, befürwortet den von Frankreich ausgehenden Vorschlag besonderer Schwimmschulen

und empfiehlt einen regelrechten Unterricht im Schwimmen
unter der Leitung von »geschickten und vorsichtigen Männern«.
Vieth, den wir hier vor GutsMuths nennen, obgleich seine
Encyklopädie nach des Letzteren »Gymnastik« erschienen ist,
beleuchtet im zweiten (systematischen) Theil seiner »Encyklopädie
der Leibesübungen«, S. 284 ff., mit wissenschaftlicher Gründlich-
keit auch das von ihm hochgeachtete Schwimmen in eingehender Weise. Er behandelt die verschiedenen Arten des Schwimmens und besonders ausführlich die künstlichen Vorrichtungen
und Hülfsmittel zum Schwimmen und Tauchen, über welche
schon seit längerer Zeit mancherlei Versuche angestellt worden
waren, und die auch Frank in seinem Werk erwähnt. Besonders wird der Erfindung zweier Männer gedacht, des deutschen J. F. Bachstrom: l'art de nager, ou l'invention à l'aide
de la quelle on peut toujours se sauver du naufrage, Amster-
dam 1741, (der unter Anderem anräth, dass man bei neuge-
borenen Kindern nach und nach das Athemholen hemmen, und
. somit denselben ermöglichen solle, auch eine Zeit lang unter
dem Wasser zu leben, S. 13 der deutschen Uebersetzung) und
»de la Chapelle, gründliche und vollständige Anweisung, wie
man das von ihm neu erfundene Schwimmkleid oder den soge-
nannten Scaphander nach untrüglichen Grundsätzen verfertigen
und brauchen solle u. s. w. Aus dem Franz. Warschau 1776.«
Ausserdem führt Vieth von Schriften über das Schwimmen
noch Everard Digby de arte natandi, libri duo und
Melchisedech Thevenot l'art de Nager demontré par figures
(1696) an.

Die grössten Verdienste aber um die Entwicklung des
Schwimmens und die Ausbildung desselben zur Kunst, hat sich
GutsMuths erworben. Schon in der ersten Ausgabe seiner
»Gymnastik für die Jugend«, Schnepfenthal 1793, widmet er
dem Baden und Schwimmen (S. 483 ff.) einen ganzen Abschnitt,
der die trefflichsten Bemerkungen enthält. Erlernt hat Guts-
Muths selbst das Schwimmen von einem Halloren (Christian
August Wolf), bei denen das Schwimmen eine von Alters her
betriebene Kunst ist und die weithin als Lehrmeister im
Schwimmen bis in unsere Zeit hinein gewirkt haben. Uebrigens
könne das Schwimmen auch ohne besondere Anleitung erlernt
werden, Gewährsmann dafür sei Franklin (S. 513). Seine eige-

nen Erfahrungen hat GutsMuths dann in einer besonderen Schrift niedergelegt: »Kleines Lehrbuch der Schwimmkunst zum Selbstunterrichten, enthaltend eine vollständige praktische Anweisung zu allen Arten des Schwimmens nach den Grundsätzen der neuen italienischen Schule des Bernardi und der älteren Deutschen, bearbeitet und den freien Reichs- und Seestädten Hamburg, Lübeck, Bremen und ihren weisen, väterlich gesinnten Senatoren aus Gefühle patriotischer Hochschätzung zugeeignet von GutsMuths, Mitarbeiter in der Erziehungsanstalt zu Schnepfenthal.« Weimar, Industrie-Comptoir, 1798. Eine zweite Auflage erschien Weimar, 1833. Ausserdem bespricht GutsMuths auch das Baden und Schwimmen in der zweiten Auflage der Gymnastik (von 1804, S. 433 ff.), im »Turnbuch für die Söhne des Vaterlandes« (1817, S. 236 ff.), und in seinem »Katechismus der Turnkunst« (1818, S. 146 ff.).

Von GutsMuths kleinerem Lehrbuch der Schwimmkunst, welches auch Jahn in der »deutschen Turnkunst« S. 256 ein »sehr brauchbares Buch« nennt, darf man behaupten, dass es grundlegend für die neuere Schwimmkunst und alle später erschienenen Schwimmbücher sei. Welchen Werth GutsMuths selbst auf das Schwimmen legt, bezeichnet er mit den Worten in der Vorrede: »Schwimmen muss ein Hauptstück der Erziehung werden«.

Eine ausführliche Betrachtung widmet er der neuern italienischen Schwimmschule des Oronzio de Bernardi. Derselbe hatte 1794 ein Schwimmbuch erscheinen lassen, von welchem 1797 im Verlag des Industrie-Comptoirs zu Weimar eine Uebersetzung erschien unter dem Titel: »Oronzio de Bernardi's vollständiger Lehrbegriff der Schwimmkunst, auf neue Versuche über die specifische Schwere des menschlichen Körpers gegründet; aus dem Italienischen übersetzt und mit Anmerkungen begleitet von Fr. Fries, Prof. am Gymnasium zu Gotha. Zwei Theile gr. 8. 251 und 242 Seiten ohne Vorreden mit 12 Kupfern.« Oronzio de Bernardi stellte die Behauptung auf, dass der Mensch an und für sich specifisch leichter sei, wie das Wasser und nahm diese Ueberzeugung, mit der jeder Mensch ins Wasser müsse, als Ausgangspunkt für sein System des Schwimmens an. Es kommt also nach Bernardi nur darauf an, dass der Mensch im Wasser sich im Gleichgewicht

erhalte, den Kopf oben behalte, und das muss er erlernen. Um
aber auch weiter zu kommen im Wasser, muss er wissen, wie
man den Widerstand desselben besiegen und die Schwimm-
instrumente, Arme, Hände, Beine, Schenkel und Füsse richtig
gebrauchen kann. Das Schwimmen wird begonnen aus der
schrägaufrechten Stellung, brustwärts, erst unter alleinigem Gebrauch der Arme und Hände, dann mit Händen und Beinen
zugleich. Ein Gehülfe unterstützt den Lernenden und leistet
ihm die nöthige Hülfe.

GutsMuths lässt dem wirklich Guten und Brauchbaren der
Oronzioschen Schwimmweise alle Gerechtigkeit widerfahren, er
bestreitet aber, und mit Recht, die Richtigkeit des Satzes, dass
jeder Mensch specifisch leichter sei als das Wasser, und weist
überhaupt die Angriffe Bernardis auf die alte Schwimmschule
zurück. Hierauf behandelt GutsMuths ausführlich die Methode
dieser »alten allgemeinen Schwimmschule«, weist auf die Vorübungen hin, die der Anfänger zuerst auf dem Lande zu machen
habe, und beschreibt den von ihm erfundenen Schwimmgürtel
(Schwimmgurt S. 20 unseres Lehrbuchs). Dann folgt eine ausführliche Darstellung des Schwimmens und der Schwimmkünste.

Das Schwimmen erhielt nun eine immer grössere Ausdehnung. Nicht bloss an einzelnen Schulen wurde dasselbe eingeführt, sondern auch der Staat nahm sich desselben an, und
bereits im Jahr 1811 (26. Juni) wurde in Preussen durch eine
Verfügung des Ministeriums des Innern und der Polizei auf das
Schwimmen als »die vorzüglichste Leibesübung« dringend hin-
gewiesen (vrgl. S. 51 unseres Lehrbuchs). Später, 1830,
wurde dasselbe auch für die Volksschulen empfohlen, und wiederholt ist in neueren Preussischen Verordnungen des Schwimmens
gedacht (vrgl. z. B. Euler und Eckler, Verordnungen und amt-
liche Bekanntmachungen, das Turnwesen in Preussen betreffend
S. 62, 86, 89). Auch in anderen deutschen und nichtdeutschen
Ländern, unter denen besonders Dänemark zu nennen ist,
wurde dem Schwimmen wieder grössere Aufmerksamkeit zugewendet.

Auch in der Preussischen Armee wurde das Schwimmen
eingeführt, und ist hier besonders der am 3. December 1866
verstorbene General von Pfuel bahnbrechend gewesen. 1817
gründete derselbe die noch jetzt blühende Pfuelsche Schwimm-

anstalt zu Berlin (vrgl. S. 32), die als die Mutteranstalt
aller der zahlreichen seitdem errichteten Militär-
Schwimmanstalten mit Recht bezeichnet werden kann. Pfuel
ist zugleich der Begründer einer besonderen Schwimmmethode,
die, an die Beobachtungen, die man beim Schwimmen des Fro-
sches gemacht hat, anknüpfend, sich durch Kürze, Bestimmtheit und Einfachheit in den scharf begrenzten und gegliederten
Bewegungen auszeichnet und den Schüler in festem methodi-
schem Unterrichtsgang allmählich zur Sicherheit und Ausdauer
im Schwimmen hinführt. Die Pfuelsche Schwimmmethode, zuerst 1817, in zweiter Auflage 1827 beschrieben, ist seitdem in
den meisten Schwimmanstalten dem Schwimmunterricht zu
Grunde gelegt worden.

Da trat in Frankreich der Franzose d'Argy mit einer besonderen Schwimmmethode auf, die 1851 am 27. Mai auch in
die französische Armee eingeführt wurde. Ein Hauptgewicht
legt d'Argy auf die Schwimmvorübungen auf dem Lande und
behauptet, dass bei gehöriger Einübung dieser, wie er sagt, von
ihm zuerst angewendeten, (aber auch schon GutsMuths nicht un-
bekannten) Uebungen, man sofort im Wasser schwimmen könne.
Die auf dringende Empfehlung des Generallieutenants von Willisen*) gemachten Versuche in der Preussischen Armee führten
zu dem endgültigen Resultat, dass an der Pfuelschen Methode
festzuhalten sei (vrgl. S. 81 ff.).

Auf GutsMuths und besonders Pfuel fussend ist eine ganze
Reihe von Schriften über das Schwimmen bzw. von Schwimm-
Lehranweisungen erschienen. Von diesen Schriften nennen
wir hier nur die, welche von uns bei der Abfassung des »Lehrbuchs der Schwimmkunst« zu Rathe gezogen bzw. benutzt worden sind.**) Es sind ausser der zweiten Auflage des »kleinen

---

*) Vgl. Instruction für den Schwimmunterricht in der französischen
Armee von d'Argy, Bataillonschef im 18. leichten Infanterie-Regiment. Ge-
druckt auf Befehl des Kriegsministers. Ins Deutsche übertragen von Wins II,
Sec.-Lieutenant im 20. Infanterie-Regiment. Eingeleitet durch den General-
lieutenant von Willisen, General-Adjutanten Sr. Majestät des Königs etc.
Berlin, Alex. Duncker 1857.

**) Eine gedrängte Uebersicht über die Schwimmliteratur findet sich bei
Lenz: Zusammenstellung von Schriften über Leibesübungen. 3. Auflage.
Berlin 1865. Verlag von G. F. Lenz.

Lehrbuchs der Schwimmkunst« von GutsMuths (1833) und der Uebersetzung der d'Argy'schen Instruktion für den Schwimmunterricht u. s. w., so wie der (Pfuel'schen) Schrift »über das Schwimmen« (zweite Auflage 1827), wozu noch die im Lehrbuch (S. 81) erwähnte geschriebene »Unterrichtsvorschrift« der Pfuelschen Schwimmanstalt zu Berlin kommt, folgende:

F. Nachtegall, Lehrbuch der Gymnastik u. s. w. Aus dem Dänischen übersetzt von C. Kopp. Tondern 1837. Mit einem Abschnitt über das Schwimmen.

v. Corvin-Wiersbitzki, die Schwimmkunst. Zum Selbstunterricht und zum Gebrauch für Schwimmschulen bearbeitet nach den Grundsätzen des Generallieutenants Herrn von Pfuel. Mit vielen Abbildungen. Saarlouis 1835.

K. von Thümen, Instruktion für den militärischen Schwimmunterricht nach der Pfuel'schen Methode, nebst Nachweisung der Vortheile dieser Methode vor der d'Argy'schen. Berlin 1861, Schlesier.

Herm. Otto Kluge, Schwimm- und Sprung-Gymnastik. Beschrieben und bildlich dargestellt. Mit 53 Tafeln metallographischer Abbildungen. Berlin 1843. Hirschwald.

Letztere Schrift behandelt den eigentlichen Schwimmunterricht nur kurz, geht aber um so ausführlicher auf die »Schwimmkünste« und besonders das Wasserspringen ein und veranschaulicht letzteres durch eine grosse Anzahl von dem Maler Professor Eybel vortrefflich gezeichneter bildlicher Darstellungen. Die Beschreibung und Abbildung dieser Wasserspringkünste sind der lebendigen Anschauung entnommen. Es bestand in den Jahren 1840 bis 1845 in Berlin eine Gesellschaft jüngerer und älterer Männer, die Gesellschaft der Frösche genannt, die, regelmässig wöchentlich zu bestimmten Zeiten in der Tichyschen Schwimmanstalt sich einfindend, daselbst neben dem regelrechten Schwimmen besonders auch die Schwimm- und Springkünste eifrig pflegten und weiter bildeten. Die Gesellschaft genoss bald eines gewissen Rufes, zog zahlreiche Zuschauer herbei und gab Anregung zur Betreibung dieses Wasserturnens auch in weiteren Kreisen. Auf Wunsch der »Frösche« bearbeitete Kluge 1843 seine »Schwimm- und Sprunggymnastik«. Dieselbe ist längst vergriffen und es war an Kluge öfter die Aufforderung ergangen, eine neue Auflage seines Buches zu veranstalten. Diesem Wunsch haben die Unterzeichneten in vorliegender Arbeit nachzukommen gesucht. Aus der ursprünglich beabsichtigten blossen Ueberarbeitung der »Klugeschen Schwimm- und Sprunggymnastik« ist aber mit dem veränderten Titel »Lehrbuch der Schwimmkunst« ein ganz neues selbstständiges Werk entstanden, das möglichst das ganze Gebiet des Schwimmens nebst der betreffenden Gerätheinrichtung umfasst, und es dürfte kaum ein wesentlicher Punkt ganz unberücksichtigt geblieben sein. Besonders der Abschnitt, der das Wasserspringen behandelt, ist weit ausgedehnt worden und es war Jahrelang hierzu der Stoff von Kluge gesammelt und wiederholt überarbeitet worden.

Dieser Stoff wurde noch erheblich vermehrt durch die überaus werthvollen Beiträge des Direktors des städtischen Turnwesens in Leipzig, Dr. J. C. Lion, welcher dieselben den Herausgebern mit zu grossem Dank verpflichtender Bereitwilligkeit zu unbeschränkter Benutzung überliess. Lion hat besonders die Sprünge, die den Springenden mit Drehung um die Breitenaxe des Körpers kopfwärts ins Wasser führen (die »Kopfsprünge«), systematisch geordnet. Ebenso konnte Euler aus seiner früheren Praxis in Schulpforta, wo er eine Reihe von Jahren hindurch den Schwimmunterricht leitete und besonders auch das Wasserspringen im Anschluss an den Turnunterricht mit Vorliebe pflegte, Manches beibringen. Auch des gegenwärtigen Direktors der Pfuelschen Schwimmanstalt, des Oberstlieutenants a. D. Henny, müssen die Herausgeber an dieser Stelle dankbar gedenken, der denselben in zuvorkommenster Weise die Schriftstücke jener bedeutenden Anstalt zur Benutzung bzw. zum Abdruck überliess (vrgl. den Anhang des Lehrbuches).

Die theils dem Lehrbuch angefügten, theils in einem besonderen Bilderwerk, unter dem Titel: »Bildertafeln zu dem Lehrbuch der Schwimmkunst, herausgegeben von H. O. Kluge,« erschienenen Figurentafeln sind, so weit sie die Einrichtungen von Schwimmanstalten und die Schwimm- und Spring-Geräthe betreffen, mit Ausnahme von Tafel 10, Fig. 1—8, 11—13 und Tafel 12 und 13, von Kluge entworfen und gezeichnet. Alles Uebrige ist das Werk des Malers Herrn Dähling. Die Figuren auf dem Titelblatt und auf Tafel 8 entwarf derselbe nach kurzen bildlichen Andeutungen

II*

XX

Lions, auf Tafel 9 nach der Anschauung. Die Figuren auf Tafel 1 bis 7 geben die Eybelschen Schwimm- und Wasserspringer in vergrössertem Massstab wieder. Das »Froschwappen« aber ist in dankbarer Erinnerung an die »Gesellschaft der Frösche« auch zum Wappen der »Bildertafeln« erhoben worden.

Diese »Bildertafeln« bilden, wie gesagt, ein selbstständiges Werk und können auch besonders bezogen werden. Die ausführlichere Beschreibung der einzelnen Uebungen giebt das Lehrbuch, doch enthält auch jede Tafel eine kurze Bezeichnung derselben. Die Tafeln sind in solchem Format gehalten, dass sie auf Pappe gezogen in den Schwimmanstalten aufgehängt werden können.

Mögen Lehrbuch wie Bildertafeln dazu beitragen, die schöne Schwimm- und Wasserspringkunst immer mehr zum Allgemeingut des deutschen Volkes zu machen, welches, während wir dies schreiben, in unverlöschlichen Zügen in die Geschichte einzeichnet, was eine in sich geeinigte, von dem Bewusstsein des Rechtes getragene Nation unter starker einheitlicher Führung vermag!

Berlin, in den Tagen der Kämpfe und Siege bei Sedan.

C. Euler.   H. O. Kluge.

Uebersicht des Inhalts.

C. Kleidung beim Baden und Schwimmen.

XXVI

XXVII

XXIX

XXXIII

XXXVIII

Seite

F. Sprünge auf und über den Springbock.

1) Sprünge fusswärts 160
a. Aus dem Reitsitz vorwärts Abgrätschen.
b. Aus dem Reitsitz Schere und rückwärts Abschwingen.
c. Aus dem Kniestand (Knieabsprung).
d. Aus dem Hockstand.
e. Aus dem Streckstand.
f. Nach einem Durchhocken zum Sitz.
g. Nach einem Durchhocken zum Stütz.
h. Bocksprung vorwärts (ähnlich Taf. 7, Fig. 10a).
i. Bocksprung seitwärts 161
k. Bocksprung rückwärts (ähnlich Taf. 7, Fig. 10b).
l. Bocksprung mit Umdrehen nach dem Abstoss der Hände.
m. Hocke, Kehre, Wende, Flanke.
n. Nach einer Rolle rückwärts.
o. Ueberschlagwende.
p. Ueberschlag.
q. Abgrätschen aus dem Handstehen.
r. Luftsprünge.
s. Freisprünge.
t. Diebssprünge.

2) Sprünge kopfwärts.
a. Sprünge aus Stand, Sitz, Kniestand u. s. w.
b. Sprünge mit Anlauf und Aufstützen der Hände.
c. Sprünge mit Anlauf ohne Aufstützen der Hände.
d. Grätschsprung mit Kopfsprung.
e. Hocke mit Kopfsprung 162

3) Sprünge in und durch den Reifen.
a. Sprünge in den schwimmenden Reifen.
b. Sprünge durch den vor dem Bock senkrecht gehaltenen Reifen.
c. Sprünge durch den hinter dem Bock gehaltenen Reifen.
aa. Durch den wagerecht gehaltenen Reifen.
bb. Fenstersprung.
cc. Durch den senkrecht gehaltenen Reifen.

VI. Gruppen- und Gesellschaftssprünge.

A. Gruppensprünge 163

1) Das Ueberspringen und Nachspringen.
a. Das Bockspringen (Taf. 7, Fig. 10a u. b) 164
b. Das Pferdspringen.
aa. Breitgestellt.
bb. Langgestellt 165
α. Riesensprung.
β. Riesenhocke (Riesenkatzensprung).
γ. Rolle vorwärts.

XLIII

Im unmittelbaren Anschluss an dieses Lehrbuch sind (ausser den dem Buche selbst beigegebenen neun Tafeln Abbildungen) in derselben Verlagshandlung erschienen:

Bildertafeln
zu dem Lehrbuch der Schwimmkunst

für

Turner und andere Freunde der Leibesübungen.

Herausgegeben

von

H. O. Kluge.

9 Tafeln gr. folio. In Umschlag. Preis 1 Thlr. 15 Sgr.

Erster Abschnitt.

Die Anstalten zum Baden und zur Erlernung des Schwimmens und ihre Einrichtung.

Es kann überall da gebadet werden, wo ein Fluss oder ein Bach, ein See oder auch nur ein mit Wasser gefülltes Becken von mässiger Tiefe sich befindet. Unerlässlich ist ein fester Grund, der weder schlammig noch allzu steinig ist, desgleichen sind die Stellen zu vermeiden, wo Triebsand sich befindet. Für Nichtschwimmer ist es nöthig, dass das Wasser nur allmälig tiefer werde. An Seen, Flüssen, Bächen ist ein mit dichtem Schilf bewachsenes Ufer möglichst zu vermeiden, dagegen erwünscht, wenn Gebüsch längs dem Ufer die Badenden sowohl den Blicken der Vorübergehenden entzieht, als beim Aus- und Ankleiden Schatten und einigen Schutz gegen den Wind gewährt. Bei fliessendem Wasser sind ferner solche Stellen zum Baden aufzusuchen, wo keine starke Strömung ist.

Hat das Wasser die entsprechende Tiefe, und geht mindestens bis zur Schulter des Aufrechtstehenden, so kann derselbe auch das Schwimmen ohne jedes äussere Hülfsmittel erlernen, wie später gezeigt wird.

In diesem Abschnitt aber sollen in übersichtlicher Ordnung alle künstlichen Einrichtungen und Geräthe beschrieben werden, welche theils zum bequemen Baden, theils zum kunstgerechten Erlernen des Schwimmens und zur Ausführung von Schwimmkünsten benutzt werden.

A. Die äussere Anlage der Schwimm- und Badeanstalten.

Die Einrichtung einer Anstalt, welche dazu dienen soll, unter einem Schwimmlehrer und mit den nöthigen Lehrgeräthen das Schwimmen zu erlernen, kann je nach den zu Gebote stehenden Mitteln eine sehr verschiedene sein. Die einfachste Vorrichtung ist

1. Die Schwimmbrücke.
(Tafel 10, Fig. 1—8.)

Es ist dies ein auf vier Pfählen einige Fuss über dem Wasser ruhendes Brett (Fig. 1, 2, 3) oder ein auf Holzböcken aufgenagelter Bretterboden (Fig. 5—8) mit einer auf 3 Stützen in etwa 3 Fuss Höhe angebrachten Schutzwehr, bestehend in einer starken auf den Stützen befestigten Stange. Eine 3 bis 4 Klafter lange Leine, an welcher sich ein handbreiter Gurt befindet, und eine 8 Fuss lange Stange sind die weiteren Hülfsmittel, um einen regelrechten Schwimmunterricht zu ertheilen.

Eine solche einfache Schwimmbrücke leidet aber an sehr grossen Mängeln. Es fehlt ein bedeckter Raum mit festen Wänden zum Schutz gegen Sonne, Wind und Wetter und als gesicherter Ort zur Aufbewahrung der abgelegten Kleidungsstücke. Es fehlt ein abgeschlossenes Becken für den Nichtschwimmer, ein grösseres für den Schwimmer. Es fehlen ferner die in verschiedener Höhe angebrachten Gerüste zum Absprung in das Wasser, und endlich alle die Geräthe, welche der Schwimmer zur Ausführung der verschiedenen Schwimm- und Springkünste nur ungern vermisst. Auch kann eine solche einfache Schwimmbrücke nur von einer beschränkten Zahl von Badenden und Schwimmenden benutzt werden.

2. Die Flossschwimmanstalt.
(Tafel 10, Fig. 9 und 10.)

Ein mit starken, schwimmenden Baumstämmen flossartig umgebener Raum von 50 bis 100 Schritt Länge und 20 bis 25 Schritt Breite bildet das Schwimmbecken. Unter diesen Flosshölzern werden Unterlagen befestigt und quer über die Stämme Bretter aufgenagelt, auf welchen die Schwimm- und Springgeräthe angebracht werden. Auf der inneren Seite des Flosses befindet sich entweder rings um das Becken oder nur

an der Seite, wo das Wasser am tiefsten ist, die Schranke
oder Schutzwehr. Hier ist zugleich die »Abrichtung«, d. h. die
Stelle (das Podium), von welcher herab der Schwimmlehrer den
Schwimmunterricht ertheilt, indem er die Stange, an der die
Leine mit Gurt für den Schwimmschüler angebracht ist, auf
die Schutzwehr auflegt. Taf. 1. Fig. 1.

An der äusseren Seite des Flosses werden am zweckmässigsten die aus Zelten oder Bretterbuden bestehenden Aus-
und Ankleideräume angebracht.

(Taf. 10 zeigt in Fig. 9 die Oberansicht und in Fig. 10 den
Querschnitt nach A. B., bei welchem die Schutzwehr (a), die Sitz-
bank (b) zum Auskleiden und das Bretterdach (c) zu erkennen
ist, welches das Floss nach aussen hin abgrenzt).

Um zu verhüten, dass die Schwimmenden und Badenden
unter die, das Becken umgebenden Flosshölzer gerathen, empfiehlt es sich, Netze (d) von Hanf- oder Baststricken, oder noch
besser, Lattengitter längs der inneren Seite des Flosses ins
Wasser zu senken und oben am Floss zu befestigen.

Diese Anstalt steigt und fällt mit dem Wasser. Sie kann
auch, wenn das Wasser am Ufer seicht wird, weiter in den Fluss
hineingeschoben werden, so dass eine immer gleiche Wassertiefe
erhalten werden kann. Die Anstalt muss von beiden Seiten
her am Ufer festgeankert werden, damit der Strom sie nicht
fortreissen kann.

3. Die Tonnenschwimmanstalt.*)
(Taf. 10, Fig. 11—13.)

Dieselbe ist mehr bei Militairschwimmanstalten in Gebrauch.

Leere, gut mit Theer ausgegossene, dicht und genau ver-
spundete Tonnen werden je zwei und zwei mittelst Latten
und Wurzelstricken der Länge nach aneinander gefügt und
paarweise hier nebeneinander wieder nun mit Latten und
Wurzelstricken befestigt. Auf die Latten werden mit Holz-
nägeln andere Querhölzer aufgenagelt und diese mit einem
Bretterfussboden bedeckt. Auf diese Weise wird ein breites,
grosses Floss gebildet, welches mit Seilen im tiefen Wasser

---

*) Vergl. D'Argy, Instruction für den Schwimmunterricht in der fran-
zösischen Armee. Ins Deutsche übertragen von Wins II. S. 40. ff.

2*

festgeankert und durch einen auf ähnlichen Vorrichtungen schwimmenden Fusssteg mit dem Lande verbunden wird. Es können auch auf diesem Floss Umkleideräume aufgestellt werden, doch nehmen dieselben den freien Ueberblick über die Anstalt fort. Ueberhaupt ist hier, da ein solches Floss in der Regel nur ein grosses Viereck ohne Binnenbecken bildet, und deshalb nur an den äusseren Seiten desselben unterrichtet werden kann, die Beaufsichtigung eine schwierigere, weshalb diese Anstalt wohl auch weniger verbreitet ist. Sie findet sich häufiger in Frankreich wie in Deutschland.

Doch haben die Tonnenschwimmanstalten den Vorzug vor den Flossschwimmanstalten, dass, da die Tonnen stets mehr oder weniger noch über dem Wasser hervorragen, unvorsichtige Schwimmer, welche beim Auftauchen zwischen den Tonnen sich befinden, nicht so leicht der Gefahr des Ertrinkens ausgesetzt sind, wie die, welche unter ein Floss gerathen. Sie können sich leichter zwischen den Tonnen wieder hervorarbeiten.

Die Floss- und Tonnenschwimmanstalten sind meistens so eingerichtet, dass sie im Herbste, wenn die Badezeit vorüber ist, auseinander genommen und die einzelnen Theile an einem trockenen Orte aufbewahrt werden können. Es kann deshalb eine solche Anstalt eine lange Dauer haben.

4. Die Pfahlschwimmanstalt.

(Tafel 11, Fig. 1 und 2.)

Dieselbe ist zwar kostspieliger als die vorgenannten, und macht, da sie zum grössten Theil auch im Winter stehen bleibt, häufige Reparaturen nöthig, aber sie ist zweckmässiger und am meisten zu empfehlen. Ihre Anlage ist folgende: 5 bis 6 Zoll im Geviert starke Pfähle werden je 8 Fuss von einander, und in je zwei gleichlaufenden ebenfalls 8 Fuss von einander entfernten Reihen so in das Wasser eingerammt, dass dadurch ein Viereck entsteht, dessen lange Seiten von dem Ufer und der demselben gegenüberstehenden Pfahldoppelreihe gebildet werden. Letztere muss so weit vom Ufer entfernt sein, dass auch beim niedrigsten Wasserstand das offene Wasser jenseit derselben noch die für das Wasserspringen nöthige Tiefe von 8 bis 10 Fuss hat.

Die Pfähle werden durch Aufzapfen mit Balken verbunden und letztere mit Brettern belegt.

Der innere, von den Pfahlreihen und dem Ufer eingeschlossene Raum ist für die Nichtschwimmer, für Badende und Anfänger im Schwimmen zu benutzen. Ausserhalb der Umschliessung schwimmen nur geübte, ausgelernte Schwimmer. Bei hohem Wasserstand wird ein langer Baum oder ein starkes Tau gleichlaufend mit der langen Seite so weit vom Ufer an den beiden Schmalseiten befestigt, dass die Badenden an diese Vorrichtung herantretend immer noch Grund unter den Füssen haben, ihnen also das Wasser an diesen Stellen noch bis unter die Arme reicht.

An der inneren Langseite des Pfahlbaues sind die Schwimmvorrichtungen, die Abrichtung, die Leitern zum Ein- und Aussteigen, an der äusseren die Springgeräthe anzubringen. Hier befinden sich auch die Rettungskähne, die stets so vorgelegt sein müssen, dass sie sofort benutzt werden können. In ihnen befinden sich die Rettungsgeräthe.

Auf dem Lande oder den beiden schmalen Seiten des Beckens stehen die Zelte oder Bretterbuden (Zellen) zum Aus- und Ankleiden.

Für einige hundert Thaler ist eine solche Schwimmanstalt, deren speciellere Einrichtung später besprochen wird, hergestellt und kann dieselbe in jedem breiteren Fluss oder See eingerichtet werden. Die Zeichnung der Pfahlschwimmanstalt Taf. 11, Fig. 1 und 2 ist mit einigen Zusätzen ein Abbild der früheren Tichyschen Schwimmanstalt am Unterbaum in Berlin.

5. Die Kanalschwimmanstalten.

Mit diesem Namen werden sie darum genannt, weil sie auf schmalen Flüssen, Kanälen und Wasserläufen eingerichtet sind. Sie sind meistens nur von geringer Ausdehnung, und ist bei ihrer Anlage darauf zu sehen, dass man von den benachbarten Grundstücken her nicht hineinsehen kann. Zu diesem Zwecke sind die offenen, etwa 40 Fuss langen und 20 Fuss breiten, Schwimm- oder Badebecken bis zu einer Höhe von 10 bis 12 Fuss über dem Wasserspiegel mit quer vorgespannten, coulissenartig herabhängenden Gardinen oder mit Lattenverschlägen versehen, die Licht, Luft und Sonne frei einlassen, aber die Badenden den Blicken der Aussenstehenden entziehen.

An der einen schmalen Seite befinden sich die Apparate für das Wasserspringen; die gegenüberliegende, möglichst weit entfernte enthält die Vorrichtung zum Schwimmunterricht (die Abrichtung).

Ist ein Badebecken mit dem Schwimmbecken verbunden, so liegt dieses im günstigen Falle hinter der Abrichtung. Die Zellen zum Aus- und Ankleiden stehen auf dem Lande oder rings um das Becken. Der Umgang um das Becken muss wenigstens 5 Fuss breit sein.

Als Muster einer grossartigen Sommerschwimmanstalt ist

6. Die neue Leipziger Schwimmanstalt

(Taf. 12 und 13.)

zu bezeichnen. Die nachfolgende Beschreibung, sowie die Totalansicht derselben (Tafel 12, Fig. 1) ist der Gartenlaube, Jahrgang 1866, S. 580 ff. entnommen.

Seit 1842 besass Leipzig eine von einem Privatmann, Herrn Neubert, begründete, und hauptsächlich nach den Vorschlägen des Schriftstellers von Corvin-Wiersbitzki erbaute und von demselben eingerichtete Schwimmanstalt. Das Anwachsen der Stadt machte die Verlegung derselben nothwendig, und es bildete sich auf Anregung des Rathes der Stadt 1865 eine Actiengesellschaft zur Gründung einer neuen Schwimmanstalt. Da die Stadt sich verpflichtet hatte, den dazu erforderlichen Flächenraum auf 25 Jahre unentgeltlich zu überlassen, das Bassin, sowie Zu- und Abflusscanal für Rechnung der Stadtkasse herzustellen und für kürzeste Zugänge zu sorgen, so wurden 600 Actien zu 50 Thaler noch für nothwendig, aber auch für ausreichend erachtet. Die weiteren Massregeln, insbesondere auch die Ausführung des Baues und die Betriebsordnung wurden in die Hände eines aus 15 Mitgliedern bestehenden Verwaltungsrathes gelegt. Bereits am 8. Juli 1866 wurde die neue Anstalt der Benutzung übergeben.

Diese neue, nach dem Plan des Architekten Herrn Dimpfel erbaute Schwimmanstalt liegt*) etwa sechszehn Minuten westlich von der Mitte der Stadt entfernt, auf einer Insel, welche

---

*) Das Folgende ist wörtlich nach der Gartenlaube.

von dem, bei der im Laufe des Jahres vorgenommenen Fluss-
regulirung gerade gelegten Hauptbett der Elster nach der Stadt
hin und einem für Hochfluthen offen gelassenen Arme desselben
eingeschlossen wird. Ueber das Erstere führt eine neue so
hoch gelegte Brücke, dass die kleinen Dampfschiffe, welche jetzt
die Elster von dem neuen Dorfe Plagwitz herein befahren, ungehindert darunter weg gelangen, über den letzteren eine alte
ziemlich baufällige Brücke, die sog. Heubrücke. Jene Brücke
bildet von der Plagwitzer Strasse her den Hauptzugang zur
Anstalt, welche durch ihre Lage auf der Insel gegen nähere
Anbauten auf eine lange Reihe von Jahren gesichert erscheint.

Mitten durch die Insel führt der Länge nach ein Kanal,
der sich bald auf eine Strecke von 180 Ellen zu einer 50 Ellen
breiten teichartigen Fläche, dem eigentlichen Schwimmbecken,
erweitert. (Taf. 12, Fig. 1.) Oberhalb und unterhalb der Erweiterung befinden sich Grabenköpfe, welche sie vom Kanal
abschliessen, den Eintritt des Hochwassers verhindern und eine
völlige Absperrung des Wassers möglich machen, wenn es wünschenswerth erscheinen sollte, zum Zwecke der Reinigung des Bo-
dens das Wasser in den westlichen tiefgelegenen Fluthgraben ab-
zulassen. Das obere Stück jener Erweiterung ist bis auf eine Tiefe
von 4 bis 6 Ellen ausgegraben und für den ausschliesslichen Gebrauch der Schwimmer bestimmt, das untere Drittel gehört
den Badenden, Männern und Kindern. Es hat eine Tiefe von
fünf bis anderthalb Fuss. Die ansteigende Sohle ist theils mit
Ziegeln gepflastert, theils wird sie, wo der Ausflusskanal in
gleicher Tiefe mit dem Schwimmbecken hindurch geht, von
einem Gitter aus Latten gebildet. Das Ganze ist von einer
aus Pfählen und Pfosten gefügten Uferverkleidung eingeschlossen,
welche bis zur Höhe des höchsten Wasserstandes aus Eichen-
holz, darüber aus Tannenholz gefugt ist und einen 11 Fuss
breiten, gleichfalls mit tannenen Dielen belegten Bretterweg
(Perron) trägt.

Zwischen dem Bad für die Schwimmer und dem für die
Nichtschwimmer führt eine mit Geländern versehene Brücke
von der einen Seite des Perrons zur andern; sie ist zur »Abrichtung« bestimmt, d. h. bietet den Schwimmlehrern den
Standort. An ihren Ausgängen befindet sich an beiden Seiten
ein Thürmchen mit den Vorrichtungen für kalte Sturz- und

Regenbäder. Zwei Brunnen, welche hier unter dem gemauerten Boden des Bades liegen, liefern dazu ein kühleres und frischeres Wasser, als der Fluss es in der heissen Jahreszeit bringt. Im Uebrigen hat das Bassin keine besondere Einfassung, abgesehen von den Stellen, wo sich die ins Wasser führenden Treppen befinden.

Für die Anlage und Ausstattung der Gebäude, welche das Bassin umgeben, boten die bewährten Einrichtungen der ehemaligen Neubert'schen Anstalt den Anhalt, so dass eine frühere Beschreibung der letzteren zum Theil wörtlich auf die neue übertragen werden kann, doch ist Alles höher, weiter und freier geworden. Am unteren, schmalen Ende (im Mittelgrunde unseres Bildes) erhebt sich nunmehr das zweistöckige massive Wirthschaftsgebäude; es enthält die Zimmer für den Expedienten, die Schwimmmeister und sonstigen Anstaltsbeamten, den Restaurateur und mehrere geräumige Wirthschaftslocale zu den Seiten der Eingangshalle. An der der Stadt abgewendeten Langseite zieht sich eine grosse offene Auskleidehalle mit Bänken, Kleiderhaken hin, die nöthigen Badetoilettenbedürfnisse, Stiefelknecht, Spiegel, Bürsten und Kämme liegen in richtigen Abständen vertheilt an Ketten oder werden aus dem mittelsten vergitterten Abschnitte der offenen Halle ausgegeben. Gegenüber in ziemlich gleicher Länge befindet sich das Gebäude, welches die Räume zum getrennten Auskleiden der Einzelnen enthält. Es besteht aus fünfzehn gleichen ziemlich quadratischen Zimmern neben einander. Der Eingang in dieselben ist vom Perron. Rechts und links von diesem Eingange befinden sich an den Wänden des Zimmers auf jeder Seite vier abgesonderte Zellen, die von einander durch Holzwände getrennt und durch eine besondere Thür zu verschliessen sind. Diese Zellen umschliessen abermals Alles, was zur Bequemlichkeit beim Aus- und Ankleiden der Badenden dient. Da das mittelste jener fünfzehn Zimmer zum Ausgeben der Wäsche an die regelmässigen Besucher der Anstalt gebraucht wird und keine Zellen enthält, so beträgt die gesammte Zahl derselben einhundert und zwölf. Tragbare eiserne Bänke stehen zwischen den Thüren.

Dem Besucher der Anstalt, welcher durch die Eingangshalle hereintritt und sich, je nachdem er sich im geschlossenen oder offenen Raume entkleiden will, links oder rechts wendet, fallen aber am meisten die mancherlei Vorkehrungen auf, welche zur turnerischen Uebung des Springens in das Wasser und dergleichen Uebung im Wasser selber vorhanden sind: schwimmende Balken oder Walzen, schwimmende Bänke, eine Wippe mitten im Wasser, ein über demselben hängendes Seil, ein Holzkreuz, ein Floss u. s. w. Selten sieht man diese Geräthe unbenutzt; besonders die muntere Jugend macht unaufhörlich darauf ihre Künste, führt mit kleinen Rudern bewehrt das Floss auf dem Wasserspiegel hin und her, kippt und wälzt es um, reitet auf Kreuz oder Walze, macht sich den ruhigen Sitz streitig, stürzt sich oder fällt herab und kommt so bald auf die eine, bald auf die andere Art in die wunderlichsten Lagen, bis sie mit dem Wasser so vertraut wird, wie eine Wasserratte. Die grosse Ausdehnung des Wasserspiegels macht es möglich, dieses Spiel zu gestatten, für das die meisten anderen geschlossenen Schwimmanstalten in Flüssen den Raum nicht hergeben können. Mit besonderer Vorliebe endlich ist für die Liebhaberei der Wasserspringer gesorgt. Rechts und links liegen Bretter theils fest, theils auf Federn, damit sie wippen und den Schwung des Springers vermehren, mit Matten überzogen, damit der Fuss nicht gleitet. Am obersten Ende des Schwimmbades erhebt sich bis 26 Fuss frei über dem Wasser das eigentliche Springgerüst (Taf. 12, Fig. 2 und Taf. 13, Fig. 1, 2, 3), in der Mitte eine erhabene Brücke, unter der Schaukelreck und Schaukelringe angebracht sind, an welchen die turnfertigen Kinder, Jünglinge und Männer Leipzigs von der Höhe herab über die Wasserfläche hinausfliegen, um sich im kühnen Absprunge und Ueberschlag mitten in die Fluth zu stürzen, daneben auch ein festes Reck über dem Wasser. Schwerlich findet man gegenwärtig an einem anderen Orte derartige Vorkehrungen in gleicher Vollständigkeit zu einem schönen Ganzen vereinigt und ebensowenig schwerlich eine gründlichere Benutzung, da der Sinn für turnerische Ausbildung in Leipzig lebendiger ist als irgend sonst.

Soweit die Gartenlaube.

Später wurde auch eine besondere Schwimmanstalt für das weibliche Geschlecht in der Nähe der im Vorgehenden beschriebenen errichtet.

7. Die Winter- und Sommerschwimmanstalten.

(Taf. 14, Fig. 1 und 2.)

Die Raumverhältnisse derselben sind selbstverständlich geringer wie bei den Sommerschwimmanstalten, und ihre Anlage und Unterhaltung, das Erwärmen des Raumes und Wassers im Winter bis zu einer Temperatur von mindestens 18 Grad R. ausserhalb und 16 innerhalb des Wassers ist mit nicht geringen Kosten verknüpft. Diese Anstalten haben aber den grossen Vorzug, dass sie, da sie von allen Seiten geschlossen und oben mit einem Glasdach versehen sind, die Badenden nicht dem Witterungseinfluss blossstellen und deshalb ohne Unterbrechung im Sommer wie im Winter benutzt werden können. Die theure Anlage steht der höchst wünschenswerthen grösseren Verbreitung derselben sehr im Wege.

Die bis jetzt bestehenden Winterschwimmbecken, so vorzüglich ihre äussere Ausstattung häufig ist, tragen doch selten dem Bedürfniss der Schwimmer, sich frei und ungehindert im Wasser bewegen zu können, Rechnung. Sie sind klein und gewöhnlich noch durch Abzweigung eines Raumes für die Nichtschwimmer, die Badenden beengt. Man kann bei einigermassen reichlichem Besuch kaum in ihnen schwimmen, geschweige denn Wassersprünge vornehmen, und so findet man hier selten den Genuss, den die Sommerschwimmanstalt unter freiem Himmel und in genügend grossem Schwimmbecken gewährt.

Ein annähernd ausreichendes und zweckdienliches (Winter)-Schwimmbecken ist in Grösse und Einrichtung folgendermassen herzustellen.

Das Becken bildet ein Rechteck mit einer Wassertiefe von 8 bis 10 Fuss an der einen schmalen Seite. Hier sind die nur von den Schwimmern zu benutzenden Springvorrichtungen aufzustellen und kann von hier aus die Bodenfläche des Beckens sich allmälig erheben, so dass am entgegengesetzten Ende in einem hierzu besonders abgezweigten Raume die Nichtschwimmer sich aufhalten mögen, in einer Wassertiefe bis zu 4 Fuss hin.

Die Länge des Schwimmbeckens ist mindestens auf 30 Fuss, die Breite auf 20 Fuss einzurichten. Das Becken der Nichtschwimmer muss von jenem durch eine bis auf einen Fuss

über die Wasserfläche hervorragende leichte Scheidewand getrennt sein. Die Mauerkante, welche bei manchen jetzt ge-
bräuchlichen Einrichtungen unter dem Wasser am Boden das
Schwimmbecken von dem Badebecken trennt, ist wegzulassen,
weil sie beim Wasserspringen oft Verletzungen herbeiführt.
Der Fussboden ist also so einzurichten, dass er an der tiefsten
Stelle 10 Fuss, 30 Fuss weiter 4½ Fuss und endlich am Ende
des Beckens (10 Fuss weiter) 4 Fuss Wasser über sich hat.

Die Gänge, welche an den Seiten umherlaufen, dürfen
keine Neigung nach dem Wasserbecken haben, oder gar unmittelbar über diesem liegen, weil dann fortwährend der an den
Stiefeln der Ankommenden hängende Strassenschmutz durch
das umherspritzende Wasser der Badenden oder Springenden
in das Becken gespült wird und dieses in kurzer Zeit trübt
und verschlammt. Es sind deshalb diese Umgänge mit Fall
und Ablauf dem Becken abgewandt zu versehen (Fig. 1 bei m u. n),
oder es ist noch besser die Einrichtung so zu treffen, dass nur
Entkleidete diesen Raum betreten dürfen.

Die Abrichtung, wo die Schwimmlehrer ihren Unterricht
ertheilen, ist im Schwimmbecken der Seite gegenüber anzubringen, von welcher herab das Wasserspringen zumeist ausgeführt wird, weil hier das Wasser am wenigsten bewegt sein
wird und die Schüler am ungestörtesten üben können.

Am Zweckmässigsten ist es, den Raum der Schwimmer
vollständig von dem der Nichtschwimmer zu trennen. Hier
sind dann die Beckenkanten des Badebeckens mit Schutzwehren
zu umgeben und nur die Stellen offen zu lassen, woselbst die
Treppen in das Wasserbecken führen. Das Schwimmbecken
ist dagegen zumeist ohne Schutzwehr zu lassen, und sind an allen
Seiten Aufsteigevorrichtungen (Leitern) anzubringen, mittelst
derer man schnell aus dem Wasser gelangen kann.

8. Die Wasch- und Badeanstalten zu Berlin.

Die Anlage und Einrichtung dieser grossartigen Anstalten
hat sich als so zweckmässig und gemeinnützig erwiesen, dass
eine ausführliche Besprechung derselben mit zum grössten
Theil wörtlicher Benutzung des ›ersten Verwaltungsberichtes
zur ersten ordentlichen General-Versammlung der Gesellschaft

für öffentliche Wasch- und Badeanstalten zu Berlin 1855«
auch für weitere Kreise erwünscht sein dürfte.*)

Schon seit einer Reihe von Jahren hatte sich die Ueberzeugung von der Nothwendigkeit öffentlicher Wasch- und Bade-
Anstalten in weiten Kreisen Bahn gebrochen. Je mehr man
sich davon überzeugen musste, dass gerade in der Reinlichkeit eine Hauptbedingung für das materielle Wohl der Gesellschaft zu suchen sei, um so weniger konnte man sich ver-
hehlen, mit wie grossen Schwierigkeiten namentlich die ärmeren
Volksklassen der grossen Städte zu kämpfen haben, um sich
in ausreichender Weise dieses unentbehrliche Lebensbedürfniss
zu verschaffen; Schwierigkeiten, deren Beseitigung oft ganz
ausser dem Bereich der Kräfte und Mittel derselben liegt.

Der erste Anstoss, diesen Uebelständen durch Anlage öffentlicher Wasch- und Badeanstalten zu begegnen, ging in neuerer
Zeit von England aus. Die im Mai 1842 in Liverpool eröff-
nete erste derartige Anstalt ergab schon in den ersten
Jahren ihres Bestehens so überaus günstige Resultate, dass
diese die öffentliche Aufmerksamkeit erregen und zur Nach-
ahmung anspornen mussten. Es entstanden daher nicht
nur in London und den übrigen grossen Städten Englands
derartige Anstalten, sondern auch in Frankreich und Belgien
fanden dieselben sehr schnell befriedigenden Fortgang.

Die grosse Wichtigkeit der, in dieser Weise in das praktische Leben getretenen Frage für alle Schichten der Gesellschaft nach ihrem ganzen Umfange erkennend, bildete sich im
Lande ein »Central-Verein für die Beförderung der öffentlichen
Wasch- und Badeanstalten,« als deren Zweck:

> die Verbesserung der socialen und physischen
> Lage der arbeitenden Klassen, Erhaltung
> ihrer Gesundheit und unmittelbar eben da-
> durch — Verminderung der Armentaxe,

bezeichnet wurde.

Mit bedeutenden Geldmitteln ausgerüstet, stellte sich dieser
Verein die Aufgabe, durch Errichtung einer Muster-Anstalt in
London, und durch die mit derselben vorzunehmenden Ver-
suche die grösstmöglichste Summe von Erfahrungen in Be-

---

*) Wir verdanken die Mittheilung desselben der Güte des Herrn Brand-
direktors, Geh. Rath Scabell.

ziehung auf die zweckmässigste Einrichtung öffentlicher Wasch-
und Badeanstalten in allen ihren Theilen und zwar rücksichtlich
der Bauart sowohl, als rücksichtlich des Betriebes zu sammeln
und dieselben demnächst im Interesse der guten Sache nach
allen Seiten hin nutzbar zu machen.

Ohne Rücksicht auf die bedeutendsten Geldopfer hat der
Central-Verein diesen Zweck mit anerkennenswerther Energie
verfolgt und dadurch die Anlegung öffentlicher Wasch- und
Badeanstalten auch über die Grenzen des eigenen Landes
hinaus insofern gefördert, als nun die Mittel geboten sind,
mit Vermeidung aller kostspieligen Versuche und ohne die
damit verbundene Gefahr des Misslingens derartige Anlagen
in der praktischsten Weise zu gründen.

Ganz besonders auf Veranlassung des General-Polizei-
Direktors v. Hinckeldey traten am 18. April 1853 verschiedene geachtete und bemittelte Bürger Berlins zu einer Conferenz
zusammen und gelangten ohne lange Vorberathungen und Be-
sprechungen zu dem Beschluss:

>zu einer Actiengesellschaft zusammen zu treten, welche
den Zweck habe, die Stadt Berlin mit Wasch- und
Badeanstalten zu versehen, die dem Publikum zu geringeren als bisher üblichen Preisen zugänglich sein
sollten, und diese Gesellschaft für constituirt zu erachten, sobald die Summe von 50,000 Thalern gezeichnet sei.«

Nach Beseitigung aller Formalitäten und bald nach der
Einzeichnung von 113,700 Thalern Actien schritt man zur Ausführung.

Eine für Berlin aufgestellte Wahrscheinlichkeits-Berech-
nung zeigte, dass sich bei dem Preise von:

1 Sgr. für ein kaltes Schwimmbad
2 » » » warmes do.
2 » » » kaltes Männer-Wannenbad II. Klasse
3 » » » warmes do. II. do.
3 » » » kaltes do. I. do.
4 » » » warmes do. I. do.
2½ » » » Frauen-Wannenbad
1 » » eine Waschstunde II. Klasse
2 » » » » I. do.

sowie bei der Annahme, dass die Anstalt nur zum dritten
Theile ihres Raumes benutzt werden wird, beinahe 6 % Zinsen
ergeben.

Zu Grundstücken wurden erworben für die 1. Anstalt das
in der Schillingsstrasse Nr. 7 bis 9, für die 2. Anstalt das in
der Auguststrasse No. 21 gelegene. (Wir begnügen uns hier
mit der Beschreibung der 1. Anstalt, die im Februar 1856 in
Gebrauch genommen wurde.)

Indem man in Beziehung auf die Einrichtung das möglichst Zweckmässige und Vollkommene anstrebte, war man,
der bewährten Thatsache Rechnung tragend, dass das wirklich
Solide im ferneren Verlaufe auch zugleich das Billigste ist, —
in Bezug auf die Ausführung der Ansicht, sich für die grösste
Solidität entscheiden zu müssen.

Das Gebäude wurde im Ganzen 105½ Fuss tief und auf
68½ Fuss Tiefe 75½, auf die übrigen 37 Fuss Tiefe aber
80⅚ Fuss breit. Da das Grundstück nur 14¼ Fuss über dem
Nullpunkt des Pegels in der Spree liegt, so musste das Gebäude, um mit dem tiefsten Punkt des Bassins nicht niedriger
zu gehen, als der höchste Wasserstand im Jahre 1830 war, von
dem Fundament bis zur Plinte eine Höhe von 5 Fuss 9 Zoll
erhalten. Mit Ausnahme eines Theils an der Vorderfront von
57¾ Fuss Breite und resp. 10½ und 18½ Fuss Tiefe besteht
dasselbe nur aus einem Erdgeschoss, welches von der Plinte
bis zum Fusse des Sparrenwerkes 12 Fuss hoch ist; der ange-
gebene Theil von 57¾ Fuss Tiefe erhielt dagegen noch eine
Etage von 10 Fuss lichter Höhe, mit einem hölzernen Pult-
dach, das mit Schiefer auf Lattung eingedeckt wurde, während
bei allen übrigen Räumen das Schieferdach auf Schalung mit
eisernen Bänder-Sparren ruht.

In der Vorderfront des Gebäudes befinden sich im Erdgeschoss ein Haupt- und ein Nebeneingang, von welchen der
letztere durch das 15¾ Fuss breite, 7⅚ Fuss tiefe Treppen-
haus nach der ersten Etage in die Wohnung des Inspectors
führt. Durch den Haupteingang, welcher ausschliesslich für
Männer bestimmt ist, gelangt man in die 10 Fuss breite und
15 Fuss lange, durch eine Holzwand in 2 Theile getheilte Kasse
und von da links und rechts in die Wartezimmer erster und
zweiter Klasse, deren jedes 12½ Fuss breit und 15 Fuss tief

ist. Aus diesen tritt man in die aus 10 Zellen 1. Klasse und
14 Zellen 2. Klasse bestehenden Wannenbäder, sowie in den
42 Fuss langen und 38 Fuss breiten Saal für das Schwimm-
bassin, in welchem letzteren sich an den beiden Längsseiten
26 Stellen zum Entkleiden, sowie eine Retirade und ein Pissoir
befinden.

In der rechten Seitenfront führt ein, ausschliesslich für
die Frauen bestimmter Eingang in die Kasse, und von da links
in die 6 Wannenbäder, rechts in die 12 Waschräume 1. Klasse
und 24 Waschräume 2. Klasse, in das Plättzimmer und die
Rollkammer, sowie in den Waschraum für die Anstalt. Durch
einen anderen besonderen Eingang gelangt man endlich in den
links an der Hinterfront liegenden Kesselraum von $21^{11}/_{12}$ Fuss
Breite und $34^{1}/_{2}$ Fuss Länge, in welchem sich 2 Dampfkessel
von 15 und ein kleinerer von $12^{1}/_{2}$ Fuss Länge und 5 Fuss
Durchmesser zur Speisung der sämmtlichen Dampf- und Heiss-
wasser-Röhren des Gebäudes befinden. Die Kessel selbst werden durch ein über ihnen befindliches Reservoir in der Art
gespeist, dass sich das in demselben befindliche Ventil schliesst,
sobald das Wasser im Kessel die Normalhöhe erreicht hat, sich
aber sofort von selbst wieder öffnet, wenn das Wasser geringer
geworden ist. Das Reservoir erhält das Wasser aus den Röhren
der englischen Wasserleitung und ist auch hierbei die Einrichtung so getroffen, dass das Reservoir durch das von selbst er-
folgende Oeffnen und Schliessen eines Ventils stets gefüllt ist.
Der zu dem Kesselraum gehörige Schornstein ist 54 Fuss über
der Plinte hoch.

Die Ableitung des unreinen Wassers geschieht durch einen
Kanal, der dasselbe durch die Magazin- und Alexanderstrasse
in den Königsgraben führt und bei einer lichten Weite von
6 Zoll ein Gefälle von circa $^3/_4$ Zoll auf die Ruthe hat, auch
durch ein unter den Fundamenten des Gebäudes lagerndes
Röhrensystem zur Abführung des Tagewassers dient. Da das
Grundstück endlich tiefer lag als die Strasse, so musste dasselbe um $2^{1}/_{2}$ Fuss erhöht werden.

Das sämmtliche Mauerwerk wurde im Ziegel-Rohbau mit
Portland-Cement und zwar im Aeusseren bis zur Plinte, und
im Inneren 3 Schichten über dem Fundament-Banquett mit
Rathenower, von da ab aber mit feinen, beschnittenen Verblend-

steinen aus der Zernsdorfer Ziegelei aufgeführt; die inneren
Wände wurden über den vorangeführten drei Schichten, welche
aus Rathenower Steinen bestehen, von weissen unbeschnittenen
Wusterhausener Steinen erbaut, mit Ausnahme jedoch der Um-
fassungswände des Schwimmbassins und des Kesselhauses, welche
durchweg von Rathenower Steinen in Cementmörtel aufgeführt
sind. Um das Gebäude in seiner Architectur mehr hervortreten
zu lassen, wurde das Mauerwerk durch blaue, glasirte Schichten
unterbrochen und wurde dieselbe Farbe als Decorations-Moment
für die Gurt- und Hauptgesimse gewählt. Bei der inneren Einrichtung ist alles Holzwerk, mit Ausnahme der Wohnräume, in
die jedoch keine Nässe geführt werden kann, vermieden. Wie
daher das Dach mit Ausnahme der kleinen Flächen oberhalb
der Inspector-Wohnung auf eisernen Sparren ruht, sind auch
eiserne Fussbodenträger gewählt. Der Fussboden selbst, sowie
die Scheidewände in den Wasch- und Baderäumen bestehen
aus Schiefer, während die erforderlichen Treppen aus Granit
aufgeführt sind.

Um die Klarheit des durch die Wasserleitung zu beziehen-
den, filtrirten Wassers mehr hervorzuheben und dem Schwimm-
bade einen gefälligen Eindruck zu geben, ist das Bassin im
Boden und den Seitenwänden mit weissen glasirten Platten
ausgelegt, die in Cement gelegt mit dem umgebenden Mauerwerk noch durch keilförmige, nägelartige blaue Pfropfen mit
runden Knöpfen verbunden sind. Die Badewannen bestehen
aus weiss glasirter Steinmasse und gewähren dieselben sonach
den Eindruck porcellanener Wannen. Die Erleuchtung der
Baderäume geschieht durch Oberlichter, welche in einer Breite
von 7 Fuss auf beiden Seiten des Daches angebracht sind,
Abends durch Gaslicht.

Wo die Wäsche mit den Beschlägen der Waschtubben oder
sonstigen Eisentheilen in Berührung kommt, sind diese galva-
nisirt. Die Kosten der Ausführung des Baues in der angedeu-
teten Weise sollten sich nach dem diesfälligen Anschlage auf
52,000 Thlr. belaufen, erreichten aber in Wirklichkeit eine
Höhe von 69,807 Thlr. 21 Sgr. 1 Pf.

Wenn somit die wirklichen Baukosten den Betrag des Vor-
anschlages um überhaupt 17,807 Thlr. 21 Sgr. 1 Pf. über-
stiegen haben, so liegt das bei einer so complicirten und dabei

vollständig neuen Anlage, wie der gegenständlichen darin, dass es
an und für sich grosse Schwierigkeiten hat, die nothwendigen
Arbeiten und wahrscheinlichen Kosten im Voraus so genau
zu bestimmen, als dies unter gewöhnlichen Verhältnissen möglich ist.

In Folge der fortwährenden Nässe setzen sich in den
meisten Badeanstalten an den schwer zugänglichen Theilen des
Holzes Pilze etc. an, die einen üblen, nicht zu vertreibenden
Geruch verbreiten, der in Folge des mangelnden Luftstroms,
sowie weil die Zellen vollständig geschlossen sind, durch die
Ausdünstung der Badenden noch verstärkt und unangenehmer
wird. Ist diesem Uebelstande bei der diesseitigen Anstalt nun
schon durch die Anwendung des Schiefers in Stelle des Holzes
begegnet, so ist auch für eine genügende Luftcirculation dadurch gesorgt, dass die 7 Fuss hohen Badezellen oben offen
sind und durch die in der Dachforst angebrachten Ventilationen
eine permanente Zuführung frischer Luft erfolgt. Ausserdem
wird diese Circulation noch dadurch befördert, dass die mit
Löchern durchbrochene Schieferbekleidung der Badewannen sich
nicht unmittelbar an die Wanne anschliesst, sondern zwischen
dem Fussboden und der Seitenwand der Wanne einen offenen
Zwischenraum lässt, durch welchen auch nach unten hin eine
Luftströmung stattfindet. In Folge dieser Einrichtungen sind
die Baderäume selbst bei der stärksten Benutzung frei von
Dunst und üblem Geruch.

Das Füllen und Entleeren der Badewannen geschieht von
unten, und zwar haben die Wannen nur eine Oeffnung, durch
welche sowohl das kalte und heisse Wasser hineinströmt, als
das unreine Wasser abfliesst. Das Füllen und Entleeren der
Wannen nimmt bei dieser Einrichtung noch nicht die Hälfte
der Zeit in Anspruch, welche dazu bei den bisher üblichen
Einrichtungen erforderlich ist. Die Zugstangen zum Oeffnen
und Verschliessen der betreffenden Ventile werden von aussen
dirigirt, so dass der Badende selbst den Zu- und Abfluss nicht
bewirken kann, und somit dem muthwilligen oder fahrlässigen
Vergeuden des Wassers von vorn herein vorgebeugt ist. Eine
Beeinträchtigung des Publikums liegt, wie man etwa glauben
könnte, hierin aber nicht, da mit Rücksicht darauf, dass die
einzelnen Zellen im Baderaum nur durch dünne Schieferwände

gebildet und oben offen sind, der Badende zu jeder Zeit mit dem im Baderaum permanent anwesenden Wärter sprechen und jede beliebige Hülfsleistung verlangen kann. Im Gegentheil wird der Badende durch die fragliche Einrichtung der mehr oder minder grossen Unbequemlichkeit überhoben, welche dadurch erwächst, dass er sich selbst bedienen muss, wenn er während des Badens die Masse oder die Temperatur des Wassers verändert zu haben wünscht.

Der Unterschied in der Einrichtung der beiden Klassen des Männerbades besteht ausser dem verschiedenartigen Anstrich des Schiefers darin, dass in der zweiten Klasse die in der ersten Klasse vorhandenen Fussdecken fehlen und ausserdem in der zweiten nur ein Handtuch, in der letzteren dagegen zwei Handtücher verabreicht werden.

Um die Reinlichkeit und Beseitigung jedes üblen Geruches nach allen Seiten hin und in grösstmöglichem Maasse durchzuführen, sind zu sämmtlichen Retiraden der Anstalt Porzellan-Water-Closets gewählt, welche beim jedesmaligen Oeffnen und Schliessen der Zellenthüren. vom Wasser durchspült werden. Ebenso bestehen die Pissoirs aus Porzellan-Gefässen, deren innere Fläche bei jeder Benutzung in ähnlicher Weise durch Wasser gereinigt wird.

Die zur Legitimation des Publikums dienenden Billets sind der Controle wegen mit einer fortlaufenden Nummer versehen, und zwar werden dieselben aus einem Billetbuch herausgerissen, in welchem die zu den resp. Billets gehörigen Coupons zurückbleiben. Die Billets selbst nehmen beim Eintritt in den betreffenden Raum der Anstalt die Wärter in Empfang und stecken sie sofort in den dazu bestimmten, nur von dem Inspector zu öffnenden Kasten, während der Inspector die Billets jeden Morgen an den Secretair zur Revision und Feststellung der Einnahme einsendet.

Schliesslich möge noch eine Zusammenstellung der gesammten Einnahmen und Ausgaben dieser ersten grossartigen Anstalt aus untenstehenden Jahren folgen. (Silbergroschen und Pfennige sind weggelassen.)

I. Einnahmen.	1856	1857	1858	1859	1860	1861	1862	1863	1864	1865	1866	1867
1. Für Bäder	7,957	9.513	6,944	7,166	7,487	8,367	8,015	9.398	8,533	9.769	8,324	8,174
2. „ Benutzung der Wasch-anstalt	6,424	7,434	7,251	6,330	6,706	6,861	6,792	6,941	7,193	6,583	5,448	5,479
3. „ verkaufte Seife, Soda etc.	331	412	}				623	733	700	685	619	425	536
4. „ verkaufte Betriebs-Reglements	24	.	}	360	300	419	.	.	.	.	.	.	.
5. An sonstigen Einnahmen.	.	.	.	.	7	3	.	2	3	.	1	.
6. „ Pacht	.	.	4	4	4	4	4	4	4	4	25	30	30
	14,736	17.364	14,560	13,801	14,616	15,859	15,547	17,016	16,419	17,917	14,230	14,420

II. Betriebs-Ausgaben.	1856	1857	1858	1859	1860	1861	1862	1863	1864	1865	1866	1867
1. Besoldungen etc.	3,575	3,945	3,022	3,021	2,912	2,500	2,418	2,350	2,362	2,377	2,400	2,160
2. Tagelohn	168	192	141	119	119	160	172	310	292	251	150	175
3. Insertionskosten	185	10	.	.	.	.	.	.	.	.	.	.
4. Druckerlohn	167	288	24	.	.	.	.	.	.	.	.	.
5. Postporto, Stempel, Ge-richtskosten	49	20	.	.	.	.	.	.	.	.	.	.
6. Bureaubedürfnisse	87	93	.	.	.	.	.	.	.	.	.	.
7. Kosten, Betriebskosten .	6,423	7,466	6,105	6,805	6,585	6,531	6,603	6,693	6,980	7,172	6,550	6,413
8. Unterhaltung der Gebäude	277	501	359	390	545	543	455	703	844	671	387	661
9. Anschaffung und Unter-haltung der Geräthe ..	73	171	124	106	87	74	419	315	364	379	286	247
10. Abgaben (Steuern)	.	144	115	118	117	115	115	115	116	154	177	154
11. Versicherungs-Prämie ..	.	.	.	23	23	18	23	32	23	31	27	18
12. Zinsen	.	.	.	.	.	.	.	.	.	.	.	.
13. Insgemein	51	3	9	9	12	.	16	27	29	23	49	.
	11,060	12,838	9,901	10,593	10,692	9,959	10,208	10,537	11,961	11,068	9,972	10 118

9. Schwimmanstalten zur Erlernung des Schwimmens in Gemeinübungen.

Die Beschreibung einer solchen Anstalt s. später bei Besprechung des Schwimmunterrichts in Gemeinübungen.

B. Die Gerätheeinrichtung der Schwimm- und Badeanstalten.

a) Geräthe für den Schwimmunterricht.

1. Zur Darstellung und Einübung der Schwimmbewegungen auf dem Lande und zwar in der richtigen im Wasser nöthigen, also horizontalen Lage bedient man sich des
Schwimmbockes. Derselbe besteht aus einem Kreuzbock,
ähnlich wie ihn die Holzschneider beim Sägen zum Auflegen
der Holzkloben benutzen. Auf seinen oberen vier Ecken ist
ein starkes Segeltuch so ausgespannt, dass der Uebende auf
demselben eine möglichst bequeme Lage auf dem Bauche ein-

2*

nehmen und die senkrecht herabhängenden Beine und Arme nach allen Seiten frei bewegen kann. (Taf. 9, Fig. 11 und 12.) 2. Für die Schwimmübungen im Wasser. Hier ist zuerst der Schwimmgurt (Taf. 1, Fig. 2 bis 9) zu nennen. Derselbe besteht aus einem 2½ bis 3 Zoll breiten, starken, hanfenen Gurte, an dessen beiden Enden messingene Ringe fest eingenäht sind, und dessen Länge so eingerichtet sein muss, dass beim Umlegen unter die Brustwarzen des Schülers die Messingringe sich auf dem Rücken berühren. Solcher Schwimmgurte müssen mehrere von verschiedener Länge für jeden Schwimmmeister vorhanden sein. Durch die messingenen Ringe wird dann eine, einen schwachen Finger dicke, gute, hanfene, 18 bis 20 Fuss lange Leine eingeschleift, die Schwimmleine genannt, deren freies Ende der Lehrer beim Unterricht in die Hand nimmt, deren Mitte er aber an das Ende einer Stange, die Schwimmstange, befestigt (Taf. 1, Fig. 1). Diese Stange ist 8 Fuss lang, 2 bis 2½ Zoll stark, aus glattem, astfreiem Fichtenholz gemacht und hat 2 Zoll vom oberen Ende einen umlaufenden ¼ Zoll tiefen, breiten Einschnitt, in welchen sich der angeschleifte Theil der Schwimmleine einlegen lässt und dann nicht abgleiten kann. Besonders wichtig ist die richtige Anschleifung der Schwimmleine an die Schwimmstange vermittelst des s. g. Feuerwerkerknotens. Man bildet ihn aus zwei Schleifen, welche über einander gelegt werden, durch deren mittelste Oeffnung die Stange gesteckt wird und von der Schleife dann so umgeben ist, wie es Taf. 1, Fig. 1 zeigt.

Ausser den von den Schwimmmeistern benutzten Schwimmstangen müssen noch Reservestangen da sein, damit eine etwa zerbrochene Stange sofort ersetzt werden kann.

b) Die Rettungsgeräthe.

1. Die Rettungsleine (Faf. 16, Fig. 2) ist ähnlich der Schwimmleine, jedoch 30 bis 35 Fuss lang und auf beiden Enden mit drei oder vier 3 Zoll starken, eiförmig abgerundeten Korkstücken versehen, welche auf die Leine geschoben und, je 12 Zoll von einander entfernt, zwischen je 2 Knoten festgelegt sind. Wird diese Leine mit dem einen oder dem andern Ende dem zu Rettenden zugeworfen, so schwimmt sie an der Oberfläche, und die Hände des darnach Greifenden können vermöge

der Knoten und Korke nicht so leicht abgleiten. Ebenso hält der Hülfeleistende das andere Ende der Leine fester, und sie kann ihm nicht so leicht aus den Händen gerissen werden. In grossen Anstalten müssen an verschiedenen, entsprechenden Stellen diese Leinen, leicht zusammengerollt, griffbereit aufgehängt sein.

2. Der Rettungshaken (Taf. 16, Fig. 6) befindet sich an einer 15 bis 16 Fuss langen, am untern Ende 1½ Zoll, am Hakenende 1 Zoll starken, festen, leichten Stange. Er besteht aus einem ⅜ Zoll starken Eisendrath, der selbst etwas schlanker ausläuft und zu einem Haken von 18 bis 20 Zoll Durchmesser gebogen ist; an seinem Ende ist ein kleiner runder Knopf angeschmiedet, damit dieses stumpfe Ende, wenn es nach einem Untersinkenden geschwungen wird, ihn nicht verletze. Auch diese Stangen müssen in mehrfacher Zahl vorhanden und leicht zur Hand sein. Am zweckmässigsten legt man sie auf je zwei kleine Haken, die sich an der äusseren, dem Schwimmwasser zugekehrten Seite der Schutzwehr befinden.

3. Der Rettungskahn (Taf. 11, Fig. 1 u. 2 bei *a* u. *d*) ist ein kleines, leichtes, flaches Fahrzeug, das nach beiden Enden hin sich zuspitzt und daher leicht durch das Wasser streichen kann. Er ist ohne Steuer, ebenfalls mit den oben genannten Rettungsmitteln und ausserdem noch mit 2 flachen Rudern und mit Ruderhölzern an beiden Seiten versehen. Die Geräthe in ihm müssen stets in geordneter Lage und rasch zu greifen sein. Der Kahn selbst ist mit einem schnell abnehmbaren Kettchen an der äusseren Seite der Abrichtung, dem Schwimmwasser zu, befestigt. Ist die Anstalt eine weit ausgedehnte, so muss in 50 bis 60 Fuss Entfernung sich je ein Rettungskahn befinden. Schliesslich sei noch

4. die Rettungspuppe genannt, eine aus Holz und Stroh gefertigte, mit alten Kleidungsstücken bekleidete menschenähnliche Figur von der Grösse eines erwachsenen Menschen. An ihr und mit ihr werden die Rettungsversuche eingeübt.

c) Geräthe für die Schwimmkünste im Wasser.

Für das Wasserturnen: die Schwimmkünste, Taucherübungen, Schwimmspiele, Schwimmsprünge, dienen mancherlei Geräthe und Einrichtungen, und kann es jeder Schwimmanstalt nur Vortheil bringen, wenn sie nicht nur für gute Instandhaltung, sondern auch für Mannigfaltigkeit und Reichhaltigkeit derselben sorgt. Je mehr Gelegenheit geboten ist, dergleichen anregende Uebungen zu treiben, um so stärker wird der Besuch der Anstalt sein; denn wenn auch nicht Jeder die Künste mitmacht, so sieht er doch gern zu und erfreut sich am munteren Treiben der Anderen.

Als Geräthe zur Ausführung von Schwimmkünsten im Wasser sind zu nennen:

1. Die feste Stange oder das festgespannte Tau, quer über dem Wasser so hoch angebracht, dass man dies Geräth aus der Schwimmlage im Wasser leicht ergreifen, sich an ihm hin und her, hinauf und hinüber schwingen kann. Besonders ist es leicht anzubringen in den Bassin- und Winterschwimmanstalten. Fehlerhaft aber ist es, wenn dasselbe, wie es freilich gewöhnlich geschieht, zugleich als einzige Schranke das Schwimmbecken von dem Badebecken trennt. Für den Schwimmer ist es hier nicht passend angebracht, und auch den Nichtschwimmenden und bloss Badenden nützt es wenig, ja kann wegen des dort sofort tiefer werdenden Wassers ihnen gefährlich werden. In günstigen Fällen können drei solcher Stangen oder Taue vorhanden sein, eins über der Mitte des Schwimmbeckens, das zweite über der Mitte des Badebeckens, das dritte mag dann als Scheidungszeichen für beide Becken dienen, obschon, wie oben angegeben, eine feste Schranke vorzuziehen ist.

2. Das senkrecht hängende Tau oder die hängende hin und her pendelnde Stange, deren auch zwei in 2 Fuss Entfernung von einander angebracht und mit fast bis auf das Wasser hinabreichenden Griffen oder mit wagerechten Stangen, dem Schaukelreck ähnlich, versehen sein können.

3. Die schwimmende Stange ist 8 bis 10 Fuss lang, 3 bis 4 Zoll stark und an den Enden gut abgerundet.

4. Die Walze (Taf. 16, Fig. 4) ist ein 10 bis 12 Fuss langer, 1 Fuss starker, hohler, brunnenrohrartiger, glatter Holzstamm, mit gut abgerundeten Enden, dessen Hohlraum luftdicht abgeschlossen ist, so dass die Walze leicht auf dem Wasser schwimmt.

5. Das Kreuz (Taf. 16, Fig. 10) ist ein aus zwei 3 bis

4 Fuss langen, 5 Zoll im Geviert starken Kreuzholzstücken
zusammengeplattetes Kreuz, dessen Ecken und Kanten überall
abgerundet sind; es muss aus leichtem Fichtenholz gezimmert
sein, damit es gut schwimme.

6. Das Floss (Taf. 16, Fig. 7 und 8) besteht aus einem
6 bis 8 Fuss langen, 3 bis 3½ Fuss breiten Holzrahmen, aus
5zölligem Kreuzholz fest ineinander gezapft und an allen Ecken
und Kanten gut abgerundet. Derselbe ist mit einem 1½ Zoll
starken Bretterboden so ausgefüllt, dass er auf beiden Seiten
ein gleiches Aussehen hat und sich daher im Wasser leicht
wenden und drehen lässt.

7. Die Scheibe (Taf. 16, Fig. 9) ist ein ähnliches Floss,
dessen Rahmen rund gearbeitet ist und ein abgestumpftes
Achteck oder eine Kreisplatte darstellt.

8. Die Tonne kann von verschiedener Grösse sein, doch
so, dass sie sich noch leicht handhaben lässt; auch darf sie
nicht frei auf dem Wasser schwimmen, sondern muss soweit
mit Wasser gefüllt sein, dass sie bis zur Hälfte eintaucht.

9. Der Ball ist aus Binsen- oder Korkstücken, die in
einem starken, drillichenen, ballförmigen Sack von 1 bis 1½ Fuss
Durchmesser gestopft sind, anzufertigen. Auch kann man
grosse, mit Luft gefüllte Rindsblasen oder Gummibälle benutzen, letztere sind aber leicht zerstörbar und deshalb weniger
zu empfehlen.

d) Geräthe zu Taucherkünsten.

1. Die Taucherkugel (Taf. 16, Fig. 11) ist von Eisen,
6 bis 8 Pfund schwer, und mit einem eingeschmiedeten Griff-
ringe versehen, an welchem bei den Taucherübungen eine 30
bis 40 Fuss lange Leine befestigt wird, an welcher die Kugel
wieder emporgezogen werden kann, wenn sie der Taucher auf
dem Grunde nicht finden sollte.

2. Die Taucherpuppe (Taf. 16, Fig. 12) ist eine aus Binsen,
Kork oder Rindsblasen hergestellte Puppe, die an ihren Füssen
an einem kurzen Seil einen Karabinerhaken trägt, mit welchem
sie an den Ring der Taucherkugel gehängt und so bis auf den
Grund versenkt wird; der nach ihr tauchende Schwimmer muss
nun versuchen, sie auf dem Grunde von der Kugel loszuhaken
und auftauchen zu lassen.

e) Hand-Geräthe für das Wasserspringen.

1. Die Springreifen sind leichte, aus starkem, spanischem Rohr zusammengebogene und mit Messingdraht verbundene Reifen von 18 bis 20 Zoll Durchmesser, welche je nach Wunsch von Helfenden gehalten werden, oder mittelst dünner, fester Schnüre, die an ihren Enden mit kleinen Holzklammern versehen sind (Taf. 17, Fig. 4 bei c), in welche der Reifen eingeklemmt werden kann, und der dann beim Daranstossen leicht herausfallen muss, — an einer verstellbaren Stange aufgehängt sind.

2. Der Kugelstab (Taf. 16, Fig. 5) ist ein Springstab, 10 bis 11 Fuss lang und 1½ bis 2 Zoll stark, an dessen oberem Ende eine flache, abgerundete, 3 Zoll breite Platte oder eine Kugel aufgezapft ist, und dessen unteres Ende stumpf zugespitzt ist, damit es beim Einstellen auf den Grund des Wassers nicht ausgleite. Seine Länge richtet sich nach der Wassertiefe und dem Absprungsort. Er muss zu den Stabsprüngen so eingestellt werden, dass er dem Wasserspringer bis an den Magen reicht.

f) Feste Geräthe und Gerüste für das Wasserspringen in Sommerschwimmanstalten.

In kleineren Schwimmanstalten kann die 5 bis 6 Fuss über dem Wasser befindliche Abrichtung, welche bereits bei der Flossschwimmanstalt (S. 3 und Taf. 16, Fig. 1 bei c) erwähnt worden ist, zugleich zu Wassersprüngen benutzt werden. In grösseren Schwimmanstalten, wo mehr für die Belustigung der Wasserspringer gesorgt werden kann, werden Springbretter, so gross, dass man sich darauf bequem aufstellen, auflegen und bewegen kann, also etwa 6 Fuss lang und 3 Fuss breit, in verschiedenen Höhen über dem Wasserspiegel entweder fest oder so angebracht, dass sie sich verstellen lassen, wie Taf. 16, Fig 1 bei a zeigt.

Man unterscheidet die Springbretter nach den verschiedenen Höhen.

1. Das niedrige Springbrett (Taf. 16, Fig. 1 bei a) ist 1 Fuss hoch über dem Wasser anzubringen und dient den Anfängern im Wasserspringen zu ihren ersten Versuchen.

2. Das mittelhohe Springbrett liegt einige Fuss höher. Die Abrichtung, die, wie oben gesagt, 5 bis 6 Fuss über dem Wasserspiegel liegt, kann zugleich als solches benutzt werden.

3. Das hohe Springbrett, auch der Springthurm genannt, ist in kleinen Bassin-Schwimmanstalten um eine gute Mannshöhe über der Abrichtung auf festen, eisernen Säulen zu befestigen, mit dem einen schmalen Ende nach der Wand hin, mit dem andern über das Wasser bis auf 1 bis 1½ Fuss hinüberragend und durch eine Leiter von der Seite her ersteigbar (Taf. 14, Fig. 1 bei c).

In grossen Schwimmanstalten kann ein aus mehreren Etagen bestehender Thurm aufgestellt, und können an ihm mehrere Springbretter angebracht werden, die je 6 Fuss von einander entfernt sind. Die Tichy'sche Schwimmanstalt an dem Unterbaum in Berlin besass einen sehr zweckmässig eingerichteten Springthurm, welcher mit einigen Verbesserungen Taf. 11, Fig. 3 abgebildet ist. Zweckmässig ist es, diese Bretter dann nicht senkrecht übereinander, sondern so aufzustellen, dass sie nach drei verschiedenen Richtungen, in halben rechten Winkeln zu einander, sich nach dem Wasser hin erstrecken. Einen der schönsten Springthürme besitzt die obengenannte neue Leipziger Schwimmanstalt, der sogar ein Doppelthurm ist (Taf. 12 und 13, Fig. 1, 2, 3).

Sind diese Springbretter von bedeutender Länge, so werden sie zu

4. Laufbrettern. Ein solches Laufbrett ist in grossen Anstalten so anzubringen, dass es die Abrichtung nicht behindert. Man führt es am besten in einer Höhe von 6 Fuss über dieselbe hinweg nach dem Wasser hin, (Taf. 11, Fig. 1 bei b, wo dasselbe nach dem offenen Wasser, also nach der von der Abrichtung abgewandten Seite hinausführt.) Zweckmässig ist, dasselbe 40 Fuss lang, 2 Fuss breit zu machen und ihm eine um 1 Fuss auf 10 Fuss aufsteigende Lage zu geben. Es muss ganz fest und unbeweglich auf Ständer gestellt werden, die 5 Zoll im Geviert haben und oben mit kleinen Querstücken verbunden sind (Taf. 17, Fig. 2).

Das Springbrett kann endlich auch als ein elastisches, den Aufsprung förderndes Brett eingerichtet werden, es wird dann

5. Schwungbrett genannt, (Taf. 17, Fig. 3.) Hierzu sucht

man ein astfreies, 1½ Zoll starkes, 9 bis 10 Fuss langes, 1¼ Fuss breites Brett von Kiefernholz aus, befestigt es mit dem einen Ende auf der Abrichtung, indem man hier über das Brett-Ende eine Eisenklammer überlegt und mit Bolzen befestigt; das andere Brettende lässt man fast bis zur Hälfte über die Kante der Abrichtung hin vorstehen; und um den Schwung zu mindern oder zu vermehren, legt man einen vierkantigen, 5 Zoll starken kleinen Klotz von der Länge der Brettbreite quer unter das Brett, mehr nach vorn, d. h. nach dem Wasser oder nach hinten, nach der Befestigung, hin.

Alle diese Springbretter sind, wenn nicht ganz, so doch ihre vorderen Enden, da wo abgesprungen wird, bis auf einige Fuss hin mit starkem Drillich, Segeltuch oder Bastmatten fest zu bekleiden, damit hier die Bretter nicht glatt oder schlüpfrig werden.

6. Die Schranke befindet sich auf der Abrichtung und auf den Gangbahnen, die um die Schwimmbecken herumlaufen. Sie besteht aus Eisen (Taf. 14, Fig. 1 bei *d*) und ist dann nur 1 Zoll stark, oder — für das Wasserspringen und die auf dem Lande vorzunehmenden Vorübungen geeigneter — aus 3 bis 4 Zoll starken, oben abgerundeten Hölzern, (Taf. 16, Fig. 1 bei *b*, Taf. 1, Fig. 1 und Taf. 9, Fig. 1 bis 10), die sich 3 Fuss hoch auf gleich starken, runden Ständern lagern und hier mit Zapfen gut befestigt sind. Für das Abrichten sind lange Schranken, 20 bis 30 Fuss lang, wünschenswerth, damit der Lehrer bequem darauf seine Leitstange mit dem daran hängenden Schüler hin und hergleiten lassen kann; für das blosse Wasserspringen eignen sich kurze Schranken von 6 bis 8 Fuss Länge und 3½ Fuss Höhe, zwischen denen dann immer wieder ein gleich grosser Raum frei bleibt. Der Schranke sehr ähnlich ist:

7. Das feste Reck: (Taf. 11, Fig. 4.) Es ist dies ein Hauptgeräth für das Wasserturnen. Zwei 6 Zoll im Geviert starke Pfosten sind 5 Fuss von der Kante der Abrichtung und unter sich 7 Fuss von einander entfernt im Wasser so aufgestellt, dass sie noch 7 bis 8 Fuss über die Abrichtung emporragen. In verschiedenen Höhen, von der Höhe der Schranke beginnend, sind von 6 zu 6 Zoll in dem einen Pfosten runde Löcher, am andern Pfosten, ihnen entsprechend, vierkantige Einschnitte angebracht, in welche die Reckstange gelegt wird, die hier aus

einem ⁵/₄ Zoll starken Rundeisen besteht, das an dem einen
Ende vierkantig geschmiedet ist. Mit diesem Ende wird die Stange
in die Einschnitte eingelegt und mittelst eines durchgesteckten
Bolzens und Keils befestigt (Taf. 11, Fig. 4 bei *a* u. *b*.) Beide Pfosten
sind durch Querbalken mit der Abrichtung verbunden, theils
um die Pfosten besser zu befestigen, theils um mittelst derselben bequem an die Reckstange gelangen zu können, wenn
man sie nicht durch einen Sprung von der Abrichtung aus ergreifen kann oder will. Die Stange selbst kann durch obige
Einrichtung nach der Grösse und dem Wunsche der Wasserturner schnell höher oder niedriger eingelegt werden.

8. Das Schaukelreck (Taf. 17, Fig. 1. *a*. u. Taf. 11, Fig. 1
u. 2 bei *k*) besteht in offenen Sommerschwimmanstalten ebenfalls
aus einem im Wasser stehenden Pfosten-Gestell, welches 12 bis
16 Fuss über die Abrichtung emporragt. Die Pfähle sind 6 bis
7 Zoll im Geviert stark; sie müssen so weit von der Abrich-
tungskante angebracht sein, dass man auf ihr stehend das an
dem oberen, die Pfähle miteinander verbindenden Querbalken,
hängende Schaukelreck beim Pendelschwunge desselben noch
ergreifen oder erspringen kann. Die Reckstange ist 3½ Fuss
lang, 1½ Zoll stark von Eisen oder gut geöltem Eschenholz,
an ihren Enden mit Oesen versehen, an welchen lange, oben
in Ringen endende 1 Zoll starke Seile befestigt werden, die
mittelst einer Klemmvorrichtung verlängert oder verkürzt werden können. Die Klemmvorrichtung bildet ein 6 Zoll langes,
2½ Zoll breites, 1 Zoll starkes Brettchen, das seiner Länge
nach mit drei Löchern versehen ist (Taf. 17, Fig. 1. *b*.) An das
oberste Loch wird das Ende des Seils befestigt, dann das Seil
durch den obern Ring am Gerüst gezogen und durch die beiden andern Löcher der Brettchen gesteckt, endlich an dieses
Ende das Reck angehängt. Die Verlängerung geschieht von
oben her, indem man mittelst Sprossen den einen Pfosten besteigt, sich reitlings auf den Querbalken setzt, und so die Ver-
stellung der Seile vornimmt.

Statt der Reckstange können auch:

9. Die Schaukelringe (Taf. 11, Fig. 1 u. 2 bei *f*) an die
Enden der Seile eingehängt werden, weshalb es zweckmässig ist,
die Seilenden mit starken Karabinerhaken zu versehen, die
durch ihr einschlagendes Gelenk verhindern, dass die Oesen

— 28 —

an den Ringen oder an den Reckstangen sich aushaken können. Die Ringe selbst bestehen aus $^5/_4$ zölligem Rundeisen und haben 6 Zoll innere Weite, können auch steigbügelartig geformt sein, oben ist eine starke Oese zur Befestigung der Seile eingeschraubt und vernietet. Es lassen sich auch noch andere feste Turngeräthe bei den Wassersprüngen verwenden, z. B.:

10. Der Springbock, der hier mit dem Laufbrett in Verbindung gebracht werden kann. Es wird ein Pfosten von 8 Fuss Länge und 6 Zoll im Geviert am Rande des Laufbrettes in eine senkrechte unter ihm angebrachte Holzhülse, oder in zwei an derselben Stelle angebrachte eiserne Bügel (Taf. 17, Fig. 2 bei *b*) eingeschoben und mittelst eines durchgesteckten Bolzens oberhalb des Laufbrettes hoch oder niedrig gestellt; der Bolzen kann $^1/_2$ Zoll stark und an einer Kette befestigt werden, damit er nicht verloren geht. Auf diesen Pfosten wird der Bockkasten gestülpt, der aus Bohlenstücken zusammen gezinkt ist und $2^1/_2$ Fuss lang, 2 Fuss breit und 1 Fuss hoch sein kann. Er ist mit Segeltuch zu übernageln, aber nicht, da er nass wird, zu polstern. Es kann auch der Springbock auf der Abrichtung (Taf. 11, Fig. 1 u. 2 bei *c*) oder in 3 Fuss Entfernung von der Abrichtung im-Wasser aufgestellt werden.

11. Die senkrechte Leiter. Hierzu werden die in das Schwimmbecken führenden Leitern angewendet. Man kann sie zu diesem Behufe 8 bis 10 Fuss über die Abrichtung emporsteigen lassen, oder auch den Springthurm mit solchen, nach dem Wasser hin und über das Wasser hinausreichenden Leitern versehen, die mit runden $1^1/_2$ Zoll starken Sprossen und abgerundeten Leiterbäumen versehen sein müssen. Auch lässt sich der Sprossenständer am festen Reck hierzu verwenden. (Taf. 17, Fig. 1 bei *a*.)

g) Geräthe und Gerüste für das Wasserspringen in Winterschwimmanstalten.

Diese Geräthe werden sich selbstverständlich nach dem gegebenen Raume richten müssen.

1. Das Springbrett.

In beschränkten Räumen muss das Springbrett wenigstens

verstellbar gemacht werden, nämlich so, dass man ein Brett,
ähnlich wie das auf Taf. 16, Fig. 1 bei *a*, an die Sprossen der
Einsteige-Leiter anhängt. Gestattet es aber der Raum, so
sind mehrere Springbretter in verschiedenen Höhen über dem
Wasser und ebenso ein Schwungbrett anzubringen. Es genügen die Höhen: 1 Fuss, 3 bis 5 Fuss (die gewöhnliche Höhe
der Umgänge) und 10 bis 12 Fuss (der Springthurm). Das
Springbrett ist 2 Fuss breit und ragt 3 Fuss über das
Wasser. Der Springthurm ist ein gleiches Brett, das auf Ständern ruht, und zu dem Sprossen oder eine Leiter hinaufführen.
Eine auf der hinteren Seite nach der Wand zu angebrachte Griff-
leiste erleichtert das Aufsteigen auf das oft sehr glatte Brett,
besonders wenn dieses Brett nicht mit festgenagelten, gegen das
Ausgleiten schützenden Matten versehen ist. Dasselbe muss
ebenfalls um einige Fuss über das Wasser hervorragen und so
aufgestellt sein, dass auch nach rechts und links hin von ihm
herabgesprungen werden kann, weshalb es am besten auf der
Mitte der schmalen Beckenseite anzubringen ist. (Taf. 14,
Fig. 1 u. 2 bei *e*, *f*, *g*, *h*, *i*.)

2. Die Schranke.

Eine der Schranke ähnliche Vorrichtung ist leicht einzurichten. Sie kann in zwei Exemplaren zu beiden Seiten
des Springthurms und getrennt von ihm angebracht werden.
Sie ist 3 Fuss hoch, 5 Fuss lang und kann aus einer zier-
lichen, einen Zoll starken eisernen Stange bestehen, die auf
2 festen Ständern ruht. (Taf. 14, Fig. 1 u. 2 bei *d*.)

3. Das feste Reck.

Das feste Reck lässt sich ebenfalls in zwei Exemplaren
etwa auf der Mitte der langen Seiten des Schwimmbeckens
anbringen. Es muss so weit von der Beckenkante ab nach
dem Wasser zu von der Decke herabhängend, jedoch nach
oben hin fest abgesteift, angebracht sein, dass man es mit
einem leichten 4 bis 5 Fuss weiten Sprunge von dieser Kante
aus mit den Händen ergreifen kann. Hier ist es zweckmässig,
das ganze Reck von Eisen herzustellen, wie dies auf Taf. 14,
Fig. 1 u. 2 bei *k* angedeutet ist. Auch

4. Das Schaukelreck bzw. die Schaukelringe

lassen sich auf der Mitte des Schwimmbeckens, von der Decke

herabhängend anbringen. (Taf. 14, Fig. 2 bei *l.*) Es wird mittelst einer Hakenstange gegen die Springbretter hingezogen, dort ergriffen und in Pendelschwung versetzt.

Freilich hat die Anbringung dieser Turngeräthe in verhältnissmässig so engem Raume nicht geringe Schwierigkeiten. Es wird nicht leicht sein, alle genannten Geräthe gleichzeitig zu benutzen, und da hier die Gefahr, bei etwaigem Herabgleiten vom Geräth zur unrechten Zeit, auf einen festen Gegenstand zu fallen, grösser ist, wie in geräumigen Sommerschwimmanstalten, so ist darauf zu halten, dass nur geübte Wasserturner diese Geräthe benutzen.

5. die Rohrreifen.

Endlich nennen wir noch die Rohrreifen, welche zum Durchspringen ebenfalls in den Winterschwimmbecken benutzt werden können.

C. Kleidung beim Baden und Schwimmen.

Es entspricht unseren Begriffen von Sitte und Anstand, dass nicht bloss die Geschlechter getrennt ihre Wasserübungen treiben, sondern auch dieselben im Wasser noch eine besondere Kleidung tragen. Das männliche Geschlecht hat eine Bekleidung um Hüfte und Schenkel, das weibliche eine Bekleidung des ganzen Körpers mit Ausnahme der Arme und Beine oder des unteren Theils derselben. Dass diese Kleidungsstücke bequem und doch nicht zu weit, ebenso nicht schwer, nicht etwa von dicken, wollenen Stoffen gemacht sein dürfen, lehrt bald der Gebrauch. Faltige Kleider, Röcke bieten dem Wasser grossen Widerstand und hemmen die Bewegungen, weshalb sie auch leicht reissen.

Für Männer und Knaben erscheint eine kurze, von der Hüfte ab nach dem Spalt zu schräg geschnittene Hose von starkem Drillich oder rothem Schweizerkattun angefertigt und über den Hüften mittelst eines durch den oberen Saum gezogenen Bandes festgehalten, am zweckmässigsten.

Hat man ein grosses Taschentuch, so kann man sich auch eine Schwimmhose leicht selbst machen, indem man das Taschentuch in ein Dreieck zusammenlegt, die Enden desselben um die Lendengegend schlingt, das untere Ende aber nach hinten zwischen den Beinen hindurch mit diesen Enden verknüpft.

Um zu vermeiden, dass die nassen Haare in das Gesicht fallen, trägt man eine Kopfbekleidung. Dieselbe besteht in einer glatt anliegenden Kappe, oben auf der Mitte mit einem grossen, 2 Zoll breiten Kork versehen, damit sie beim Abfallen auf dem Wasser schwimme. Sie kann unter dem Kinn mit einem Bande befestigt werden.

Für Frauen und Mädchen genügt zum Baden ein weites, langes, oben am Halse anschliessendes Hemd ohne Aermel mit nicht zu weiten Aermellöchern, das nach dem Bade schnell und bequem abgestreift ist. Zum Schwimmen ist eine kurze Hose, mit einem wie das Hemd eingerichteten Leibchen versehen, das zweckmässigste. Als Kopfbedeckung empfiehlt sich eine die Haare haubenartig umschliessende Wachstuchkappe.

Empfehlenswerth ist, wenn Nichtschwimmer und Schwimmer in der Farbe der Schwimmkleidung sich scharf unterscheiden. Es wird dadurch die Uebersicht, besonders in kleineren Schwimmanstalten, in denen vielleicht nur ein Lehrer nicht bloss das Baden, sondern auch das Schwimmen zu beaufsichtigen hat, nicht unerheblich erleichtert. Tragen z. B. die Nichtschwimmer weisse Hosen und Kappen, die Schwimmer rothe, so kann man sofort erkennen, wenn ein Schüler, der noch wenig oder gar nicht schwimmen kann, sich an eine Stelle wagt, die nur für die fertigen Schwimmer bestimmt ist. Gestattet man noch dem Fahrtenschwimmer ein weiteres Abzeichen, etwa an der Schwimmkappe, so können diese äusseren Unterscheidungsmittel mit einen Hebel des Bemühens für die Schüler bilden, baldigst in eine höhere Schwimmklasse aufzusteigen.

D. Die Betriebseinrichtung der Schwimm- und Badeanstalten.

Die Schwimm- und Badeanstalten kann man nach ihrer inneren Organisation, nach ihrer Verwaltung und den dieselben Besuchenden unterscheiden in

1. grosse gemeinschaftliche Schwimmanstalten, in welchen Erwachsene und Schüler und letztere aus verschiedenen Schulen baden und schwimmen. Ein Muster derselben ist die besprochene neue Leipziger Schwimmanstalt, auf die wir nicht weiter zurückkommen.

2. kleinere oder Schulschwimmanstalten, welche
nur für bestimmte Schulen (Gymnasium, Seminar etc.)
angelegt, deren Eigenthum sind und ausschliesslich oder
vorzugsweise von den Schülern der betreffenden Anstalt
besucht werden. Solche Schulschwimmanstalten finden
sich besonders häufig in der preussischen Provinz Hessen-
Nassau.

3. Militärschwimmanstalten, welche hauptsächlich
für das Militär angelegt sind, eine militärische Verwaltung und Militärpersonen als Schwimmlehrer haben.
In der Regel erhalten zu denselben aber auch Civilpersonen und besonders Schüler Zutritt. So ist es
z. B. an vielen Orten der Provinz Schlesien. Die Mutteranstalt für die Militärschwimmanstalten ist die vom
General von Pfuel 1817 in Berlin angelegte, noch
jetzt blühende und nach ihm benannte grosse Militär-
schwimmanstalt, welche von der ganzen Berliner Garnison, den Kadetten und auch vielen Schülern und
anderen Civilpersonen besucht wird. In derselben
haben von 1817 bis incl. 1869 im Ganzen 79,725
männliche Personen Schwimmunterricht erhalten, nämlich 62,099 Militär- und 17,626 Civilpersonen. (Von
Letzteren schwammen 1,999 unentgeltlich). 44,085
wurden zu Fahrtenschwimmern ausgebildet. *)

Das Aufsichts- und Lehrerpersonal richtet sich natürlich nach der Grösse der Schwimmanstalt. Ist dieselbe in
grossartigem Massstab angelegt, hat sie eine grosse Zahl von
Besuchern, so wird Einer die Oberleitung des Ganzen führen
müssen, welcher entweder zugleich der Besitzer der Anstalt
ist, wie dies vielfach früher in den s. g. Hallorenschwimman-
stalten der Fall war, z. B. bei der ehemaligen Lutze'schen Anstalt in Berlin, oder der besonders dazu angestellt ist. Unter
ihm stehen die Schwimmlehrer und daneben eventuell noch
Hülfsschwimmlehrer und weiteres Dienstpersonal.

a. Die Schulschwimmanstalten.

Bei den Schulschwimmanstalten führt entweder der Schul-

---

*) Wir verdanken diese Angaben der Freundlichkeit des jetzigen Di-
rectors der Anstalt, Herrn Oberst-Lieutenant a. D. Henny.

Direktor die Oberaufsicht oder dieselbe ist einem Lehrer der
Anstalt oder in bestimmter Reihenfolge allen Lehrern übergeben. Den eigentlichen Schwimmunterricht ertheilt ein
ausserhalb der Schule stehender Mann, in Preussen dann in
der Regel ein solcher, welcher als Soldat das Schwimmen regelrecht erlernt hat, an manchen Orten auch der Schulpedell.
In neuerer Zeit kommt es nicht allzuselten vor, dass der Turnlehrer zugleich auch den Schwimmunterricht ertheilt oder unter
seiner persönlichen Leitung ertheilen lässt.*) Es ist dies jedenfalls das Zweckmässigste. Das Schwimmen wird dadurch eine
Schuldisciplin.

Wünschenswerth ist aber, dass alsdann noch ein anderer
Lehrer der Anstalt die Badenden und Freischwimmer besonders
beaufsichtigt.

Wie bei den Militärschwimmanstalten die Schwimmlehrer
aus den Fahrtenschwimmern hervorgehen, so kann auch an
den Schulschwimmanstalten der Schwimmlehrer aus den tüch-
tigsten und zuverlässigsten älteren Schülern sich Lehrgehülfen
heranbilden. So ist es z. B. in Schulpforta. Dort versehen
4 besonders dazu geeignete Schüler der oberen Classen — je
2 für eine Stunde — zugleich den Dienst als Schwimmlehrer.
Da dieselben, um sofort zum Sprung ins Wasser bereit zu sein,
während der ganzen Stunde entkleidet sind, so werden ihnen
auf Kosten der Anstalt Bademäntel geliefert. Ein Fischer, der
dazu besonders engagirt ist, muss während der zweistündigen
Badezeit im offenen Schwimmraum vor der Anstalt in der Saale
mit seinem Kahne kreuzen. Eine weitere sehr praktische Einrichtung an dieser Anstalt, die sehr zu empfehlen ist, aber freilich
nicht überall durchführbar sein wird, ist die, dass beim Baden
und Schwimmen stets ein Arzt bzw. Heilgehülfe zugegen
sein muss.

Die Verfasser dieses Schwimmbuches wollen es hier noch
als ihre persönliche Ansicht aussprechen, dass, unter der Vor-
aussetzung eines sonst ununterbrochenen, geregelten Winter-

*) Eleven der Königl. Central-Turn-Anstalt zu Berlin können auch
die Prüfung im Schwimmen ablegen und erhalten, wenn sie dieselbe bestanden, in ihrem Turnzeugniss auch die Qualification als Schwimmlehrer.
Die Zahl solcher qualificirten Schwimmlehrer dürfte bereits sich über 40
belaufen.

3

und Sommerturnens den Schwimmschülern (nicht fertigen
Schwimmern) die zeitweilige Dispensation vom Turnen für die
Monate, in denen hauptsächlich Schwimmunterricht ertheilt
wird, wohl zugestanden werden könnte.

b. Die Militärschwimmanstalten*)

stehen unter der Oberleitung eines Offiziers. »Aus den Fahrtenschwimmern wird man die auszubildenden Schwimmlehrer
auswählen, welche etwa 8—14 Tage lang zu ihrer Ausbildung,
jeder einzeln einem besonderen Schwimmlehrer überwiesen
werden. Sie werden als Hülfsschwimmlehrer benutzt und können im nächsten Jahre nach dem etwaigen Abgange der dies-
jährigen Schwimmlehrer an deren Stelle treten. Doch versäume
man nicht, solche Individuen dazu zu wählen, welche entweder
schon Gefreite oder Unteroffiziere sind, oder doch wenigstens
die Aussicht gewähren, es zu werden, da durch die einem jeden
Vorgesetzten beiwohnende Autorität das Unterrichtgeben wesent-
lich erleichtert wird.«

»Jeder Lehrer muss die Schüler seiner Compagnie ausbilden und auch für ihre Ausbildung verantwortlich sein; die
Sache des leitenden Offiziers ist es, dieselben in jeder Hinsicht
zu überwachen und einen Wetteifer zwischen den einzelnen
Schwimmlehrern anzuregen. Am Schlusse des Cursus muss
ihnen dann aber auch eine äussere Belohnung, entweder durch
eine Zulage, welche aus einem ersparten Fonds, oder aus den
der Anstalt von den Civilschülern zufliessenden Geldern genommen wird, gewährt werden.«

»Aber es ist auch nöthig, dass sich alle Vorgesetzten für
den Schwimmunterricht interessiren. Die Compagnie- und Es-
kadron-Chefs müssen diesen Dienstzweig nicht als eine Störung
ihres Dienstbetriebes betrachten, der ihrer Aufsicht einzelne
Leute entzieht. Sie müssen sich selbst darum bemühen, dass
ihre Leute etwas Ordentliches lernen, und es nicht dabei an
Aufmunterungen und Anregungen für Lehrer und Schüler fehlen lassen, um bei ihnen Lust und Liebe zur Sache zu erwecken.«

---

*) Vrgl. „Instruktion für den militairischen Schwimm-Unterricht nach
der Pfuel'schen Methode" von K. von Thümen S. 24 ff.

Die Anforderungen, welche

c. Der Schwimmlehrer

zu erfüllen hat, sind nicht gering. »Nächst Fertigkeit in der
Kunst und einer guten Unterrichtsgabe, so wie für Fälle der
Gefahr des nöthigen Grades von Geistesgegenwart und Entschlossenheit, sind Geduld, Ruhe und ein bescheidenes Benehmen wesentliche Eigenschaften eines guten Schwimmlehrers.
Vorsicht beim Unterricht und die pünktlichste Innehaltung der
für denselben gegebenen Vorschriften gehören zu seinen vorzüglichsten Obliegenheiten, weil davon die Vermeidung jedes
Unglücksfalles, der gute Ruf der Anstalt und das Gedeihen
des Schwimmunterrichts selbst abhängig ist.«*)

Ein tüchtiger Schwimmlehrer muss also nicht bloss sich
immer mehr selbst in seiner Kunst zu vervollkommnen und
denSchülern in seinem eigenen Schwimmen und in den Schwimmkünsten ein vollendetes Muster zu zeigen bemüht sein, — er
muss auch andere nothwendige Kenntnisse und Eigenschaften
besitzen. Da derselbe, besonders in kleineren Schwimmanstalten, oft ganz allein ist und somit die ganze Last einer
schweren Verantwortung allein trägt, so ist ihm die grösste
Vorsicht geboten, die sich vor allen Dingen darin zeigt, dass
er keinen Schüler ins Wasser gehen lässt, bevor er sich überzeugt hat, ob derselbe dazu disponirt ist, und dass er darauf
hält, dass die Schüler rechtzeitig das Wasser wieder verlassen.
Er muss stets bereit sein, einem in Gefahr gerathenden Schüler beizuspringen und ihm sichere Hülfe und Rettung zu bringen. Ist bereits Bewusstlosigkeit eingetreten, so muss er zwar
sofort nach dem Arzt schicken, aber auch selbst mit all den
später zu erwähnenden Handgriffen vertraut sein, die zur Wie-
derbelebung eines im Wasser Verunglückten angewendet werden.

Seine nothwendigsten Eigenschaften sind aber Energie und
Geduld. Er muss sich einerseits durch ernstes und entschie-
denes Auftreten in eine solche Achtung bei den Schülern zu
setzen wissen, dass sie sich seinen Anordnungen willig fügen,
anderseits aber auch durch Freundlichkeit und rechtzeitige
Nachsicht deren Zuneigung zu gewinnen, ihre Aengstlichkeit

---

*) Aus der Geschäftsordnung der von Pfuelschen Schwimmanstalt.
Geschäftsordnung für die Schwimmmeister § 1 u. 2.

3*

und Abneigung gegen das kalte Wasser, besonders auch gegen das
Hineinspringen in dasselbe durch freundliches Zureden zu überwinden, ihren Muth und ihre Lust zu den Schwimmübungen
und Schwimmkünsten zu erwecken verstehen. Insbesondere
muss der Lehrer auch streng darauf halten, dass Anfänger
im Baden und Schwimmen nicht unter dem Uebermuth der
älteren und kräftigeren Schüler zu leiden haben, welche
nur zu oft geneigt sind, die schwächeren und noch ängstlichen
Mitschüler unterzutauchen, mit Wasser zu bespritzen und dieselben dadurch geradezu »wasserscheu« zu machen.

Sehr beachtenswerth ist endlich, was R. v. Thümen in der
vorerwähnten Instruktion für den militärischen Schwimmunterricht speciell vom Schwimmunterricht der Soldaten sagt:

»Am wenigsten ist eine sich wohl vorfindende Rohheit angebracht, welche den Lehrer dazu treibt, seinen Schüler durch
häufiges und vieles Wasserschluckenlassen strafen zu wollen. —
— Nur bei dem Mangel an Muth, der sich besonders in der
Abneigung vor dem Springen zeigt, darf der Lehrer durchaus
keine Nachsicht üben. Feigheit ist ja auch die grösste Schande
für den Soldaten, und niemals darf man diesem Fehler Vor-
schub leisten.«

d. Die Anstalts-Ordnung.

Wie jede Lehr- und Lernanstalt auf feste Ordnung begründet ist, von deren Aufrechterhaltung ihr Gedeihen abhängt,
so muss auch jede Bade- und Schwimmanstalt ihre bestimmten
Regeln und Gesetze haben, denen sich die die Anstalt Besuchenden unbedingt unterwerfen müssen. Ja es ist dies hier
doppelt scharf zu betonen, da willkürliche und unerlaubte Abweichungen von den gegebenen Bestimmungen die gefährlichsten
Folgen für die Ueberschreitenden selbst nach sich ziehen können.

Die Anstalts-Ordnung einer grösseren Schwimmanstalt, die
an mehreren, wohl in die Augen fallenden Stellen in deutlicher
Schrift anzubringen ist, muss etwa folgende Hauptpunkte*)
enthalten:

    1) Die verschiedenen Schwimm- und Baderäume dürfen nur
        von denjenigen Personen betreten werden, die von dem

---

*) Dieselben entsprechen in der Hauptsache den Gesetzen der Pfuel-
schen Schwimmanstalt in Berlin.

Vorstande dazu ein Recht mittelst Eintrittskarte erlangt,
oder besondere Erlaubniss haben.

2) Mitbringen von Hunden ist nicht gestattet.

3) Das Aus- oder Ankleiden darf nur an den dazu bestimmten Stellen stattfinden.

4) Nur Entkleidete und mit der entsprechenden Schwimm-
oder Badehose Versehene dürfen, ausser dem Anstalts-
Personal die Schwimmräume betreten.

5) Dem Anstalts-Personal ist in seinen Anordnungen Folge
zu leisten. Etwaige Beschwerden sind an den Vorstand
zu richten.

6) Die Schwimmschüler dürfen sich, so lange sie Schwimmunterricht erhalten, unter keiner Bedingung der Aufsicht
des Lehrers entziehen. Weder dürfen sie vor der gegebenen Aufforderung ins Wasser springen, noch auf eigene
Hand Schwimmversuche machen.

7) Beitretende, welche sich als schwimmkundig angeben, ha-
ben sich einer Prüfung ihrer Fertigkeit und, nach dem
Ausfalle derselben, der Einverleibung in die entsprechende
Unterrichts-Klasse zu unterwerfen.

8) Niemand darf den Andern ohne seinen Willen untertauchen, oder sonst necken.

9) Ausser dem Bereich der Anstalt darf Niemand ohne besondere Erlaubniss schwimmen.

10) Das Schwimm- und Springgeräth darf ohne Einwilligung
des Schwimmmeisters nicht benutzt werden. Die beweg-
lichen Geräthe sind von dem Schwimmmeister zu ent-
nehmen und nach dem Gebrauch an denselben wieder
abzuliefern. Diese Geräthe sind nur zu den Zwecken
zu benutzen, welchen sie dienen, und ist jeder andere
Gebrauch verboten.

11) Die Rettungsgeräthe dürfen nur von den Schwimmmeistern benutzt und die Rettungskähne nur von diesen
betreten werden, es sei denn, dass einzelne besonders
zuverlässige Schwimmer ausdrücklich Ermächtigung dazu
erhalten.

12) Alle Rettungsgeräthe müssen stets an ihrem bestimmten
Platz und leicht zu greifen sein.

13) Ein Zuwiderhandeln gegen die gegebenen Bestimmungen hat zeitweilige oder gänzliche Ausschliessung von der Schwimmanstalt zur Folge.

An einer zweiten Tafel ist die Wärme des Wassers und der Luft, die Abweichungen der Wärme des Morgens, Mittags und Abends — so wie der Name des diensthabenden Schwimmmeisters für jedes Becken täglich zu vermerken.

Der die Aufsicht führende Schwimmmeister (Tagschwimmmeister) ist für den Tag beauftragt, die Schwimm- und Wasserspringgeräthe an die übrigen Lehrer oder Schwimmer auszugeben und Abends wieder einzufordern; dieselben sind gehörig in Stand zu erhalten und ist ihre Tauglichkeit öfter zu prüfen. Ist die Anstalt eine kleinere, so besorgt der Schwimmmeister auch die Ausgabe und Annahme des Badezeugs, Hose und Handtuch. In grossen Anstalten geschieht dies besser an der Kasse, wo auch die Werthgegenstände, wie Uhr und Börse zur Aufbewahrung abgegeben werden können.

Der Tagschwimmmeister muss ferner ein aufmerksames Auge auf die Schwimmenden im Allgemeinen haben, um in vorkommenden Fällen helfen zu können. Besonders ist diese Aufsicht geboten bei Anstalten, deren Schwimmern gestattet ist, oder die darauf angewiesen sind, ausserhalb der Anstalt im Strome selbst zu schwimmen. Hier muss auf das Strengste verboten sein, weiter von der Anstalt weg zu schwimmen, als die schnelle Hülfe des Schwimmmeisters, der Wurf einer Fangleine oder einer starken, leichten Stange reicht.

Auch müssen für alle Fälle Rettungskähne mit allem Zubehör in der Nähe sein.

Der Tagschwimmmeister darf seinen Aufsichtsposten nie ohne Stellvertretung verlassen.

Der Oberschwimmmeister einer grossen Anstalt, auch wohl der Vorstand selbst, führt die Aufsicht über alle Lehrer (»Abrichter«), und an ihn wendet sich jeder, der zum Schwimm-Unterricht in die Anstalt aufgenommen sein will. Derselbe führt ein Buch, die Schwimmliste, in welches alle Schwimmer und ihre Fortschritte zu verzeichnen sind, wozu die Abrichter ihm die näheren Angaben täglich oder wöchentlich liefern.

Wir geben hier:

e. Das Schema einer Schwimmliste.

Portlaufende Nummer.	Name des Schwimm-schülers.	Stand.	Name des Schwimm-lehrers.	Datum des Eintritts in die Schwimmklasse.				Wie viel Minu-ten taucht der Schüler?	Ist der Schüler ein guter Wasserspringer oder nicht?	Hat der Schüler eine Schwimmfahrt ausgehalten?	Bemer-kungen.
				I.	II.	III.	IV. 1869.				
1.	Schulz	Gymna-siast	Borg-hardt	9. Mai	25. Mai	5. Juni	3. Juli	1 Minute	nein	nein	
2.	Kaiser	Soldat	„	3. Mai	16. Mai	8. Juni	1. Aug.	1½ „	ja	ja	
3.	Körner	Kaufm.	Fried-rich	10. Mai	4. Juni	20. Juli	15. Aug.	2 „	nein	ja	

Zweiter Abschnitt.

Das Baden und Schwimmen.

A. Das Baden.

Ausdrücklich sei bemerkt, dass in Folgendem nur vom (gemeinschaftlichen) kalten Baden im offenen Wasser (in Flüssen, Canälen, Landseen) oder (im Winter) in geschlossenen Badebassins, also nicht von s. g. Wannenbädern — mögen dieselben einfache Reinigungsbäder oder wirkliche Heilbäder sein — die Rede ist.

a. Das Wasser,

in welchem gebadet wird, muss vor allen Dingen möglichst rein und klar sein. Wenn im Sommer in manchen Flüssen in Folge anhaltender Regengüsse das Wasser schlammig, trübe und schmutzig wird, so ist es besser, das Baden einige Tage auszusetzen, bis das Wasser sich wieder etwas geklärt hat. Wird die Badeanstalt in der Nähe oder innerhalb einer Stadt angelegt, so muss sie womöglich oberhalb derselben ihre Stelle erhalten. Eine Badeanstalt unterhalb der Stadt ist mindestens durch Gitterwerk oder vorgelegte Bäume vor dem vorübertreibenden Unrath, den die Ausflüsse der Kanäle der Stadt in das Strombett führen, zu schützen. Auch suche man dann die Stelle am Ufer zur Anlage aus, wohin der Strom weniger seine Richtung nimmt und klareres Wasser bleibt.

In künstlichen Bassinanstalten muss ganz besonders Rück-

sicht genommen werden auf Reinheit des Wassers. Häufige
Erneuerung desselben, guter Ab- und Zufluss, so dass das
frische Wasser von oben her zu-, das verbrauchte nach unten
hin abfliesst, (siehe Taf. 14, Fig. 1 bei *a* und *b*, noch vortheil-
hafter der besseren Erwärmung wegen auch der Zufluss von
unten), Gleichmässigkeit des Wasserstandes, genügende Wasser-
menge, Reinlichkeit in der ganzen Umgebung sind nothwendige
Bedingungen eines guten Bassins. Sich im Bade selbst abzuseifen,
kann auch im Flussbad nur da gestattet werden, wo es die
Mitbadenden nicht belästigt, ist im geschlossenen Badebassin
aber ganz zu untersagen. Am besten ist es, auch in offenen
Sommerbadeanstalten bestimmte Stellen, getrennte Becken zu
diesem Zweck herzurichten. In den Berliner Wasch- und Badeanstalten eignen sich die besonderen Douche-Vorrichtungen,
ausserhalb der Bassins aber innerhalb des Baderaumes, vortrefflich zu solchen Abseifungen.

Ist man in Sommerbadeanstalten genöthigt, Sandboden zu
betreten, ehe man in die Ankleidehalle oder Zelle gelangt, so
müssen, damit die Füsse nicht wieder schmutzig werden, leichte
Holzpantoffeln in genügender Zahl bereit stehen, oder es
müssen Fusswannen vorhanden sein, in denen man die Füsse
wieder abspülen kann.

Die geeignetste Wärme des Wassers für kaltes Baden
schwankt zwischen 15 und 18° R. Bei längerer Gewöhnung
ans Wasser und für Schwimmer kann die Temperatur auch
auf 12°, aber — für gewöhnlich — nicht tiefer herabgehen,
wenn man sich nicht der Gefahr der Erkältung aussetzen will.
Dass auch die äussere Luft einen entsprechenden Wärmegrad
besitzen muss, versteht sich von selbst. In Winterbassins ist
das Wasser und der Baderaum bis zur Temperatur von mindestens 16° im Wasser und 18° ausserhalb desselben künstlich
zu erwärmen. Beim Baden im offenen Meer ist eine Wasserwärme von 12° noch eine angenehme Temperatur.

b. Das Baden selbst.

Das kalte Bad hat eine fast durchgängig wohlthätige
Wirkung und kann zur Kräftigung und Erhaltung der Gesundheit nicht bloss für das männliche Geschlecht, sondern auch
für das weibliche nicht genug empfohlen werden. Besonders

bei letzterem ist es ein vorzügliches Gegenmittel gegen manche
Leiden, hauptsächlich die, welchen Nervenschwäche zu Grunde
liegt. Da durch fleissiges Baden die Haut gegen die Einwirkungen
des Temperaturwechsels abgehärtet wird, so ist es auch zumal solchen Personen anzurathen, die zu Erkältungskrankheiten, zu Rheu-
matismen und Katarrhen geneigt sind. Jedoch nicht allen Personen ist das Baden zuträglich; deshalb muss der Lehrer auch
hier vorsichtig sein und bei nicht vollkommen gesunden Schülern
den Rath des Arztes einholen, ob dieselben am Baden und
Schwimmen Theil nehmen dürfen. Lungenleidenden z. B. ist
das Baden überhaupt zu untersagen.*) »Begiebt man sich nun
in solch' ein Bad**), so ist die erste Wirkung desselben das
Gefühl des Fröstelns, selbst in Zeiten, wo die Luft noch kälter
ist als das Badewasser. Es rührt dies von der schnelleren
Leitung der Wärme her, welche dem Wasser in höherem Maasse
eigen ist als der Luft. Die Kälte bewirkt das Zusammenziehen
der feinen Adern der Haut und giebt deshalb derselben ein
bleiches Ansehen. Es kann sich sogar für den ersten Augenblick heftiger Schauder, Beklemmung der Brust einstellen, Athem
und Puls werden langsamer, wie überhaupt die Lebensthätigkeit
für einen Moment niedergedrückt wird. Die ausserordentlich
reich verzweigten Nerven der Haut werden von dem plötzlichen
Gefühl der Kälte derart angegriffen, dass sie auf das ganze
Nervensystem vorerst herabstimmend einwirken. — Aber es
tritt sofort nach diesem ersten Eindruck, der für Viele etwas
Abschreckendes hat, die Gegenwirkung ein.«

»Der Grund dieser Gegenwirkung ist keineswegs mit voller
Bestimmtheit anzugeben. Es ist möglich, dass das aus der
ganzen Haut verdrängte Blut, welches nach den inneren Or-
ganen hinströmt, daselbst einen verstärkten Reiz auf die Nerven
ausübt und sie zu energischer Thätigkeit anregt; es ist möglich,
dass schon die blosse Entziehung der Wärme an der Ober-

---

*) Dass übrigens in dieser Beziehung die Ansichten der Aerzte aus-
einander gehen, beweist unter Anderm ein in der Sitzung des „Vereins
für Beförderung einer naturgemässen Lebens- und Heilweise" gehaltener
Vortrag des Vorsitzenden Dr. Fränkel über das „Athmen als Heilmittel."
(Vossische Zeitung, Jahrg. 1870, No. 137.)

**) A. Bernstein: Naturwissenschaftliche Volksbücher. 3. Aufl. Bd. VII.
S. 142 ff.

fläche des Körpers eine kräftigere Wärme-Erzeugung als Aus-
gleichung im Innern hervorruft und hierdurch die ganze Lebensthätigkeit erhöht; es ist endlich möglich, dass der plötzliche
Eindruck auf die Hautnerven auf die gesammte Thätigkeit des
Nervensystems als Reiz wirkt und die Gegenwirkung hervorruft; aber gleichviel, ob hier das eine oder das andere der
Fall ist, oder ob alle Fälle gemeinsam wirken, es bleibt die
Gegenwirkung nicht aus und giebt sich selbst bei bedeutend in
ihrer Gesundheit herabgekommenen Menschen kund.«

»Regt und bewegt man sich im Bade, namentlich wenn
man die sehr wirksamen Schwimmbewegungen macht, so fördert man die wohlthätige Gegenwirkung bedeutend und es
macht das Gefühl der Kälte und des Abschreckens dem der
angenehmsten Kühlung und der Behaglichkeit schnell Platz.«

»Verlässt man das kalte Bad zur rechten Zeit, das heisst,
zur Zeit, wo die Gegenwirkung noch vorhanden ist, so wird
weder Zittern noch Zähneklappern eintreten, die ein Zeichen
des zu langen Badens sind; es wird sich vielmehr eine Röthung
der Haut beim gehörigen Abreiben einstellen, und während man
auf der Haut angenehme Erwärmung, im Innern frische Kühlung empfindet, nimmt man eine Stärkung der Nerven und der
ganzen Lebensthätigkeit wahr, und fühlt sich abgehärtet gegen
Einwirkungen der Witterung, die sonst nicht selten die Quelle
schwerer Leiden sind.«

Die Beschleunigung des Stoffwechsels in Folge des Badens
steigert die Esslust, verbessert daher die Ernährung des Körpers. Eine weitere Folge ist guter Schlaf.

»Für die Jugend aber, besonders in den Entwickelungs-
Jahren, ist die Abhärtung durch kalte Bäder das beste Schutz-
mittel gegen Laster, die im Verborgenen schleichen, und eine
treffliche Förderung der körperlichen Gesundheit, die stets die
Grundbedingung geistiger Gesundheit ist.«*)

Der Aufenthalt im Wasser darf nicht zu lange dauern.
Je kälter das Wasser, desto kürzer die Badezeit. Die gewöhnliche
Badezeit im stehenden oder fliessenden Wasser schwankt zwi-
schen 5 und 15 Minuten. Länger als 15 bis höchstens 20
Minuten im Wasser zu bleiben, ist für Nichtschwimmer

---

*) A. Bernstein, a. g. O. S. 148.

nicht räthlich, es sei denn, dass sie Gelegenheit hätten, ein kräftiges Wellenbad zu benutzen, da das rasch strömende Wasser eine stärkere Muskelanstrengung erfordert, um sich auf den Beinen zu erhalten. Etwas anderes ist es beim Schwimmer. Dieser braucht sich nicht ängstlich an die Viertelstunde zu halten. Für ihn ist bei geeigneter Temperatur des Wassers selbst eine Stunde nicht zu viel. Im Allgemeinen kann man sagen: man bleibt so lange im Wasser, als man das Gefühl des Wohlbehagens empfindet, und verlässt dasselbe, wenn man zum zweiten Male zu frösteln anfängt — das erste Mal war es, wie wir gesehen, nur vorübergehend als unmittelbare Folge des Hineingehens ins Wasser. —

Das Baden kann zu jeder Tageszeit vorgenommen werden. Da aber weder mit ganz leerem Magen, noch mit überfülltem Magen gebadet werden darf, so ist die Zeit des Morgens und Abends bzw. des späten Nachmittags die geeignetste. Letztere ist schon aus praktischen Gründen für das Baden der Schüler am meisten zu empfehlen. Jedenfalls müssen mindestens 3 Stunden Zwischenraum zwischen der letzten Mahlzeit und dem kalten Baden liegen.

Die wichtigsten Regeln für das Baden der Schüler, auf welche der beaufsichtigende Lehrer besonders zu sehen hat, sind etwa folgende:*)

1. Die Badeübungen dürfen mit Anfängern nur an warmen oder milden Sommertagen und bei einer Wasserwärme von nicht unter 16° vorgenommen werden, und erst bei längerem Besuch der Badeanstalt und dadurch erlangter grösserer Abhärtung kann auch an kälteren Tagen und bei geringerer Temperatur des Wassers gebadet werden.

2. Der Aufenthalt im Wasser darf anfangs nicht länger als 8 bis 10 Minuten sein und sich nur allmählig steigern.

3. Die Schüler müssen langsam zur Badestelle gehen, damit sie nicht zu erhitzt und mit beschleunigtem Athem — die Folge raschen Gehens — dort ankommen.

4. Auf der Badestelle müssen sie sich nur nach und nach entkleiden und bis zuletzt das Hemd anbehalten, damit

---

*) Vergl. unter Andern F. Nachtegall, Lehrbuch der Gymnastik u. s. w. Aus dem Dänischen übersetzt von C. Kopp. Tondern 1837. S. 76 ff.

sie sich schon während des Auskleidens abkühlen. Die Zeit von 15 bis 20 Minuten bis zur vollständigen Abkühlung reicht in der Regel hin. Keinesfalls ist zu gestatten, dass die Schüler, nachdem sie sich gänzlich entkleidet, noch längere Zeit sich herumtreiben, ehe sie ins Wasser gehen, da dadurch leicht Erkältungen eintreten können.

5. Nachdem der Lehrer sich überzeugt, dass die Schüler abgekühlt sind und ruhig athmen, veranlasst er sie, mit raschem Entschluss ins Wasser zu springen.

6. Das Beste ist, mit dem Kopf zuerst ins Wasser zu schiessen. Geht dies nicht an, so muss der Schüler wenigstens mit geschlossenen Füssen einspringen, sofort Kopf und Brust nass machen und, wenn es die Tiefe des Wassers gestattet, den ganzen Körper untertauchen.

7. Im Wasser darf der Schüler nicht unthätig sein, sondern muss sich tüchtig mit den Händen und Füssen bewegen, plätschern, waschen, reiben etc. Insbesondere ist

8. streng darauf zu halten, dass jeder Schüler am ganzen Körper rein sein muss, bevor er das Bad verlässt.

9. Nach dem Bade muss sich der Schüler gleich mit dem mitgebrachten Handtuch gut abtrocknen und abreiben, wozu sich grobe Handtücher besser eignen, wie feine, dann rasch ankleiden und mässige Bewegung machen.

Die Zahl der gleichzeitig Badenden darf nicht zu gross sein, damit der Lehrer sie gut übersehen kann. Auch muss er darauf sehen, dass die kleineren Schüler sich an den flacheren oder seichteren Stellen aufhalten und muss die mitbadenden grösseren und verständigeren Schüler zur Mitbeaufsichtigung der kleineren Schüler heranziehen. Gegen weichliche, verzärtelte und furchtsame Knaben, die anfangs eine fast nicht zu überwindende Scheu vor dem Wasser haben, darf der Lehrer nicht mit zu grosser Strenge und Härte auftreten. Ganz besonders darf er nicht dulden, dass dieselben von den Mitbadenden wider ihren Willen bespritzt und noch weniger getaucht werden. Bei öfterem Baden werden auch sie allmählig dreister im Wasser werden.

Wenn ein Schüler in einzelnen Fällen Unwohlsein als Weigerungsgrund zu baden angiebt, und der Lehrer ist überzeugt, dass nicht Verzärtelung oder Furcht die Ursache ist, so wird er besser thun, ihn für diesmal nicht zum Baden zu zwingen.

Oft kommt es vor, dass Wasser im Ohre zurückbleibt. Ein kräftiger Ruck des Kopfes nach der Seite, auf welcher das Wasser in dem Ohr ist, oder ein mehrmaliges Aufhüpfen des gleichseitigen Beines mit seitwärts geneigtem Kopf reicht in der Regel hin, das Wasser zu entfernen.

Da trotz aller Vorsichtsmassregeln es beim Baden und Schwimmen doch vorkommen kann und vorkommt, dass Schüler in die Gefahr des Ertrinkens gerathen, so wird es nicht unangemessen sein, wenn wir über

c. Die Behandlung beim Baden Verunglückter bis zur Ankunft des Arztes

das Nöthigste mittheilen.*)

So lange nicht Zeichen von Fäulniss vorhanden sind, muss man jeden Verunglückten, der kein Lebenszeichen von sich giebt, für scheintodt halten und darf keine Mühe scheuen, um ihn in das Leben zurückzurufen. Man stelle den Ertrunkenen nicht auf den Kopf, sondern lege ihn (wenn die Witterung es gestattet in freier Luft) auf einer Unterlage von Decken oder Kleidungsstücken auf den Bauch; reinige seinen Mund und Schlund, entferne alle engen Kleidungsstücke, besonders am Halse und an der Brust.

Wende ihn, den Kopf unterstützend, auf eine Seite; reize die Nase durch Schnupftaback oder Salmiakgeist; kitzele den Schlund mittelst eines Federbartes; reibe Brust und Gesicht warm, bespritze beides mit kaltem Wasser.

Zeigt sich keine Spur von Athem, so lege man den Körper wieder auf den Bauch, schiebe ihm ein zusammengerolltes Tuch oder Kleidungsstück unter die Brust und den einen seiner Arme unter das Gesicht.

Während dieser Bauchlage übe man mit der Hand einen gleichmässig starken Druck auf den Rücken zwischen den Schulterblättern, wende dann vorsichtig den Körper wieder auf

*) Das Folgende ist wörtlich aus dem Schriftchen: Die Behandlung Verunglückter bis zur Ankunft des Arztes. Im amtlichen Auftrage herausgegeben von Dr. E. H. Müller. Berlin 1868.

eine Seite und etwas darüber hinaus; dann wieder rasch auf den Bauch.

Diese Wendungen, bei denen einer der Hülfeleistenden den Kopf unterstützt, wiederhole man etwa 15 mal in der Minute und zwar bald auf die eine, bald auf die andere Seite. Gleichzeitig suche ein Gehülfe vorsichtig die Hände und Füsse zu trocknen und den Körper allmählig von den nassen Kleidern zu befreien.

Stellt sich nach einigen Minuten keine Spur von Athem ein, so legt man den Körper auf den Rücken auf eine etwas schräge Fläche, so dass der Oberkörper höher liegt, schiebt unter Kopf und Genick ein zusammengerolltes Kleidungsstück, zieht die Zunge aus dem Munde hervor und erhält sie in dieser Lage entweder durch Festhalten oder durch ein um Kinn und Zunge geschlungenes Band.

Der, welcher die weiteren Versuche leitet, stelle sich dann hinter den Kopf des Ertrunkenen, ergreife beide Arme desselben dicht über den Ellenbogen, ziehe sie sanft, aber fest aufwärts über den Kopf des Ertrunkenen, halte sie so zwei Secunden lang aufwärts gestreckt.

Führe sie darauf wieder abwärts und drücke sie sanft, aber fest zwei Secunden lang gegen die Seiten der Brust. — Dies Auf- und Abwärtsführen der Arme wiederhole man etwa 10 mal in der Minute so lange, bis Athembewegungen bemerkt werden.

Sobald der Verunglückte zu athmen beginnt, lasse man ihn ruhig in der Rückenlage verharren und suche Wärme und Blutumlauf zu fördern, indem man die Glieder aufwärts stark mit Tüchern reiben lässt, an Herzgrube und die unteren Körpertheile Wärmflaschen legt und den ganzen Körper in Decken oder in Betten warm einhüllt.

Erlangt der Verunglückte die Fähigkeit zu schlucken, so lasse man ihn von Zeit zu Zeit ein wenig erwärmtes Wasser mit etwas Wein oder Branntwein, oder auch Kaffee oder Thee trinken.

Die Versuche müssen unverdrossen (wenn es nöthig ist, Stunden lang) fortgesetzt, und dürfen dann erst eingestellt werden, wenn zunehmende Kälte und Blässe des Körpers den Tod andeuten.

Ein warmes Bad darf nur auf ärztliche Verordnung gegeben werden.

Zur Rettung Verunglückter empfiehlt es sich, an bestimmten Orten Rettungskasten zu halten, worin Weinessig, Spiritus,
Senfspiritus, Salmiakgeist, Hoffmannstropfen, Leinöl, Soda, ge-
brannte Magnesia, Eisenvitriol, Kamillen- und Pfeffermünzthee
und Siegellack sich befinden. Ferner sind daselbst vorräthig
zu halten ein Tourniquett, eine Klystierspritze, Binden, Leinen-
zeug, wollene Decken, Bürsten, Badeschwämme, eine Matratze
und eine Tragbahre oder ein Tragekorb.

B. Das Schwimmen.

„Das Wasser ist ein freundliches Element für den,
der damit bekannt ist und es zu behandeln weiss.“

Goethe (Wahlverwandtschaften.)

a. Allgemeines.

Es ist ein bekannter Satz: »Jeder Körper verliert in einer
Flüssigkeit so viel von seinem Gewicht, als die Flüssigkeit wiegt,
welche er aus dem Raume verdrängt.« Ist also der Körper
schwerer und dichter als die verdrängte Flüssigkeit (hat er ein
grösseres specifisches Gewicht als dieselbe), so sinkt er in ihr
unter. Ist er leichter, so wird er von der Flüssigkeit getragen,
d. h. er schwimmt. Es ist dies Getragenwerden aber nur ein
passives Schwimmen, wohl zu unterscheiden von dem, nur le-
benden Wesen möglichen, willkürlichen Sichfortbewegen in der
Flüssigkeit nach jeder Richtung hin. Verbindet man Körper,
welche specifisch schwerer sind als das Wasser, mit specifisch
leichteren, so dass beide gleichsam einen Körper bilden, der in
seiner Gesammtheit specifisch leichter als das Wasser ist, oder
macht man die dichten, schweren Körper entsprechend hohl, so
können selbst ungeheure Lasten auf dem Wasser schwimmen.
Ebenso vermag sich auch ein Mensch, der sonst im Wasser
untergehen würde, mit Leichtigkeit auf demselben zu erhalten,
wenn er specifisch leichtere Gegenstände, z. B. mit Luft gefüllte
Thierblasen an seinem Körper befestigt.

Der lebende Mensch ist im Allgemeinen etwas schwerer
als das Wasser, er muss also in demselben durch richtige, zweck-
entsprechende Bewegungen und richtiges Athemholen, wovon

später noch die Rede sein wird, der Tendenz zu sinken entgegenarbeiten.

Je nach der Schwere des Knochengerüstes und der grösseren oder geringeren Fettmenge im Körper ist er mehr oder weniger im Stande, sich auf dem Wasser zu erhalten. Es giebt beleibte Menschen, welche ohne irgend eine Bewegung zu machen, wie ein Kork auf dem Wasser schwimmen.

Von allen Lagen des Menschen ist im Wasser die Rückenlage, (also Gesicht, Brust und Leib oben) die an und für sich vortheilhafteste, da hier der ganze Körper im Wasser liegen kann und nur Mund und Nase zum Athemholen über demselben bleiben muss.

Ungünstiger schon ist die Brustlage, da hierbei der ganze Kopf des Athmens wegen über dem Wasser gehalten werden muss. Noch viel unvortheilhafter ist die Seitlage.

Somit sollte man meinen, dass das Schwimmen am zweckmässigsten in der Rückenlage vorzunehmen sei. Allein dem ist nicht so. Denn man kann hier, wo das Gesicht nach oben gekehrt ist, das Schwimmfeld nicht übersehen. Es gebietet daher schon die Vorsicht, besonders wenn man über einen Fluss setzen will oder in unbekanntem Wasser schwimmt, für gewöhnlich eine andere Lage im Wasser einzunehmen, in welcher der Kopf aus demselben hervorragt, welche also einen Umblick nach vorwärts und den Seiten gestattet. Und dies geschieht am besten in der Brustlage. Die Lage auf dem Rücken wird man in solchem Falle dann nehmen, wenn man den Gliedern eine kurze Ruhe und Erholung gönnen will. Mit geringen entsprechenden Bewegungen kann man sich auch in der Brustlage halten, ohne unterzusinken.

Will man aber nicht bloss auf derselben Stelle bleiben, sondern sich auch weiter bewegen, d. h. fortschwimmen, so setzt das den Schwimmenden von allen Seiten umgebende Wasser demselben einen bestimmten Widerstand entgegen, der überwunden werden muss. Dies geschieht durch die zweckentsprechenden Bewegungen der Glieder, welche einen Druck oder Stoss gegen das Wasser in der Weise ausüben, dass der Körper gleichzeitig gehoben und fortbewegt wird.

Es treten also zwei Hauptmomente beim Schwimmen hervor: Das Sichtragen des Körpers und das Sichfortbewegen.

Beides erfordert Anstrengung der Muskeln, und da dieselben mit der Zeit ermüden müssen, so gilt es für den Schwimmer, mit seinen Kräften sparsam umzugehen. Man muss also die Bewegungen so einzurichten suchen, dass die Glieder sich gegenseitig unterstützend und ablösend arbeiten. Um den Widerstand des Wassers am leichtesten zu besiegen und das Tragen möglichst zu befördern, müssen die Glieder mit möglichst kleiner Oberfläche nach vorn gebracht und mit möglichst grosser nach hinten geführt werden, also dass der Schwimmende während des Vorstosses (beim Brustschwimmen) eine keilförmige Haltung annimmt.

Wie soll man nun schwimmen? Man könnte meinen, man brauche es nur zu machen wie die vierfüssigen Säugethiere, die sobald sie ins Wasser kommen, sofort schwimmen, ohne es gelernt zu haben. Aber man darf dabei nicht vergessen, dass die Vierfüssler schwimmen, wie sie auf dem Lande gehen oder laufen, indem sie mit allen vier Füssen das Wasser schlagen. Ihnen ist die wagerechte Lage im Wasser natürlich, dem aufrechtgehenden Menschen aber ganz ungewohnt. Während auf dem Lande die Beine allein ihn fortbewegen, müssen im Wasser auch die Arme und Hände die Fortbewegung unterstützen und muss die richtige und übereinstimmende Bewegung der Arme und Beine erst erlernt werden. Auch der Affe, der im Körperbau ja dem Menschen am ähnlichsten ist, soll untersinken, sobald man ihn ins Wasser wirft. (Vergl. Instruktion für den Schwimmunterricht von D'Argy S. 4.)

Ausserdem unterstützt das Thier noch der Bau des Kopfes und Halses. Dasselbe steckt nur Schnauze und Nase mit den hervorstehenden Augen aus dem Wasser hervor, es taucht daher viel günstiger unter und schwimmt deshalb leichter wie der Mensch, der den ganzen (etwa 10 Pfund schweren) Kopf über der Wasserfläche erhalten muss.

Man kann allerdings ähnlich schwimmen wie diese Thiere, und es geschieht dies auch noch bei manchen Völkern, wie den Negern. Man sieht dasselbe auch bei Naturschwimmern auf unsern Badeplätzen und nennt es »Pudeln«. Dies Schwimmen ist aber ebenso ermüdend wie unschön.

Uns dient als Vorbild des Schwimmens der Frosch, der in seinem Skelettbau manche Aehnlichkeit mit dem Menschen,

wie Arme gestaltete kurze Vorderbeine und lange Hinterbeine
hat und ein vorzüglicher Schwimmer und Taucher ist.
Derselbe drückt, indem er den Kopf und Rumpf nach der
Richtung stellt, wohin er schwimmen will, mit seinen mit langen Fingern und Zehen versehenen Händen und Füssen gegen
das Wasser und schiesst so, indem er die Arme dann, um
möglichst wenig Widerstand dem Wasser entgegen zu stellen,
an den Körper anlegt und die Beine streckt, in der gewünsch-
ten Richtung fort. Ganz so können auch wir unsere Schwimmbewegungen einrichten und unter dem Wasser fortschwimmen,
ja, das Rückenschwimmen und Tauchen wird nicht anders gemacht. Allein da wir sehr bald wieder der Luft bedürfen, so
sind wir gezwungen, zumeist den Kopf beim Schwimmen über
dem Wasserspiegel zu erheben und müssen daher mit den
Armen noch andere Bewegungen vornehmen, als der Frosch
sie macht.

Ueber den Werth des Schwimmens können wir nichts
Besseres sagen, als bereits in einer Verfügung des Preussischen
Ministeriums vom 26. Juni 1811*) zur Empfehlung des Schwimmens gesagt worden ist, weshalb wir die betreffende Stelle hier
aufnehmen:

»Das Schwimmen ist die vorzüglichste Leibesübung
und sollte die allgemeinste sein; keine andere ist für
die Erhaltung und Stärkung der Körperkraft und Gesundheit
wohlthätiger. Der Schwimmende geniesst die Annehmlichkeit
des Badens doppelt und vertraut sich mit Zuversicht einem
Elemente an, das dem Ungeschickten und Feigherzigen, der
nicht schwimmen lernte, zeitlebens gefährlich und furchtbar
bleibt. Diese Vortheile, der Schutz, den das Schwimmen gegen
eine Gefahr gewährt, welcher die Menschen in vielen Gegenden
nicht selten ausgesetzt sind, der Gedanke an die Möglichkeit, einem
Anderen dadurch das Leben retten zu können, müssen vorzüglich
in den Herzen rüstiger und unverdorbener Jünglinge Entschluss
und Sehnsucht nach einer möglichst vollkommenen Kenntniss
der Uebung in der Schwimmkunst erzeugen. Eltern, Vor-
münder und Lehrer verkennen diesen wichtigen Punkt der Er-

*) Vrgl. v. Rönne, das Medicinalwesen des preussischen Staats, 2. Th.
S. 403 ff.

4*

ziehung immer noch zu sehr und versäumen über todtem
Wort und Buchstaben durch Uebung der Körperkraft
zugleich Muth und Thatenlust besonders bei der
männlichen Jugend zu wecken. Wäre es anders, so
würde schon längst keine bedeutende Stadt, wenigstens an
Strömen und Seen ohne Schwimmschule sein, die überall mit
Erfolg leicht zu errichten sein wird, wo jenes Bedürfniss ge-
fühlt und erkannt ist. Die Schwimmkunst ist aber ja nicht
zu verwechseln mit dem zufällig abgemerkten und eingeübten
Vortheile, den Kopf eine kurze Zeit auf der Fläche eines ruhigen Wassers zu erhalten. Wer dies vermag und sich deswegen
für einen vollkommenen Schwimmer hält, oder als solchen
zeigen will, begiebt sich leicht in Gefahren, deren er nicht
mächtig ist, und kann unter vergeblichen Anstrengungen um-
kommen. Die Leichtigkeit, einen solchen Vortheil abzumerken,
verleitet zu dem Wahne, als sei damit die Schwimmkunst begriffen und ihre regelmässige Erlernung ganz unnöthig. Um Tan-
zen, Fechten, Reiten zu erlernen, scheut man den dazu nöthigen
bedeutenden Aufwand nicht, ob man gleich z. B. nothdürftig reiten
kann ohne schulmässigen Unterricht. Im tiefen Wasser aber
ertrinkt Jeder, der nicht schwimmen kann, und Niemand
schwimmt und taucht sicher, der es nicht ordentlich gelernt
hat u. s. w.«

B. Das Selbsterlernen des Schwimmens.
1. Ohne Hülfsmittel.

Will man das Schwimmen sich selbst lehren, so begebe
man sich in etwa drei Fuss tiefes Wasser und erlerne zuerst,
als das Leichtere, das Rückenschwimmen. Man neige sich
hierzu mit ausgebreiteten Armen und gebeugten Knieen dreist
nach hinten gegen das Wasser, wenn es sein kann gegen die
Wasserströmung und schlage kurze Zeit mit den gestreckten
Armen und Handflächen nach unten, wobei die Beine vom
Erdboden abstossen und sich strecken. Taucht man hierbei
unter, so halte man den Athem an, richte sich sofort wieder
auf und neige sich wiederum gegen das Wasser. Hat man
durch häufiges Versuchen hierin Sicherheit erlangt (und das ist
bei dreisten Versuchen schon nach einigen Uebungszeiten möglich) und man bewegt sich bereits einige Schritte rückenschwim-

mend auf der Oberfläche des Wassers, dann versuche man
das Brustschwimmen in ähnlicher Weise. Man lege sich hierzu
nach vorn mit ausgebreiteten Armen gegen das Wasser, den Kopf
zurück gebeugt, so dass er bis ans Kinn eintaucht. Nun stosse
man mit einem Bein vom Boden ab, indem man mit den Handflächen nach unten auf das Wasser drückt. Das andere Bein
hebe man gebeugt unter den Leib (ziehe an) und stosse es
dann aus, ohne den Boden zu berühren, so wird man sofort
eine kurze Strecke an der Oberfläche hinschiessen. Man bemüht sich nun mit dem Abstoss, bald des einen, bald des anderen Fusses, die Arme mit nach unten gerichteten Handflächen
ebenfalls vorzustossen, dann nach beiden Seiten hin auszu-
breiten und nach unten zu drücken, anfangs in raschen,
nach und nach in langsameren Schlägen. Hat man nun
gelernt, sich so mit Anstrengung einige Zeit rücklings oder vorlings im Wasser schwimmend zu erhalten, wobei man zugleich
sich bemühen möge, nach jedesmaligem Ausstossen der Glieder
längere Zeit gestreckt durch das Wasser fortzugleiten, so suche
man mit diesem Fortgleiten das Umdrehen aus vorlings in rücklings und später aus rücklings in vorlings, immer noch mit
Hülfe des vom Boden abstossenden einen Beines zu erlernen.
Endlich aber muss man sich daran gewöhnen, alle diese Bewegungen in ruhigem Verlaufe auszuführen, so dass die Arme
die Bewegung beginnen, seitwärts streichen, dann die Beine angezogen werden, wobei die Arme abwärts drücken, endlich die
Beine breit nach hinten ausstossen und sich schliessen, während
die Arme das Vorstossen ausführen.

Von Uebungszeit zu Uebungszeit wird man hierin mehr
Gewandtheit und Ruhe sich aneignen, und wenn man nun 15 bis
20 Stösse mit Armen und Beinen darstellen kann, ohne hierbei
den Boden zu berühren, dann gehe man bis an den Hals ins
Wasser, wende sich dem Lande zu und versuche nun so, aus
dem tieferen nach dem flacheren Wasser, also nach dem Lande
zu, zu schwimmen, mache hierbei aus der geraden Linie einen
immer grösseren Bogen, bis man zehn Minuten lang sich auf
dem Wasser schwimmend erhalten kann, bald brust-, bald
rückenschwimmend.

Hat man erst die Fertigkeit erlangt, zehn Minuten auf der
Brust zu schwimmen, so braucht man tiefes Wasser, dessen

Boden man, ohne unterzutauchen, nicht mit den Fussspitzen erreichen kann, nicht mehr zu scheuen, doch muss man starke Strömung noch vermeiden.

Jetzt müssen die weiteren Schwimmversuche nur in tiefem Wasser gemacht werden. Kann man endlich auf der Brust schwimmend es eine halbe Stunde aushalten, so darf man sich einen ausgelernten Schwimmer nennen.

Es ist aber höchst wünschenswerth, dass der angehende Schwimmer, der auf diese Weise sich selbst unterrichtet, von Zeit zu Zeit von einem Sachverständigen, der selbst gut schwimmt, beurtheilen lässt, ob auch alle Bewegungen gut und in richtiger Uebereinstimmung gemacht werden, denn der Schwimmer selbst kann das nur sehr unvollkommen an sich beobachten.

Noch leichter wird das Selbsterlernen des Schwimmens, wenn der Lernende stets Einen oder Mehrere um sich hat, die regelrecht schwimmen gelernt haben und ihn auf die einzelnen Bewegungen aufmerksam machen können.

Es hat sich in manchen Schul-Bade- und Schwimmanstalten, die von einer verhältnissmässig grossen Zahl von Schülern besucht werden, aber wegen beschränkter Mittel ein so kleines und nothdürftiges Gerüst besitzen, dass nur je ein Schüler Schwimmunterricht erhalten kann, als praktisch erwiesen, dass der Schwimmlehrer den Schüler nur so lange an der Angel behält, bis derselbe die Anfangsbewegung des Schwimmens regelrecht erlernt hat, und dann das Weitere seiner Privatübung überlässt. Der Lehrer muss aber streng darauf halten, dass der Schüler das flachere Wasser nicht eher verlässt, als bis er durch eine abgelegte Probe eine gewisse Leistungsfähigkeit im Schwimmen nachgewiesen hat.

2. Mit Hülfsmitteln.

Sehr ängstliche Leute, die sich das Schwimmen in tiefem Wasser selbst lehren wollten, haben künstliche Mittel in Anwendung gebracht, um sich an der Oberfläche zu erhalten. Es ist aber einerseits mindestens zweifelhaft, ob diese Leute hierdurch das Schwimmen wirklich schneller erlernen; anderseits erscheint dies Verfahren sehr bedenklich; sobald ein Zufall sie dieser Hülfsmittel beraubt, sind sie dem Untergehen und Ertrinken ausgesetzt, und der durchaus nöthige Muth zum Schwimmen wird durch diese Mittel weniger schnell erlangt als durch ein vorsichtiges Versuchen ohne Hülfsmittel.

Die kleinen Knaben an der Küste des mittelländischen Meeres und auch wohl andere bedienen sich kleiner Tischplatten oder breiter Brettstücke, an deren Rande sich festhaltend, sie die Schwimmbewegungen zuerst mit den Beinen machen, bis sie nach und nach mit der einen Hand und dann mit beiden die Stütze zeitweise fahren lassend, so allmählig Sicherheit und Uebung gewinnen. Bei uns sind durch mit Luft gefüllte Blasen, in welche bei zunehmender Sicherheit immer weniger Luft geblasen wird, oder mit Schwimmgürteln, Binsenbündeln u. dgl. zuweilen günstige Erfolge erzielt worden.

C. Der regelrechte Schwimmunterricht.

1. Die Schwimmvorübungen auf dem Lande.

Schon früher sind Versuche gemacht worden, die Schwimmbewegungen zuerst auf dem Lande genau zu erlernen, um dann, sobald man nun ins Wasser sich auslegte, auch schwimmen zu können.

So hatte ein berliner Schwimmmeister, der Hallore Lutze, ein Geräth aufgestellt, in welchem man an Riemen und in Gurten hängend, nicht nur die nothwendigen Bewegungen erlernen, sondern auch zugleich Kraft und Ausdauer, ohne die Gefahr des Untersinkens, sich aneignen sollte. Zu dem Zweck war, durch über Rollen laufende, mit Gewichten belastete Schnüre ungefähr die Widerstandskraft des Wassers gegeben, die der in dieser Maschine sich Uebende überwinden musste. Allein es waren zwei Hauptpunkte dabei nicht in Anschlag gebracht: die Erlangung des Vertrautwerdens mit dem Wasser, (der zum wirklichen Schwimmen gehörende persönliche Muth), und das Halten des Gleichgewichtes im Wasser, das auch durch die zweckmässigsten Vorrichtungen und Stellungen auf dem Lande (im Trocknen) sich nicht wiedergeben, also auch sich nicht einüben lässt. Es spielen aber diese beiden Punkte beim Schwimmen eine so bedeutende Rolle, dass schon mancher sonst ganz sichere Schwimmer im ruhigen Wasser, dem Untergehen in bewegtem Wasser nahe war, wenn er das Gleichgewicht durch Strömung oder Strudel verlor, dadurch aus seiner gewohnten, einseitigen Lage herausgebracht und nun ängstlich wurde.

Hiermit soll nicht gesagt sein, dass Schwimmübungen auf dem Lande einzuüben an und für sich eine Thorheit sei, sobald man sich nur bei diesen nicht beruhigt.*)

Bei dem Schwimmen der Soldaten sind diese Uebungen zuerst in grösserem Umfang getrieben worden, und besonders war es D'Argy, der die Anregung dazu gegeben hat. Hier, wo man es stets mit einer grossen Anzahl von Anfängern zu thun hat, die in kurzer Zeit vorwärts gebracht werden sollen, und unter denen auch wohl Manche sein mögen, denen es schwer fällt, das Eigenthümliche der Schwimmübungen im Wasser schnell aufzufassen, sind solche Vorübungen auf dem Lande wohl begründet und auch nicht ohne guten Erfolg.

Man kann diese Vorübungen in der aufrechten Stellung und in der wagerechten Lage machen.

a. In der aufrechten Stellung mit Benutzung der Schranke. (Taf. 9, Fig. 1 bis 10.)

Die Abtheilung tritt im gehörigen Abstande, so dass jeder Mann sich unbehindert bewegen kann, an einen hierzu aufgestellten langen, runden Holm, der 3 bis 4 Zoll stark ist und auf so hohen Ständern ruht, dass bei eingenommenem Reitsitz der Einzelne bequem noch mit den Füssen bei geschlossenen Fersen den Boden berührt. Die Schranke in den Schwimmanstalten, welche die Schwimmbecken gewöhnlich umgiebt, kann nöthigenfalls hierzu eingerichtet und benutzt werden.

Haben die Mannschaften die oben bezeichnete Stellung über dem Holm eingenommen, so machen sie folgende Uebungen:

aa. Uebungen beider Arme:

Ausgangshaltung: Arme nach oben gestreckt, innere Handflächen gegen einander gedrückt, Kopf nach hinten geneigt, Blick nach den Händen (Taf. 9, Fig. 1);

Ausführung:

Erstes Tempo: Senken der gestreckten und etwas nach aussen

*) Vergl. Gutsmuths „kleines Lehrbuch der Schwimmkunst zum Selbstunterricht" Seite 70. D'Argy, Instruktion für den Schwimmunterricht Seite 10 ff. v. Thümen, Instruktion für den militärischen Schwimmunterricht Seite 7. ff.

gedrehten Arme seitwärts bis zur Schulterhöhe (wagerechten Haltung) (Taf. 9, Fig. 2).

Zweites Tempo: Vorwärtsführen der gestreckten Arme in wagerechter Haltung bis zum Schluss der inneren Handflächen (Taf. 9, Fig. 3).

Drittes Tempo: Anziehen (Beugen) der Arme bei festgeschlossenen Händen bis zur Lage der letzteren unter dem Kinn (Taf. 9, Fig. 4).

Viertes Tempo: Ausstossen der Arme in die Ausgangshaltung (Taf. 9, Fig. 1).

   bb. Uebungen beider Beine:

   Ausgangshaltung: Beide Arme stützen sich dicht vor dem Körper auf den Holm, denselben umfassend, Rücken, Hüftgelenke, Kniee möglichst gestreckt, Fersen unter dem Holme auf dem Boden ruhend, geschlossen, Füsse in Grundstellung im rechten Winkel (Taf. 9, Fig. 5).

   Ausführung:

Erstes Tempo: Anziehen (Beugen) beider sich breit öffnenden Kniee an den Leib bis zum spitzen Winkel, die Fersen möglichst geschlossen, Fussspitzen gestreckt (Taf. 9, Fig. 6).

Zweites Tempo: Ausstossen beider Beine abwärts zur Seitgrätschhaltung (Taf. 9, Fig. 7).

Drittes Tempo: Schliessen beider gestreckten Beine zur Ausgangshaltung zurück (Taf. 9, Fig. 5).

   cc. Uebungen beider Arme und eines Beines.

   Ausgangshaltung wie bei 1.

   Ausführung:

Erstes Tempo: Senken der gestreckten Arme wie bei 1, erstes Tempo (Taf. 9, Fig. 2).

Zweites Tempo: Vorwärtsführen der gestreckten Arme wie bei 1 und ohne anzuhalten Anziehen der Arme unters Kinn in abgerundeter Bewegung; gleichzeitig mit dieser Bewegung der Arme Anziehen des einen Beines (Taf. 9, Fig. 8 u. 9).

Drittes Tempo: Ausstossen der Arme nach oben und des Beines schräg nach unten (Taf. 9, Fig. 10).

Viertes Tempo: Schliessen des Beines zur Ausgangshaltung (Taf. 9, Fig. 1).

b. In der wagerechten Lage mit Benutzung des Schwimmbockes (Taf. 9, Fig. 11 u. 12).

Die Uebungen auf diesem Bocke, welcher Seite 19 beschrieben ist, sind dieselben wie die eben angegebenen, nur jetzt in der wagerechten Lage des Körpers ausgeführt. Es ergeben sich also folgende Uebungen: Seitwärtsführen beider Arme bis zur Schulterlinie; Senken der Arme bis sich die Handflächen berühren, und Anziehen der letzteren bis unter das Kinn; zu gleicher Zeit: Anziehen beider Beine bei geschlossenen Fersen und breit geöffneten Knieen unter den Leib; dann Ausstossen der Arme vorwärts und der Beine seitwärts, beides in wagerechter Richtung; endlich Schliessen der Beine, während die Arme und Hände ruhig in ihrer Lage bleiben.

Diese vorstehenden Uebungen werden nun so lange gemacht, bis sie von jedem Einzelnen vollkommen begriffen und richtig dargestellt werden, so dass später beim Schwimmunterrichte im Wasser ein kurzer Zuruf oder Wink den Schwimmschüler sofort über seine Fehler belehren kann.

2. Der Schwimmunterricht im Wasser.

In Betreff dieses Unterrichts möge noch einleitend bemerkt werden, dass es kaum räthlich erscheint, Kinder unter 7 Jahren das Schwimmen erlernen zu lassen. Sie sind leicht der Erkältung in dem kalten Wasser ausgesetzt, und es wird auch schwer halten, sie zum Ruhigliegen im Wasser zu bringen. Selbst ältere Knaben, die Schwimmunterricht erhalten, dürfen anfangs nur kurze Zeit (5 Minuten) im Wasser bleiben, und die Dauer des Unterrichts darf sich nur allmählig steigern.

Man unterscheidet beim Schwimmunterricht 4 (bzw. 5) Abtheilungen (Schwimmklassen).

Erste Klasse.

Die Schwimmvorübungen an der Stange (Angel.)

Nachdem der Schüler die Vorübungen auf dem Lande begriffen, wird ihm der Schwimmgurt bequem, aber doch so fest angelegt, dass er sich nicht abstreifen kann. Dieser Gurt muss von unten her die Brustwarzen berühren (Taf. 1, Fig. 2 bis 6) und kann mittelst eines Schulterseils hosenträgerartig an dieser Stelle festgehalten werden. Dem Schüler ist beim Anlegen des Gurts zu zeigen, wie er ihn, wenn er sich verschoben, selbst zurecht rücken kann. Ferner erklärt ihm der Lehrer, welche von den erlernten Freiübungen er jetzt im Wasser vornehmen soll, lässt sie ihn noch einmal auf dem Lande darstellen, um sich zu überzeugen, ob er richtig verstanden worden ist, und fordert, nachdem er die Schwimmleine mit dem Gurt verbunden und dieselbe sich fest um die Hand gewickelt hat, den Schüler nun auf, in gerader Haltung (Taf. 1, Fig. 2), die Beine geschlossen und gestreckt, die Arme an der Seite, von der Abrichtung, oder liegt dieselbe etwas hoch, von der ins Wasser führenden Leiter aus ohne Furcht, und den Athem anhaltend, ins Wasser zu springen.

Auf dieses sofortige Hineinspringen ist ein grosses Gewicht zu legen und ein Hineinsteigen nie zu erlauben, denn wer das Hineinspringen nicht wagt, ist in der Regel entweder krank oder zur Erlernung des Schwimmens noch nicht tauglich.

Sobald der Schüler aufgetaucht ist, welches Auftauchen der Lehrer anfangs durch Emporziehen an der Leine befördert, ergreift er die Leiter, stellt sich fest, schnaubt das Wasser, noch ehe er Athem geholt hat, aus der Nase, streicht die Haare zurück, rückt sich den Gurt zurecht und erwartet die weitere Anweisung des Lehrers.

Dieser, der so viel Leine nachgegeben hatte als nöthig war zum Hineinspringen des Schülers, zieht dieselbe an und befestigt sie mittelst des Feuerwerkerknotens an das Ende der Schwimmstange (Vergleiche oben S. 20 und Taf. 1, Fig. 1). Das unbefestigte Ende der Leine nimmt er in die Hand für den Fall, dass die Stange brechen oder die Leine abgleiten könnte.

Hierauf zieht er die Leine straff, veranlasst den Schüler, die Leiter loszulassen und sich dreist mit der Brust gegen das Wasser zu legen, legt alsdann die Stange auf die Schutzwehr der Abrichtung, schwenkt den Schüler ins Wasser hinaus, lehnt sich reitlings über die Stange, das untere Ende derselben mit dem einen Beine niederdrückend (Taf. 1, Fig. 1) und beginnt den Unterricht.

Der Schüler wird nun »gestellt«, d. h. er erlernt

a. das Auslegen,

die richtige wagerechte Lage im Wasser (Taf. 1, Fig. 3.) Hierbei wird der Körper vollständig gestreckt, der Kopf so weit zurückgebeugt, dass nur das Kinn im Wasser ruht, die Beine geschlossen, Kniee und Fersen zusammen, die Füsse auswärts gedreht und angezogen, d. h. nach der Brust zu gebeugt, die inneren Handflächen der vorgestreckten Arme berühren sich. So liegt der Schüler längere Zeit ruhig im Gleichgewicht im Wasser, stellt sich dann nach Anweisung des Lehrers wieder auf die Leiter, legt sich abermals aus, wobei er darauf achten muss, dass der Knoten, mit dem die Leine am Schwimmgurt befestigt ist, stets zwischen seinen Schultern sich befindet, bis ihm diese Lage bequem ist.

Zunächst werden

b. die Bewegungen der Beine

vorgenommen. Die Arme bleiben während dieser Uebungen gestreckt. Fällt es dem Schüler zu schwer, die Handflächen geschlossen aneinander zu halten, so lässt der Lehrer ihn die Hände falten, um jede unwillkürliche Bewegung zu vermeiden.

Diese Beinbewegungen zerfallen in drei Zeitabschnitte oder Tempo's, welche auf die Befehlsworte (Commando's): Ei—n—s! (sehr gedehnt gesprochen) — Zwei! — Drei! (kurz gesprochen) auch langsam und schnell ausgeführt werden.

Auf: Ei—n—s! werden die Kniee sehr langsam, so weit es angeht, nach der Brust hin angezogen, und so weit als möglich geöffnet, die Fersen bleiben fest geschlossen, die Fussspitzen auswärts gedreht. Um diese Bewegung, die für Anfänger manche Schwierigkeit hat, gut auszuführen, muss derselbe den Rücken etwas krümmen. Das Kinn senkt sich dabei bis an den Mund ins Wasser, weshalb der Lehrer in diesem Augenblick die Leine ein wenig anziehen, die Stangenspitze heben muss. (Auf Taf. 1 zeigt Fig. 4, aˣ die vollendete Uebung von der Seite, Fig. b dieselbe von oben gesehen).

Auf: Zwei! trennen sich die Fersen und werden die Beine mässig geschwind so breit als möglich seitwärts ausgestossen; die Füsse bleiben auswärts gedreht und angezogen, so dass hierbei das Wasser mit der ganzen Fusssohle gestossen wird. (Taf. 1, Fig. 5). Der Stoss wird in wagerechter Richtung eher nach der

Oberfläche als in die Tiefe geführt. Das Kreuz darf nicht — wie das leicht unwillkürlich geschieht — zurückgebeugt, d. h. hohl gemacht und das Kinn nicht aus dem Wasser gehoben werden. Der Lehrer lässt während des Ausstossens der Beine die Leine durch Senken der Stange etwas nach, damit der Schüler wieder ganz eintauche.

Auf das schnell gesprochene: Drei! werden die gestreckt gehaltenen Beine schnell geschlossen und, wird somit die Auslagehaltung (Taf. 1, Fig. 3) wieder eingenommen.

Da der Schüler durch die Freiübungen auf dem Lande mit diesen Bewegungen bereits vertraut ist, so wird er sie hier im Wasser bald tadellos ausführen. Der Lehrer befiehlt dann: Ei — n — s! — Zweidrei! so dass die beiden letzten Befehle rasch hintereinander gesprochen werden und endlich beide in eine Zeit (ein Tempo) zusammenfallen, also: Ei — n — s! (gedehnt) — Zwei! (schnell), wobei der Schüler die beiden letzten Bewegungen, das Ausstossen und Schliessen, kräftig und schnell hintereinander ausführen muss, so dass ein kreisartiges Umfassen des Wassers mit den Beinen entsteht, welches langsam beginnt und ohne Unterbrechung schnellkräftig endet.

Der Lehrer hat streng darauf zu achten, dass hier, wie überhaupt bei allen Bewegungen das gehörige Zeitmass beobachtet wird. Findet er nichts mehr zu erinnern, so lässt er die ganze Bewegung (den »Stoss«) auf: Ei — n — s! ohne zu zählen, oftmals hintereinander darstellen. Wird die Leine hierbei gleichmässig bald locker, bald straffer, so ist dies ein Zeichen, dass die Bewegung fehlerfrei ausgeführt wird, denn ihre Regelmässigkeit fängt schon an, den Körper des Schülers zu heben und vorwärts zu treiben.

c. Die Bewegungen der Arme

zerfallen ebenfalls in drei Zeitabschnitte, welche in gleicher Weise befohlen werden.

Auf: Ei — n — s! werden bei geschlossenen Daumen die Hände so gewendet, dass die inneren Handflächen (die Handteller) über die wagerechte Lage hinaus nach aussen zu liegen kommen. *) Mit dieser Haltung der Hände — die Klein-

---

*) Die Pfuel'sche Schwimmschule lässt diese Haltung der Hände schon beim Auslegen einnehmen.

fingerseite etwas höher als die Daumenseite — werden die
steif gestreckt gehaltenen Arme dicht unter der Oberfläche
des Wassers, welches einen geringen, aber doch bemerkbaren
Widerstand leistet, langsam so weit seitwärts geführt, dass sie
in der Verlängerung der geraden Linie liegen, die man sich
durch beide Schultern gezogen denkt (die Breitenaxe) (Taf. 1,
Fig. 6).

Auf: Zwei! drücken die gestreckten Arme langsam und
gerade hinunter, bis die Handflächen unterhalb der Brust
zusammenkommen (Taf. 1, Fig. 7); dann werden die Arme gebeugt und die Hände unter das Kinn gelegt, so dass beide
Daumen dasselbe berühren; die Ellenbogen schliessen sich
hierbei an den Leib an (Taf. 1, Fig. 8).

Das Hinunterdrücken des Wassers muss mit der ganzen
Handfläche, also mit dicht geschlossenen Fingern geschehen.
Der Fehler ist besonders zu vermeiden, dass bei dieser Bewegung die Arme nach dem Unterkörper hin zurück weichen,
sie müssen jederzeit vor der senkrechten Linie bleiben, welche
man von der Brust auf den Grund gezogen denkt.

Auf: Drei! werden die Arme mit festgeschlossenen Händen
dicht unter der Oberfläche des Wassers hin, mässig schnell
vorwärts ausgestossen, so dass der Schüler die Auslagehaltung
wieder einnimmt.

Auch diese drei Bewegungen werden, nachdem sie anfangs
einzeln hintereinander auf Befehl dargestellt und erlernt worden sind, in zwei Zeiten so zusammengezogen, dass man erst
befiehlt: Ei — n — s zwei! — Drei! dann: Ei — n — s! und:
Zwei! in: Ei — n — s! und: Drei! in: Zwei! verwandelt, also:
Ei — n — s! — Zwei! und endlich bloss: Ei — n — s! oder gar
nicht zählt.

d. Die gleichzeitigen Bewegungen
der Arme und Beine

zerfallen endlich auch in drei Zeitabschnitte:

Auf: Ei — n — s! fangen die Arme ihre Bewegung an;
wenn sie beginnen langsam und allmählig hinunter zu drücken,
also ihr: Zwei! zu machen, ziehen die Beine sich langsam
unter den Leib, machen ihr: Ei — n — s! (Taf. 1, Fig. 9 zeigt
die vollendete Bewegung).

Auf: Zwei! machen die Arme ihr: Drei! die Beine ihr
Zwei! (Taf. 1, Fig. 5) d. h. sie führen beide den Stoss aus,
und zwar sollen die Arme ein wenig früher stossen als die Beine.
Auf: Drei! bleiben die Arme in der Stosshaltung und
vollenden die Beine ihr: Drei! sie schliessen sich.

Man kann diese theils zusammenfallenden, theils sich gegenseitig ablösenden Bewegungen der Arme und Beine anfangs
auch in vier Zeiten befehlen:

Ei — n — s! Seitwärtsführen der Arme;

Zwei! Hinunterdrücken der Arme und Anziehen der
Beine;

Drei! Stoss der Arme und Beine;

Vier! Schliessen (Zusammenschlagen) der Beine.

So wechseln also die Bewegungen der Arme und Beine ihr
Umfassen des Wassers; wenn die Arme ihren Kreis schlagen,
werden die Beine angezogen, bereiten sich zu ihrem Kreis-
schlagen vor, und schlagen die Beine ihren Kreis, so werden
die Arme ausgestreckt. Ehe diese zusammengesetzte Bewegung, durch die der Körper gleichzeitig getragen und wie ein Keil
vorwärts getrieben wird, und bei der sowohl die Beine wie die
Arme, erstere zu Anfang, letztere zu Ende der Bewegung eine
Ruhepause haben, nicht sicher und leicht geht, schwimmt der
Schüler nicht regelrecht.

Bei der Bewegung der Arme wird nun etwas nachgegeben,
damit sie nicht so eckig, sondern mehr abgerundet ausgeführt
wird; es ist nicht mehr ganz streng darauf zu halten, dass die
Arme so lange steif bleiben, bis ihre Handflächen sich unter
der Brust berühren, sondern sie können schon ihre Beugung
beginnen, wenn sie die Hälfte des Viertelkreises erreicht haben,
den jede Hand beim Hinunterdrücken des Wassers beschreibt,
so dass dieses langsame Herandrücken des Wassers an die Brust
nur mit weitausgreifenden, gestreckten Armen beginnt. Man
spart dadurch an Kraft und schwimmt schneller.

Nachdem diese Bewegung in vier oder drei Zeiten geübt
ist, zieht man die Befehle: Zwei! und: Drei! mehr zusammen,
so dass Stoss und Zusammenschlagen der Beine ohne Aufenthalt hinter einander erfolgen, (zählt also: Zweidrei!), befiehlt
dann: Ei— n - s! — Zwei! und lässt endlich den ganzen Stoss
auf: Ei — n - s! oder ohne Befehl ausführen.

Es muss sich nun Stoss an Stoss taktmässig anreihen, so lange bis Ermüdung eintritt. Dabei ist von vorn herein dem Schüler einzuschärfen, dass er jede Hast zu vermeiden hat. Nach jedem Stoss und Zusammenschlagen der Beine muss er die dadurch erzielte Kraft des Vorwärtstreibens erst voll auswirken lassen, ehe die Arme zu neuem Stoss ausholen. Je weniger er sich hierbei aus dem Wasser heraushebt (hüpft), desto mehr Kraft erspart er, desto richtiger und schöner schwimmt er.

Zum Schluss möge eine übersichtliche Zusammenstellung der einzelnen Bewegungen erfolgen:

aa) die Bewegungen der Beine:

1. El-n-s! (Anziehen)   Zwei! (Stoss)   Drei! (Zusammenschlagen)
2. El-n-s!   Zweidrei!
3. El-n-s!   Zwei!
4.   El-n-s! (bzw. einfacher Stoss ohne Zählen).

bb) die Bewegungen der Arme:

1. El-n-s! (Seitwärtsführen)   Zwei! (Hinunterdrücken)   Drei! (Stoss)
2.   El-n-s zwei!   Drei!
3.   El-n-s!   Zwei!
4.   El-n-s! (bzw. ohne Zählen).

cc) Bewegungen der Arme und Beine:

Arme: El-n-s! (Seitwärtsführen)	Zwei! (Hinunterdrücken)	Drei! (Stoss)	— (Ruhe)	
Beine: — (Ruhe)	Eins! (Anziehen)	Zwei! (Stoss)	Drei! (Zusammenschlagen)	

1.
   El-n-s!   Zwei!   Drei!   Vier!
2. El-n-s!   Zwei!   Drei!
3. El-n-s!   Zweidrei!
4. El-n-s!   Zwei!
5.   El-n-s! (bzw. ohne Zählen).

e. Das richtige Athemholen

ist beim Schwimmen eine Schwierigkeit, an welche man sich nach und nach gewöhnen muss. Beim gewöhnlichen Athemholen (z. B. während des Schlafes) zieht man die Luft langsam ein, stösst sie schnell aus und gestattet den Lungen nach dem Ausstossen eine kleine Ruhe. Der Schwimmer muss anders zu athmen erlernen. Je mehr des Schwimmers Lungen sich erweitern, mit

Luft füllen, um so geringer wird sein specifisches Gewicht, um so leichter also erhält er sich auf dem Wasser. Er muss daher so lange als möglich die Luft in den Lungen zu erhalten suchen und nur ganz langsam ausathmen, schnell aber wieder einen· neuen Vorrath Luft einziehen.. Es ergiebt sich daher folgende Regel des Athemholens für den Schwimmer:

> Wenn die Hände ihren Druck beginnen, athme mässig schnell ein, halte die Luft während der ganzen recht ruhig ausgeführten Schwimmbewegung bis nach dem Stoss der Arme fest und lasse die Luft langsam aus, während die Arme das Seitwärtsstreichen ausführen.

Greift die Arm- und Beinbewegung richtig in einander, so kennzeichnet sich dies an einem Zucken an der Leine und macht auf Augenblicke das Unterstützen des Lehrers überflüssig. Nach und nach, ohne dass der Schüler es bemerkt, wird nun die Leine weniger straff angezogen, bis endlich alle Unterstützung aufhört. Der Lehrer senkt hierbei die Stange immer tiefer, so dass der Schüler mit schlaff angezogener Leine vor der Stange hin- und herschwimmt, vor- und zurücktreibt. Kann er so bis 30 Stösse ausführen, so gelangt er in die:

Zweite Klasse.

a. Das Geführtwerden an der Stange.

Bei jedem Druck, den der Schüler auf das Wasser macht, senkt der Lehrer die Stange, so dass die Leine locker wird, und gleitet mit ihr auf der Schutzwehr 14 bis 16 Zoll vorwärts. Sobald der Schüler den Stoss ausführt, hebt Ersterer die Stange, zieht also die Leine straff an. Er senkt und schiebt also bei: Ei — n — s! und hebt bei: Zwei! die Stange. Nach und nach wird das Heben immer weniger nöthig sein, bald wird der Schüler vor der ruckweise sich bewegenden Stange herschwimmen. Kann er so 30 Stösse ohne Heben der Stange darstellen, so erlernt er:

b. das Geführtwerden an der straffen, dann schlaffen Leine.

Der Schüler bleibt an der Leine, die der Lehrer nun aber nicht mehr an der Stange befestigt, sondern sich fest um die Hand wickelt, nachdem Ersterer von der Abrichtung, nicht der

Leiter aus, in das Wasser gesprungen ist und sich sofort zum Schwimmen ausgelegt hat. Derselbe erlernt hierbei auch zugleich das selbstständige Auftauchen, was der Lehrer durch nicht zu schnelles Emporziehen mit der Leine allmählig vorbereitet hat und das Ziehen jetzt ganz unterlässt. Der Schüler macht sofort die gewöhnlichen Schwimmbewegungen, sobald er im Wasser ist, öffnet die Augen unter dem Wasser, damit er das Auftauchen beobachte, und verhält sich so gelassen als möglich.

Beim Weiterschwimmen unterstützt der Lehrer ihn anfangs noch durch Straffhalten der Leine, zieht vielleicht auch den Schüler noch vorwärts, wenn nicht die Strömung des Wassers denselben von selbst treibt, bald aber muss der Schüler allein vorwärts kommen, und der Lehrer folgt ihm mit immer mehr nachgegebener Leine, so dass endlich der Schwimmende mehrere Fuss vor dem Lehrer her, oder ihm zur Seite weiter in das Wasser hinaus schwimmt bei ganz schlaff hängender Leine. Der Lehrer hat dabei streng darauf zu achten, dass keine fehlerhafte Bewegung mehr vorkommt, in welchem Falle sie sofort zu verbessern, schlimmsten Falles die Leine wieder straff zu ziehen ist.

Täglich mehrt sich nun die Kraft und Ausdauer des Schülers, er wird bald 100 und mehr Stösse ohne besondere Ermüdung machen können. In jeder Schwimmstunde werden nun die Stösse gezählt. Sobald die Zahl von 300 erreicht ist, kommt der Schüler in die

Dritte Klasse.

Das Freischwimmen.

a. Das Brustschwimmen.

Die Leine wird nun entfernt, der Lehrer ergreift die Nothstange mit dem Rettungshaken, die er dem Schüler in dem Falle vorhält, wenn derselbe zu ängstlich werden oder sonst ihm ein Unfall zustossen sollte. Es ist anfangs ein beängstigendes Gefühl, ganz ohne Sicherung im tiefen Wasser zu sein, und die Kräfte erlahmen schnell bei zunehmender Angst. Der Lehrer muss daher dem Schüler freundlich zureden, ihn schnellster Hülfe versichern und ihn zur Ausdauer ermahnen. Er hat sorgfältig jede Aeusserung der Ungeduld zu vermeiden, da er dadurch den Schüler nur noch ängstlicher macht. Uebung macht auch hier den Meister, und ist ein besonderer Werth zu legen auf recht häufiges Hineinspringen ins Wasser, dem sofort das Auslegen und Weiterschwimmen folgen muss. Der Schüler erlernt nun

b. das Rückenschwimmen.

Er wird wieder an Leine und Stange genommen; er legt den Schwimmgurt so an, dass er ihn bis zu den Schulterblättern hinauf schiebt und vor der Brust an der Leine befestigen lässt. Dann legt er sich, indem er sich von der Leitersprosse abstösst, wagerecht rücklings auf das Wasser, so dass der ganze zurückgebeugte Kopf bis an das Gesicht eintaucht, die Brust wird gehoben (das Kreuz hohl gemacht), die Hände werden, Daumen nach hinten, die andern Finger nach vorn, auf die Hüften gestützt, die Ellenbogen etwas hinter die Schulterlinie zurückgebracht.

Auf: Ei — n — s! werden von dem Schüler die Beine bei festgeschlossenen Fersen und weit geöffneten Knieen gehoben und angezogen (Taf. 1, Fig. 11 *a* u. *b*).

Auf: Zwei! stösst derselbe die sich streckenden Beine mit angezogenen Füssen nach beiden Seiten hin breit aus.

Auf: Drei! schliesst er kräftig die gestreckten Beine und vollendet so den Kreis.

Nachdem diese Bewegungen, die allein schon genügen, um auf dem Rücken zu schwimmen, erlernt sind, machen die Arme folgende Bewegungen:

Auf: Ei — n — s! heben sich dieselben, die Kleinfingerseite voran, bis zur Schulterlinie.

Auf: Zwei! schliessen sie sich durch wagerechte Führung auf kürzestem Wege bis an die Körperseiten, wobei die Kleinfingerseite der Hände ein wenig schräg abwärts gedreht wird.

Ist auch diese Bewegung erlernt, so wird sie mit der Beinbewegung verbunden:

Auf: Ei — n — s! Heben der Arme und Anziehen der Beine;
Auf: Zwei! Schliessen der Arme und Ausstossen der Beine;
Auf: Drei! Schliessen der Beine.

Es ist genau darauf zu halten, dass die Beine stets nach der Oberfläche des Wassers hin ausgestossen und die Brust

5*

herausgehoben werde. Das Einathmen geschieht schnell beim
Anziehen der Beine, das Ausathmen langsam beim Schliessen
und Treiben. Nach jedem Stoss muss sich der Schüler vollkommen strecken und möglichst lange so auf dem Wasser
treiben. Das Weiterrücken mit der Stange geschieht mit dem
Ausstossen der Beine.

Der Schüler macht beim Erlernen des Rückenschwimmens
ebenfalls das Geführtwerden an der Stange und an der
straffen und schlaffen Leine durch, bis er, wenn er
300 Stösse hinter einander machen kann, auch hier zum Frei-
schwimmen auf dem Rücken gelangt.

Er springt nun ins Wasser und legt sich sofort nach dem
Auftauchen zum Rückenschwimmen aus. Dann übe er

c. das Umwenden

aus Rücken- in Brustlage und aus Brust- in Rückenlage bis
zur Geläufigkeit. Die Umdrehung geschieht hier am besten
und schnellsten während des Stosses, so dass nur der eine
Arm das Wasser drückt, der andere dagegen den Stoss ausführt.

d. Das Wassertreten

zu erlernen ist nun eine weitere Aufgabe. Es ist nicht nöthig,
dass der Schüler hierzu wieder an Stange oder Leine genommen werde, im Gegentheil, alles Weitere in der Schwimmkunst
muss nun der Schüler selbstständig versuchen und sich einüben; der Lehrer beobachte ihn nur öfter dabei, gebe ihm
die nöthige Belehrung und sage ihm, ob er die Sache gut oder
schlecht mache, denn schwer ist es, sich selbst hierbei zu beobachten.

Der Schüler legt sich zum Wassertreten wie zum Rückenschwimmen aus, senkt dann die Beine, so dass er fast senkrecht, mit einer Neigung nach hinten, im Wasser ist. Das
Kreuz ist möglichst eingebogen, die Hände werden auf die
Hüften gestützt oder die Arme bleiben frei gehoben und helfen, indem sie nach unten drücken. Die Beine werden wie
beim Rückenschwimmen gleichmässig angezogen (Taf. 1, Fig. 10 a
u. b,) breit ausgestossen und geschlossen, jedoch weniger gestreckt, so dass die Uebung mehr im Sitzen dargestellt wird.
Oder die Beine werden abwechselnd, aber in gleicher Weise
angezogen, seitwärts ausgestossen und geschlossen (Taf. 1, Fig. 10 c.)

Bei der ersten Uebung hüpft der Schwimmer im Wasser auf und nieder und kann sich sehr hoch daraus emporschnellen, bei der zweiten kann er bis unter die Schultern eingetaucht bleiben ohne empor zu hüpfen.

Das Einathmen geschieht mit dem Anziehen der Beine, wenn auch nicht bei jedesmaligem Anziehen.

Ist auch dies Alles erlernt, so kommt der Schüler in die:

Vierte Klasse.

a. Das Probeschwimmen und das Dauerschwimmen.

Das Probeschwimmen oder die Schwimmprobe besteht in Zurücklegung einer Strecke von 600 bis 800 Fuss, wo möglich über einen Fluss oder See hinüber bzw. hinüber und herüber. Der Schüler soll zeigen, dass er nicht bloss längere Zeit zu schwimmen vermag ohne zu ermüden, sondern auch den Muth hat, gradaus in einer weiteren, offenen, räumlich nicht fest begrenzten Wasserfläche ruhig und sicher zu schwimmen. In der Regel legen Mehrere zu gleicher Zeit die Probe ab, und man kann derselben, besonders wenn auch den übrigen Schwimmern, welche die Schwimmprobe bereits bestanden haben, mitzuschwimmen gestattet ist — als Bedingung muss aber gelten, dass sie die Schwimmschüler in keiner Weise stören — einen festlichen Anstrich geben. Die Schwimmlehrer schwimmen theils mit, und zwar zur Linken des Schülers, theils begleiten sie denselben, mit einer Rettungsstange versehen, im Kahne. Ist Wind, so bleibt der Kahn dem Schüler windabwärts. Das Schwimmen beginnt mit einem Sprung ins Wasser. Während der Schwimmprobe soll der Schüler nur auf der Brust liegend schwimmen, also sich weder auf den Rücken legen, noch Wasser treten.

Ist die Schwimmprobe glücklich bestanden, so steht der Schüler zwar nicht mehr unter ganz specieller Aufsicht, aber die Lehrzeit ist noch nicht vorüber. Er muss sich jetzt im Dauerschwimmen üben. Erst wenn er im Stande ist, etwa eine halbe Stunde und länger, ohne auszuruhen, auf der Brust zu schwimmen und auch darüber durch eine weitere Probe sich ausgewiesen hat, ist er ein Ausgelernter, dem die Darstellung aller später beschriebenen Schwimmkünste und die unbeschränkte Benutzung aller Sprung- und Turngeräthe freisteht. Man kann ihm jetzt — oder auch schon nach Ablegung der Schwimmprobe — gestatten, als Auszeichnung, zugleich aber auch zur Erleichterung der Aufsicht und Uebersicht für den Schwimmlehrer Schwimmhose und Kappe von bestimmter, etwa rother Farbe zu tragen. Er hat jetzt auch das Recht, an jeder grösseren Schwimmfahrt theilzunehmen. Man kann aus solchen Ausgelernten eine fünfte (Schwimm-)Klasse bilden.

b. Das Fahrtenschwimmen

trägt durch die gemeinschaftliche Ausführung von Schwimmbewegungen und Schwimmkünsten einen grossen Reiz in sich. So lassen sich vollständige turnerische Ordnungsübungen im Wasser ausführen, unter welchen den Gipfelpunkt

c. das Reigenschwimmen

einnimmt. Ein solcher Schwimmreigen gestaltet sich etwa folgendermassen:

Die Schaar der Schwimmer sei 32. Alle springen auf ein Zeichen des Lehrers, der auf dem höchsten Punkte des Springthurmes behufs des überallhin schallenden und (durch Winken mit der Hand) sichtbaren Befehlens Stellung genommen hat, zu gleicher Zeit von allen Sprungflächen und mit allen möglichen Sprüngen ins Wasser, tauchen sofort auf und ordnen sich schnell nach vorher getroffener Verabredung in eine lange Reihe hinter einander (Flankenreihe) mit genügendem Schwimmabstande, die Geschicktesten voran. Sie ziehen zum Kreise, dann zur Schnecke, machen den Haken der Schnecke, ziehen aus der Schnecke hinaus, wieder zum grossen Kreise, bis der Vorderste (Führer) den entferntesten Punkt von dem leitenden Lehrer erreicht hat. Hier macht er eine Wendung, und schwimmt nun durch die Mitte des Schwimmraumes auf den Standort des Lehrers zu, die Andern folgen. Dann werden Gegenzüge der Einzelnen im Wechsel links und rechts gemacht, so dass zwei Schwimmreihen entstehen. Während die letzten Schwimmer noch mit diesen Gegenzügen beschäftigt sind, machen die Ersten Gegenzüge zu Paaren nach innen gegen den Lehrer zu; beim Lehrer wieder angelangt erfolgen: Gegenzüge der Paare im Wechsel rechts und links nach aussen; oben angelangt: Gegenzüge der Paare

nach innen zu Viererreihen. So geht es fort: Gegenzüge der
Viererreihen im Wechsel links und rechts nach aussen; Gegenzüge der Viererreihen nach innen zu Achterreihen; Gegenzüge
im Wechsel rechts und links nach aussen; Gegenzüge der
Achterreihen nach innen zu Sechszehnerreihen; Gegenzüge im
Wechsel links und rechts nach aussen; Gegenzüge nach innen
zu einer einzigen Zweiunddreissigerreihe, die dann auf die Anstalt in schöner Ordnung zuschwimmt und so den Reigen
beendet.

Dadurch, dass stets ein Nachbar sich nach dem andern richten, daher bald langsamer, bald schneller schwimmen muss,
erhält die ganze allerdings hierdurch um so schwerer darstell-
bare Uebung einen besonders anregenden Werth. Es ist natürlich nöthig, dass diese 32 Schwimmer bereits vorher auf dem
Lande die Form des Reigens kennen gelernt und eingeübt
haben.

Einen nicht minder grossen Reiz wie diese gemeinschaftlich
ausgeführten Ordnungsübungen gewährt für eine Schaar rüstiger
Schwimmer der sich von selbst entwickelnde, anspornende
Wetteifer, indem Einer den Andern in Schwimmfertigkeit,
Ausdauer, Schnelligkeit, desgleichen in Schwimm- und Spring-
künsten zu übertreffen sucht.

d. Das Wettschwimmen,

wie wir dasselbe mit einem gemeinschaftlichen Namen bezeichnen wollen, hat der Schwimmlehrer möglichst zu begünstigen,
da dasselbe die Lust und den Eifer zum Schwimmen und die
allseitige Durchbildung des Schwimmers in gleicher Weise fördert. Solche Wettübungen aber einzig und allein dem Belieben
der Schwimmer zu überlassen, hat seine Bedenken. Die Gefahr,
dass dasselbe zu Unordnungen und manchen Unzuträglichkeiten
führe, liegt nahe. Es ist daher dem Schwimmlehrer anzurathen,
auch hierin eine gewisse Ordnung und Regel zu bringen und
ganz besonders nicht zu gestatten, dass eine zu grosse sich
gegenseitig nur hindernde Zahl gleichzeitig sich im Schwimmraum bewege und die Sprunggerüste besetze. Wird hierbei
nicht strenge Disciplin gehandhabt, so können leicht Unglücksfälle und Beschädigungen vorkommen.

Der Schwimmlehrer kann bestimmte Aufgaben*) stellen.
die sich zu Wettübungen eignen. Solche sind:

1. Das schulgerechte Schwimmen, wie wir dasselbe im
   Vorhergehenden kennen gelernt haben und zwar:
   a. das Schwimmen auf der Brust,
   b. das Schwimmen auf dem Rücken.

Diese Uebungen können wieder als Wettübungen in Bezug auf:

    aa. die Ausführung der Schwimmbewegungen,

    bb. die Zeitdauer, in der ein bezeichnetes Ziel von der
       gemeinschaftlichen Abschwimmstelle aus erreicht
       wird,

    cc. die Ausdauer im Schwimmen

vorgenommen werden.

2. Bestimmte Schwimmkünste im Wasser, von denen
   später gesprochen wird; z. B.

   a. das Schwimmen in verschiedenen Lagen, mit be-
      stimmten Arm- bzw. Beinhaltungen und bestimmten
      Arm- bzw. Beinbewegungen;

   b. das Tragen eines Gegenstandes von bestimmter
      Schwere während des Schwimmens; z. B. das Tragen
      von Kleidungsstücken, eines Briefes u. s. w. ohne
      dieselben nass werden zu lassen. Daran schliessen sich

   c. die Wettübungen im Retten, wobei es darauf an-
      kommt, wer am schnellsten einen unter der Ober-
      fläche des Wassers schwimmenden Gegenstand (z. B.
      die Rettungspuppe) aus bestimmter Entfernung her-
      beibringt;

   d. das Schwimmen in Kleidern (und Stiefeln) nach
      einem Ziel;

   e. das Tauchen auf die Dauer (doch muss der Lehrer
      hier besonders vorsichtig sein);

   f. das Heraussholen der Taucherkugel, eines Steines
      u. s. w. von dem Grunde des Wassers;

   g. das Schwimmen unter der Oberfläche des Wassers
      auf Dauer, oder wer so schwimmend am schnellsten an
      einen bestimmten Ort gelangt. Hier kann auch ein

---

*) Vrgl. auch Gutsmuths: Kleines Lehrbuch der Schwimmkunst S. 102
bis 105.

Sprung auf den Kopf ins Wasser mit angehängtem Weiterschiessen unter der Oberfläche nach einem Ziele oder nur in die Weite hin, zur Aufgabe werden, wobei dann jede weitere Schwimmbewegung so lange zu vermeiden ist, bis ein Auftauchen erfolgen muss;

h. das Schieben bzw. Ziehen an der schwimmenden Stange von Zweien oder Mehreren von beiden Seiten her bzw. nach beiden Seiten hin;

i. der Kampf um den Sitz auf dem schwimmenden Floss, der Tonne, Walze u. s. w.;

k. die verschiedenen Sprünge von den Sprungbrettern aus ins Wasser, durch den Reifen, über die Schranke, mit dem Kugelstab u. s. w.;

l. die Sprünge ins Wasser mit vorausgehender Turnübung an den Turngeräthen;

u. s. w., u. s. w.

e. Die Schwimmfeste

oder grösseren Schwimmfahrten, deren jede Schwimmanstalt wenigstens eine im Sommer veranstalten sollte. An ihnen dürfen selbstverständlich nur Schüler der vierten oder, je nach der Eintheilung, der fünften Klasse d. h. Ausgelernte Theil nehmen.

Ein solches Schwimmfest, oder wie es gewöhnlich genannt wird eine Schwimmfahrt, richtet sich in Anordnung und Gestaltung natürlich nach den Oertlichkeiten und den bestehenden Verhältnissen. Desshalb kann ein allgemein gültiges Schema für dieselben kaum aufgestellt werden. Es besteht aus zwei Haupttheilen:

1. aus der eigentlichen Schwimmfahrt, aus einer bestimmten Entfernung nach der Schwimmanstalt hin, und

2. aus Schwimm- und Springübungen, Ordnungsübungen, u. s. w. in der Anstalt selbst.

Damit zu Letzteren noch Kraft und Lust vorhanden ist, empfiehlt es sich, die auf der Fahrt zu durchschwimmende Strecke nicht zu sehr, nicht bis zur Erschöpfung der Schüler auszudehnen.

Als Beispiel eines solchen Schwimmfestes geben wir die

Schilderung eines regelmässig in jedem Sommer wiederkehren-
den Schülerschwimmfestes in Schulpforta*).
Hier wird das Baden und Schwimmen sehr eifrig betrieben.
Die Schüler, gegen 200, sind in 4 Abtheilungen getheilt, von
denen abwechselnd je 2 an den Wochentagen (mit Ausnahme
des Sonnabends) vom Turnlehrer, der zugleich auch des
Schwimmens kundig sein muss, und dem Schularzte bzw. einem
Heilgehülfen zu der der Schule gehörigen Badeanstalt in der
nahen Saale geführt und, wie bereits erwähnt, unter Aufsicht
des Turnlehrers von vier von demselben zu Schwimmlehrern aus-
gebildeten Schülern im Schwimmen unterrichtet werden.

Zur Theilnahme an der »Schwimmfahrt«, die an einem
schönen, warmen Nachmittage gegen Ende des Sommers stattfindet, sind diejenigen Schüler berechtigt, welche entweder die
»grosse Schwimmprobe« bestanden haben, d. h. dreimal
ohne auszuruhen auf der Brust über die hier nicht sehr breite
Saale hinüber und herüber geschwommen sind, oder in der
»kleinen Schwimmprobe« dieselbe Strecke einmal hinüber
und zurück durchschwommen haben.

Erstere machen die »grosse Schwimmfahrt«, letztere
die mit dieser in Verbindung stehende »kleine Schwimmfahrt« mit.

Alle Theilnehmer, an Zahl etwa 80 bis 90, sind in
»Schwimmriegen« zu 6 bis 8 Schülern getheilt, deren jede
einen Riegenführer oder »Vorschwimmer« hat. Letztere sind
besonders solche, welche bereits eine oder mehrere grosse
Schwimmfahrten mitgemacht haben, daher gewandte und aus-
dauernde Schwimmer sind. Die zuverlässigsten von ihnen, also
vorzugsweise die Schwimmlehrer, führen die Riegen der »kleinen
Schwimmfahrer«. Den Vorschwimmern wird genaue Ueber-
wachung der Schwimmriegen, nicht nur der eigenen ihnen folgenden, sondern auch der vorschwimmenden, — so dass jede
Riege doppelt beaufsichtigt ist, — und Letzteren entgegen-
kommender Gehorsam vom Turnlehrer zur strengen Pflicht gemacht.

—

*) Die folgende Schilderung entspricht den Schwimmfesten, wie die-
selben sich in den Jahren 1854–1860 allmählig gestaltet hatten. Ob es
seitdem anders geworden ist, ist uns nicht bekannt, ist aber kaum anzunehmen, thut auch nichts zur Sache.

Im Schulhof ordnet der Lehrer die ganze Schaar zum Auszug. Voran ein Musikcorps, dann der Bannerträger mit der »Schwimmfahne«, welche, das Geschenk eines früheren Schülers, auf Seide gemalt auf der einen Seite das Pförtner Wappen, auf der anderen das »Schwimmwappen« *) zeigt. Dieser Bannerträger, jedesmal der beste Schwimmer, hat die nicht leichte Aufgabe, während des Schwimmens die Fahne, die natürlich nicht schwer ist, in der einen Hand hoch zu tragen, kann also nur mit einer Hand schwimmen. Zu beiden Seiten gehen zwei Schüler als Ehrenwache. Diesen Dreien reihen sich, geführt von ihren Vorschwimmern die Schwimmriegen an, und zwar die der »grossen Schwimmfahrer« zuerst. Alle Schwimmer tragen als Auszeichnung für die abgelegte Schwimmprobe rothe Schwimmkappen, die »grossen Schwimmer« ausserdem an derselben noch eine seidene Troddel. So wird unter Begleitung des ganzen Schülercötus und der Lehrer in guter Ordnung und festem Gleichtritt mit Musik ausmarschirt. An der Saale angekommen, schwenken die kleinen Schwimmfahrer unter dem Kommando eines Schwimmlehrers zu ihrer tiefer gelegenen Abschwimmstelle ab. Die übrige Schaar zieht weiter am Ufer hinauf. An Ort und Stelle, etwa 20 Minuten von der Schwimmanstalt entfernt, angelangt, legen die Schwimmer die Kleider ab und in einen dazu bereiten Kahn. Der Lehrer macht die Schüler nochmals mit den Gesetzen der Schwimmfahrt bekannt, hauptsächlich des Inhalts, dass innerhalb der Schwimmriegen die strengste Ordnung und genaueste Richtung gehalten, stets auf gleiche Weise, auf Rücken oder Brust je nach dem Befehl des Vorschwimmers geschwommen, und alle Taucher- und andere Schwimmkünste unbedingt unterlassen werden müssen. Zuwiderhandelnde müssen nach Beendigung der Fahrt ihre Riege verlassen und dürfen nicht im Zuge zurückmarschiren.

Nach der Reihe springen nun die Schwimmer ins Wasser. Jeder Vorschwimmer ordnet seine Riege, die Musik besteigt einen Kahn, der Turnlehrer einen andern und sein Famulus (Turnwart) einen dritten. Beide sind ebenfalls entkleidet, um

---

*) Dieses Wappen, dem Titelblatt der Kluge'schen „Schwimm- und Sprung-Gymnastik" von 1843 entlehnt, ist auch auf dem Titelblatt der „Bildertafeln" zu unserem Schwimmbuch zu sehen. —

sofort zum Sprung ins Wasser bereit zu sein. Auch die die
Kähne führenden Schiffer sind angewiesen, überall hin zu sehen.
So beginnt, der Bannerträger mit seinen Begleitern voran,
unter den Klängen der Musik die Fahrt. Weiter unten schliessen
sich die kleinen Schwimmfahrer an, die dann der Turnlehrer
besonders überwacht. Die Nichtschwimmer begleiten die
Schwimmer am Ufer mit jubelndem Zuruf.

An der Schwimmanstalt angekommen, steigen die Schwimmer auf das Floss, und hier entwickelt sich der zweite Theil:
die Darstellung von Schwimm- und Springkünsten, wozu einzelne Schüler sich vorher Manches eingeübt, wohl auch besondere Uebungen ersonnen haben. Auf Befehl des Lehrers
besetzen die Schüler die Schwimmgerüste, stellen sich an allen
Absprungstellen auf und springen dann auf einen weiteren
Befehl in mannigfaltigster Weise ins Wasser, mit den Füssen
oder mit dem Kopfe voran, mit Ueberschlägen, in Gruppen zu
Zweien und Dreien — ein überaus belebtes Bild! Sofort nach
deren Absprung tritt eine zweite Reihe von Springern an, bis
alle hineingesprungen sind und nun im Wasser noch mancherlei
Künste zeigen. Mittlerweile ist der Kahn mit den Kleidungsstücken gelandet; die Schüler verlassen das Wasser, kleiden
sich an und ziehen in der früheren Ordnung mit Musik zur
Schule zurück.

Die grossen Schwimmfahrten werden mit unverlöschlicher
Tinte auf dem weissen Rand der Kappe verzeichnet, und mit
Stolz sieht der Schüler von Jahr zu Jahr diese Aufzeichnungen
sich mehren.

Diese Feste, bei denen unseres Wissens noch nie ein Unglücksfall vorgekommen ist, tragen nicht wenig zur Erweckung
des Interesses und der Lust zum Schwimmen bei, und es gehört zu den Ausnahmefällen, wenn ein Primaner nicht als fer-
tiger Schwimmer abgeht.

Wir schliessen hieran

D. Das Schwimmen im Meere,

indem wir, in Ermangelung persönlicher Erfahrung, eine Stelle
aus Gutsmuths kleinem Lehrbuch der Schwimmkunst S. 56 ff., die
manche nützliche Winke enthält, im Auszug wiedergeben:

»Das offene Meer ist in seinen Bewegungen bei weitem

nicht so schrecklich, als in seinen Brandungen am Ufer. Sein
Gewässer strömt in fortschreitender Bewegung nach einer
Gegend hin; eine Wasserlage, Woge, folgt der andern; Alles
geschieht mit einer gewissen Regelmässigkeit. Diese Bewegung
ist für den Schwimmer gar nicht so gefährlich, als sie scheint,
er muss sich nur durch den Umstand nicht muthlos machen
lassen, dass er sich bald in eine Tiefe versenkt, und von Wasser-
hügeln eingeschlossen sieht. Er wird bald einsehen, dass dies
wechselnde Steigen und Sinken ganz gefahrlos ist, dass diese
unebene Wasserfläche ihn eben so gut trägt als die ruhige
Wasserebene. Alles was er unter diesen Umständen zu thun
hat, ist: er trete Wasser, kehre seinen Rücken dem Strome der
Wellen zu, um sich von ihnen mit desto besserem Erfolge nach
dem Lande hintreiben zu lassen. Er mache keine weiteren
Schwimmbewegungen, sondern überlasse sich allein dem Zuge
der Wellen und schränke sich darauf ein, seine Kräfte zu
sparen, weil er sie auf jeden Fall bei der Annäherung an ein
Ufer weit nöthiger hat.

»Nähert er sich endlich dem Ufer, so hat er wohl darauf
zu achten, ob es mit Felsen besetzt ist. Ist dies der Fall, so
überlässt er sich nicht mehr dem Wellenzuge, sondern muss
sich nach einer andern Gegend wenden, um ein felsenloses Ge-
stade zu finden.

»Nähert er sich aber einer flachen Uferstelle, so lässt er
sich seitwärts und so langsam als möglich herantreiben. Je
näher er dem Lande kommt, desto schwächer wird die Gewalt
der Wogen, weil es dem Wasser an Tiefe fehlt. Ihr Schäumen
und ihr Getöse ist hier unschädlich. Jedoch kann man auch auf
die Bewegung der Wellen achten. Es ist bekannt, dass nicht
alle Wellen, die an das Ufer schlagen, von gleicher Grösse
sind, der stärksten Welle folgen immer wieder schwächere.
Der Zeitpunkt ist daher zu wählen, wo die schwächste Welle
nach dem Ufer strömt, und mit dieser die Landung zu beginnen. Der Schwimmer muss hierbei alle seine Kräfte gebrauchen,
bald um seinen Weg zu beschleunigen, bald um sich aufzu-
halten. «

E. Vorschläge, um das Schwimmen in Gemeinübungen zu erlernen.

Das Schwimmen des Menschen beruht, wie wir gesehen haben, auf richtigen, ganz bestimmten Bewegungen. Nur wenige Menschen sind so ungünstig gebaut, dass sie das Schwimmen nicht erlernen können; gewöhnlich ist Mangel an Muth und falsche Bewegung die Ursache, wenn man des Schwimmens nicht mächtig wird.

Da nun aber die Schwimmbewegungen an und für sich einfach sind und sich ganz genau bestimmen lassen, so können sie auch, ist Raum und Gelegenheit da, von einer ganzen Schaar von Schülern, gleich den oben beschriebenen Schwimm-Vorübungen auf dem Lande, ebenso im Wasser gleichzeitig nach dem Befehl eines Lehrers, also in Gemeinübungen gemacht und erlernt werden.

Der grosse Vortheil dieser Art des Schwimmunterrichts liegt auf der Hand. Nach dem bisherigen Verfahren kann der Schwimmlehrer stets nur einen Schüler unterrichten, so dass, wenn die Zahl der Schwimmlehrer sehr gering ist, sich vielleicht nur auf einen beschränkt, stets nur eine verhältnissmässig kleine Zahl von Schülern regelrechten Schwimmunterricht erhalten kann. Durch das Schwimmen in Gemeinübungen nun, bei dem vorausgesetzt wird, dass die Schüler ein durch gutes Schulturnen erlangtes Taktgefühl besitzen, kann diesem Mangel abgeholfen werden.

Wir denken uns die Sache so:

Es werden drei Schwimmbecken angelegt (Taf. 15, Fig. 1 und 2), ein grosses für die Freischwimmer und zwei kleinere für Mittelschwimmer und Anfänger.

Das Freischwimmer-Becken ist so einzurichten wie die anderen bereits besprochenen und mit allem Zubehör für das Wasserspringen zu versehen. Die beiden anderen Becken habon jedes einen absteigenden Fussboden, der das Wasser an der tiefsten Stelle dem grössten, an der flachsten dem kleinsten Schüler bis ungefähr an die Brust reichen lässt.

Das Anfänger-Becken ist in Höhe von 5 Fuss über dem Wasserspiegel und in Zwischenräumen von 5 zu 5 Fuss mit Balken kreuzweise überbrückt, von deren Kreuzungspunkten herab Eisendrähte bis fast auf die Wasserfläche hängen (Taf. 15,

Fig. 2 bei c). An diesen Drähten hängt der Schwimmgurt mit einem Befestigungskettchen an einem Karabinerhaken (Taf. 16, Fig. 3). Nachdem mit den Schülern die Schwimmbewegungen in Freiübungen auf dem Lande durchgenommen und eingeübt worden sind, entkleiden dieselben sich und steigen reihenweise, die Grossen voran, an der flacheren Seite des Beckens ins Wasser. Jeder Schüler hat vorher seinen Schwimmgurt angelegt, der so eingerichtet ist, dass er sich mittelst des Kettchens bequem an den Karabinerhaken des Drahtes anhaken lässt, und mittelst dessen der Schüler sich nun auf das Geheiss und nach Anweisung des Lehrers wagerecht auf das Wasser legt, indem er, je nachdem er Brust- oder Rückenschwimmen erlernen soll, die Brust oder den Rücken dem Wasser zuwendet. Anfangs können zur Sicherung gegen das Ueberkippen im Gurt, wenn letzterer zu weit nach dem Bauche hin gerückt wird, und auch um falsche Bewegungen zu verhindern, geübtere Knaben neben den Anfängern aufgestellt werden.

Der Schwimmlehrer tritt nun auf einen der Balken, so dass er die Schwimmschüler übersehen kann, und lässt von Allen zugleich die Bewegungen nach Befehl ausführen. Sollen die Uebenden ausruhen, so haben sie nur nöthig, die Beine hinab zu senken und sich auf den Boden des Beckens zu stellen.

Sind sie so weit eingeübt, dass sie die Bewegungen dreist und richtig machen, so fängt das Wasser an, sie zu tragen. Jetzt verlängern die Schüler mittelst des Kettchens um etwas ihre Befestigung, hängen tiefer am Haken und bewegen sich stossweise vor- und rückwärts, bis sie auch hierin Fertigkeit erlangt haben.

Ab und zu wird ihnen in demselben Becken eine Schwimmkür gestattet und empfohlen, in der Weise, wie bei dem Selbsterlernen des Schwimmens (S. 52) bereits beschrieben, mit einem Bein vom Boden abstossend, das Erlernte frei und ohne jeden Zwang vorzunehmen, um so immer mehr mit dem Wasser vertraut zu werden.

Sie werden nun Mittelschwimmer und kommen in das zweite, das Mittelschwimmer-Becken. In diesem ist in der Mitte (Taf. 15, Fig. 1 u. 2 bei d) ein eiserner Ständer errichtet, auf welchem sich strahlenartig ein Stangenlager wagerecht herum drehen lässt, von dessen einzelnen Stangenenden wiederum Drähte herab bis fast auf die Wasserfläche hängen (Taf. 15, Fig. 2 bei c). Die Schüler befestigen sich nun an diesen Drähten wie oben, legen sich nach gleicher Richtung hin aus, alle dieselbe Seite dem Mittelpunkte zugewendet, und machen, wie im ersten Becken, hier auf Befehl ihre taktmässigen Schwimmbewegungen. Das Stangenlager dreht sich mit ihnen um, so dass sie im Kreise herumschwimmen. Auch hierbei wird nach und nach die Befestigung verlängert und so lange geübt, bis die Schüler 10 bis 15 Minuten ohne auszuruhen herumschwimmen können. Das Anhalten und Ausruhen geschieht immer auf derselben Stelle, auf der sich die Schüler eingehakt haben, wo Alle also den entsprechend tiefen Grund zum Stehen finden.

Die Schüler werden nun kurze Zeit einzeln im grossen Freischwimmer-Becken an einer schlaffen Leine, die der Lehrer eigenhändig führt oder von sehr sicheren Schülern unter seiner Aufsicht führen lässt, geübt und müssen dort von Leiter zu Leiter schwimmen, bis sie nach und nach immer eine Leiter mehr auslassen und zuletzt ihre Viertelstunde an der Leine ohne auszuruhen abschwimmen.

Nun werden sie Freischwimmer und dürfen sich selbst weiter üben; auch werden sie, sobald sie eine halbe Stunde schwimmen können, zur Unterstützung des Lehrers herangezogen. Sie erlernen dann auch die Wassersprünge und Schwimmkünste, zu welchen gleichfalls der Lehrer durch Wort und That die entsprechende Anleitung in bald gemeinsamer, bald einzelner Uebung giebt und zwar stets so, dass ein Theil übt, der andere zuschaut und beobachtet.

F. Vergleich der deutschen und französischen Schwimmweise.

Unsere Schwimmschule, wie wir dieselbe im Vorhergehenden entwickelt haben, schliesst sich möglichst genau an die deutsch-Pfuelsche an, und haben wir nicht nur eine ältere Schrift (des Generals von Pfuel): »Ueber das Schwimmen« von 1827, so wie die sich auf dieselbe stützenden Schriften von Corvin-Wiersbitzki: »die Schwimmkunst« und von K. v. Thümen: »Instruction für den militairischen Schwimm-Unterricht,« sondern auch besonders die handschriftliche, im Jahre 1858 vom General von Pfuel noch selbst revidirte und unterschriebene »Unter-

richtsvorschrift,«*) nach welcher in der Pfuelschen Schwimm-
Anstalt unterrichtet wird, zu Rathe gezogen bzw. benutzt.
Von unserer, das heisst der Pfuelschen Schwimmweise, nun
weicht die in der französischen Armee in Anwendung ge-
brachte, wie dieselbe von D'Argy in seiner »Instruction für den
Schwimm-Unterricht in der französischen Armee« (übersetzt
von Wins II.) dargelegt ist, nicht unerheblich ab. Indem wir
zuvor die Wichtigkeit der von D'Argy besonders betonten
Vorübungen auf dem Lande ausdrücklich anerkennen,
ohne ihnen aber denselben Werth beizulegen, wie D'Argy
es thut, und ohne zu glauben, dass man nach Erlernung
dieser Uebungen sofort auch im Wasser schwimmen könne,
wollen wir im Folgenden beide Schwimmweisen, die deutsch-
Pfuel'sche und französisch - D'Argy'sche einander vergleichend
gegenüberstellen.**)

Bei der deutschen Schwimmweise überlässt man den Armen hauptsächlich das Tragen, den Beinen das Fortbewegen
und wechselt bei den Bewegungen mit jedesmaligem Ruhig-
halten der Arme oder Beine taktmässig ab; die französische
Weise legt keinen besonderen Werth auf eine passende Trage-
thätigkeit der Arme und Ruhepause für die so eben angestrengten
Glieder. Schwimmer, nach beiden Weisen neben einander sich
übend, müssen das Bild der ruhigen Bewegung und der unruhigen
Beweglichkeit wiedergeben.

Denken wir uns nun zwei Schwimmschüler neben einander
am Schwimmgurt im Wasser liegend. (Taf. 9, Fig. 13 bis 17a):

Deutsche Schwimmweise.   **Französische Schwimmweise.**
Auslage.
Legt — Euch aus!   Stellung!
(Taf. 9, Fig. 13.)   (Taf. 9, Fig. 13a.)
Der Körper liegt wagerecht im | Es werden die Fersen dem Ge-
Wasser, der Kopf ist bis zum Kinn | säss genähert, die Knie so weit
aus dem Wasser gehoben, die | als möglich auswärts gebeugt,
Beine und Arme sind gestreckt, | die Fersen bleiben zusammen,

---

*) Von Herrn Oberstlieutenant a. D. Henny uns zum Zweck der Ver-
gleichung gütigst mitgetheilt.
**) Vrgl. Kluge's Besprechung der Instruction etc. von D'Argy in
Kloss: Neue Jahrbücher für die Turnkunst, Jahrg. 1857, S. 158 ff. und
K. v. Thümen: Instruction für den militairischen Schwimm-Unterricht nach
der Pfuel'schen Methode, nebst Nachweisung der Vortheile dieser Methode
vor der D'Argy'schen, S. 27 ff.   6

Deutsche Schwimmweise.	Französische Schwimmweise.
die Fersen, Kniee und inneren Handflächen sind zusammen, die Füsse auswärts gedreht und angezogen.	die Füsse sind auswärts gedreht (aber nicht angezogen). Die Ellenbogen liegen am Körper, die flachen Hände sind, mit ausgestreckten Fingern, gegen einander geschlossen und nach vorn gerichtet, der Kopf wird ein wenig zurückgeneigt.

1. Bewegung.

Auf: Eins! (Taf. 9, Fig. 14.)	Auf: Eins! (Taf. 9, Fig. 14a.)
werden die Handflächen nach dem Wasser zu gewendet, die Kleinfingerseite etwas höher wie die Daumenseite und die steifgestreckten Arme dicht unter der Oberfläche des Wassers, langsam bis zur Schulterlinie seitwärts geführt.	werden die Arme und Beine lebhaft ausgestossen; und letztere dabei ausgespreizt; die Füsse bleiben gestreckt.

2. Bewegung.

Auf: Zwei! (Taf. 9, Fig. 15.)	Auf: Zwei! (Taf. 9, Fig. 15a)
drücken die steifgestreckten Arme hinunter, bis sich die Handflächen unterhalb der Brust berühren, dann werden die Ellenbogen gebeugt, so dass die geschlossenen Hände unter dem Kinn liegen und beide Daumen dasselbe berühren. Gleichzeitig mit dem Niederdrücken der Arme werden die möglichst weit geöffneten Kniee nach der Brust zu angezogen. Die Fersen bleiben geschlossen, die Fussspitzen auswärts gedreht (Taf. 9, Fig. 16.)	werden die Kniee bei gestreckten Beinen geschlossen, die Hände etwa 5 bis 6 Zoll von einander entfernt, die Handflächen nach unten gekehrt und die äusseren Seiten der Hände (die Kleinfingerseite) ein wenig gehoben.

Deutsche Schwimmweise.	Französische Schwimmweise.

3. Bewegung.

| Auf: Drei! (Taf. 9, Fig. 17.) werden die Arme und Beine mässig schnell ausgestossen, wobei die Fersen sich trennen und die Beine so breit als möglich seitwärts austreten; die Füsse bleiben auswärts und angezogen. | Auf: Drei! (Taf. 9, Fig. 17a) streichen die gestreckten Arme seitwärts aus; die Ellenbogen werden wieder an den Körper herangezogen und die Fersen nach dem Gesäss zu, indem man zur Ausgangshaltung (Taf. 9, Fig. 13a.) zurückkehrt. |

4. Bewegung.

| Auf: Vier! (Taf. 9, Fig. 13.) werden die gestreckten Beine schnell geschlossen und wird so die ursprüngliche Ausgangslage wieder angenommen. | |

Es machen also hiernach:

bei: Eins! allein die Arme ihre Viertelkreisbewegung,	bei: Eins! Arme und Beine einen Stoss;
bei: Zwei! drücken die Hände hinunter, sich unter der Brust aneinander schliessend, während gleichzeitig die Beine zum Stoss angezogen werden.	bei: Zwei! werden die Hände geöffnet, die Beine geschlossen.
bei: Drei! geschieht der Stoss mit Armen und Beinen.	bei: Drei! werden die Arme seitwärts geführt, und dann mit den Beinen zugleich angezogen.

*6

— 84 —

Deutsche Schwimmweise.	Französische Schwimmweise.
bei: **Vier!** schliessen sich allein die Beine, um den durch die geschlossenen, vorgestreckten Hände keilförmig liegenden Körper fortzutreiben;	(Diese Bewegung fehlt hier).

und so entspricht das **Eins!** der französichen Weise dem:
Drei! der deutschen. Das: **Zwei!** der französischen Weise
hat die deutsche gar nicht; wir halten in der ähnlichen Bewegung bei: **Vier!** die Hände fest aneinander, warten so die
Wirkung des Beinschliessens ab und gewähren in dieser Zeit
den Armen die nöthige Ruhe. Das: **Drei!** der Franzosen entspricht auch nur theilweise unserem **Eins!** und: **Zwei!**, hierbei lassen wir wiederum unsere Beine beim Ausstreichen der
Arme ruhen und beginnen erst wieder ihre Thätigkeit, wenn
die Arme das Wasser nach unten drücken. Die Franzosen
drücken fast gar nicht nach unten, sie führen die Arme aus
der Seithaltung sofort wieder unter die Brust. Die Bewegung
des Hinunterdrückens machen wir darum, weil beim Anziehen
der Beine die vorderen Seiten der Schenkel sich gegen das
Wasser stemmen und dadurch den Körper schräg abwärts
ziehen. In diesem Augenblicke üben dann unsere Hände und
Arme den stärksten, der Beinbewegung entgegengesetzten Druck
aus und heben so das Nachtheilige der Beinbewegung auf.

Indem wir persönlich der deutschen (Pfuel'schen) Schwimmweise unbedingt den Vorzug vor der französichen (D'Argy'schen)
geben, wollen wir noch bemerken, dass auch die Ergebnisse
der bei verschiedenen Truppentheilen der preussischen Armee
angestellten desfallsigen Versuche dahin geführt haben, dass
der D'Argy'schen Schwimmmethode ein Vorzug vor der v. Pfuelschen Methode nicht eingeräumt werden könne.

Damit wollen wir aber nicht in Abrede stellen, dass auch
auf die französische Weise Meister im Schwimmen sich ausbilden können.

Dritter Abschnitt.

Die Schwimmkünste im Wasser.

Hat der Schüler in strenger Schule das Schwimmen vollkommen erlernt, ist ihm in derselben das richtige Inein-
andergreifen der Arm- und Beinthätigkeiten, wodurch
er sich mit Leichtigkeit auf der Oberfläche des Wassers erhalten und in freier Beweglichkeit nach allen Richtungen hin
wenden und gelangen kann, nicht bloss vollkommen klar und
verständlich, sondern auch in Folge fleissigen Uebens gleichsam
zur andern Natur geworden, so dass er die Schwimmbewegungen — ähnlich wie das Gehen, Laufen — wie instinctiv
ausführt, — so kann und darf er sich die mannigfachsten
Aenderungen und Abweichungen von der strengen Schule gestatten, und das Wasser wird ihm doch treu bleiben. Es ist
ihm ein befreundetes Element geworden, in welchem der
Schwimmer sich mit froher Lust und vollkommenster Sicherheit bewegen, regen und umhertummeln, welches er geradezu
wie ein Turngeräth behandeln kann, das ihm die verschieden-
artigsten Künste gestattet.

Manche dieser Künste erhalten durch ihre praktische Bedeutung einen ernsteren Zweck und sind nicht mehr als blosse
Kunststücke auzusehen, wie unter Andern besonders das Tauchen, Retten und die angewandten Uebungen im Wasser, weshalb wir denselben eine besondere Stellung anweisen werden.

I. Schwimmkünste mit Geräthen.

1. Die feste Stange oder das festgespannte Tau dient den Badenden sowohl als den Schwimmern zur Darstellung mancher Uebungen:

   a. man schwingt sich aus dem Wasser hinauf, indem man auf dem Grunde stehend oder auf dem Rücken oder der Brust schwimmend sie ergreift;

   b. man schwingt oder stürzt sich aus dem Stütz vorlings oder rücklings oder aus dem Sitz rückwärts an ihr herab ins Wasser;

   c. man springt, sich auf sie stellend, mit einem beliebigen Wassersprung hinab;

   d. man stürzt, an ihr an Händen und Beinen hängend, oder nur an den Beinen hängend, kopfwärts;

   e. man schwingt sich aus dem Stande auf dem Grunde, oder an ihr hängend mit Wende, Kehre, Hocke, Ueberschwung u. s. w. über dieselbe hinweg;

   f. man hängt an der niedrig aufgehängten Stange so weit mit dem Körper im Wasser, dass man nun ein kräftiges Wasserschlagen in Brust- oder Rückenlage mit den Beinen oder mit den Armen vornehmen kann u. s. w.

Bei allen diesen Uebungen aber, wie auch bei den später folgenden Sprüngen muss man sich in Acht nehmen, mit dem Körper nicht flach auf das Wasser aufzuschlagen. Zumal ein Aufschlagen der Augen oder des Ohres kann selbst gefährlich werden.

2. Die schwimmende Stange wird benutzt:

   a. um mit dem Rücken, den Fersen oder dem Kopfe darauf gelagert, ruhig auf dem Wasser zu liegen;

   b. um in der Brustlage mit Händen und Beinen das Gleichgewicht haltend, ebenfalls darauf ruhig quer oder der Länge nach zu liegen, oder in diesen Lagen sich fortzubewegen. Oder

   c. man sucht die Stange senkrecht unter sich oder

auch nur neben sich aufzurichten und so schwimmend zu erhalten;

d. man stösst die Stange vor sich her und sucht sie mit kurzem, kräftigen Schwimmstosse wieder zu erreichen;

e. man schwimmt oder springt über die niedergedrückte Stange hinweg einmal und mehrmal, auch mit wechselnder Schwimmlage.

f. Zwei ergreifen die Stange, sich gegen einander auslegend an den Enden oder in der Mitte, und der Eine sucht den Andern kämpfend fortzuschieben oder fortzuziehen;

g. auch Mehrere können auf beiden Seiten sich an solchem Kampf betheiligen.

h. Ebenso können mit einem dem Rettungsseile ähnlichen Seile Ziehkämpfe in mannigfaltiger Weise vorgenommen werden, z. B. kann man die Seilenden zu einem Kreise zusammenschlingen und nun im Kreise umschwimmend oder gegen einander kämpfend, sich damit belustigen.

i. Auf die Stange kann der Eine sich legen, der Andere schiebt oder zieht ihn fort, taucht ihn unter, wippt ihn auf und ab, u. s. w.

3. Das Floss, die Scheibe, oder ein schwimmendes, gut abgerundetes und glattes Brett dienen zu ähnlichen Belustigungen. Dann kann man auch:

a. der Breite oder der Länge nach unter dem Geräth hinweg schwimmen (tauchen);

b. auf dem Geräth sitzen und den Sitz zu erhalten suchen, auch von Mehreren dargestellt, wobei dann das Geräth unter dem Wasser bleiben muss;

c. auf das Geräth sich stellen, einzeln und zu Mehreren, und das Gleichgewicht auf demselben erhalten; auch ein Kopfstehen lässt sich so auf ziemlich schmalem Brette darstellen;

d. um den Sitz oder Stand auf diesen Geräthen kämpfen;

e. durch plötzliches Niederdrücken der einen Seite

mit den aufgestützten Füssen, die Mitschwimmer
unter das Wasser oder vom Geräth wegbringen,
wobei dann die Gegner wieder die Aufgabe haben,
auf dem bald wieder auftauchenden Brette sich
festzuhalten oder sitzen zu bleiben.

4. Das Kreuz, die Walze und die Tonne dienen
auch zu ähnlichen Uebungen der Erhaltung des Gleichgewichtes, entweder ohne Störung eines Anderen oder
mit absichtlicher Störung. Geschickte Schwimmer
können auch zum Stehen auf diesen Geräthen gelangen und dann mit Kopfspringen und Ueberschlägen
sich wieder in das Wasser stürzen.

5. Der Kahn, der Kampf um den Kahn (selbstverständlich
nicht den Rettungskahn) ist ein ähnliches, belustigendes
Spiel. Einer oder einige Schwimmer im Kahn verthei-
digen sich gegen den Angriff von andern Schwimmern
ausserhalb, bis jene entweder hinausgetrieben sind,
oder bis der Kahn umschlägt, den nun die Schwimmer
gemeinschaftlich wieder aufzurichten suchen.

II. Schwimmkünste ohne Geräthe.

Da wir im Wasser in freiester Weise in jeder Lage, in
jeder Stellung, nach jeder Richtung hin uns bewegen, mit
grösster Leichtigkeit aus einer Lage in die andere gelangen
können, so ist der Bewegungsmöglichkeit der weiteste Spiel-
raum gestattet und sind die ausführbaren Uebungen uner-
schöpflich zu nennen.

Wir wollen versuchen, in Folgendem annähernd eine Uebersicht der Hauptübungsmöglichkeiten, unter bestimmte Gesichts-
punkte geordnet, zu geben. Es ist zu betrachten:

A. Das Verhalten des Schwimmers gegen das Wasser und im Wasser.

Hier unterscheiden wir wieder:

1. vorlings, d. h. die Brust dem Wasser zugewendet;
2. rücklings, d. h. den Rücken dem Wasser zugewendet;
3. seitlings, d. h. die Seite dem Wasser zugewendet.

Bei allen 3 Lagen kann sich der Körper wieder verhalten:
a. wagerecht,
b. schräg,
cc. senkrecht.

B. Die Bewegung des Schwimmers im Wasser.

Dieselbe kann geschehen:

1. mit zwei Beinen		von zwei Armen,
2. mit einem Bein	unter Mitwirkung	von einem Arm,
3. mit keinem Bein		von keinem Arm.

Ferner kann die Bewegung stattfinden:

1. an Ort (auf der Stelle) ohne Drehung.
2. an Ort mit Drehung um die Axen oder Durchmesser des Körpers:
   a. um die Längenaxe, d. h. um die Linie, die man sich vom Scheitel bis zu den Fersen durch den Körper gezogen denkt, oder um eine ihr gleichlaufende Linie, und zwar:
      aa. wälzend nach derselben Richtung rechts oder links,
      bb. wälzend hin und her;
   b. um die Tiefenaxe, d. h. um die Linie, die man sich senkrecht durch den Körper von der Brustseite nach der Rückenseite gezogen denkt, also nach rechts oder links drehend;
   c. um die Breitenaxe, d. h. um die Linie, die man sich senkrecht auf der Längenaxe von einer Schmalseite des Körpers zur andern gezogen denkt, z. B. von einer Schulter zur andern, also vorwärts oder rückwärts drehend.
3. von Ort (von der Stelle) und zwar in Bezug auf die Richtung:
   a. bei senkrechter Körperhaltung (z. B. wassertretend)
      aa. vorwärts,
      bb. rückwärts,
      cc. seitwärts,

dd. fusswärts, d. h. untertauchend, mit den Füssen
voran;

ee. kopfwärts, d. h. auftauchend, mit dem Kopfe
voran;

ff. schrägwärts nach obigen Richtungen aa bis
ee. hin.

b. bei wagerechter Körperhaltung, also brust-,
rücken- oder seitschwimmend:

aa. kopfwärts,

bb. fusswärts,

cc. seitwärts,

dd. schrägwärts.

Endlich können noch die schwimmenden Glieder

C. Bestimmte Haltungen und Nebenbewegungen

ausführen als: Halten, Heben, Senken, Beugen, Strecken,
Stossen, Schlagen, Kreisen u. s. w.

Wir lassen nach dieser Uebersicht einige Beispiele folgen:

1. Brustschwimmen.

a. Nur mit einer Hand.

Diese Uebung hat den praktischen Werth, dass man hier-
bei die andere Hand frei hat zum Tragen, Halten, Ziehen,
Schieben. Man kann so z. B. die eigenen Kleider in einem
Bündel auf dem Kopfe mit der schwimmfreien Hand festhalten
und mittelst der andern Hand über einen Fluss schwimmen.
Hierbei geht man so weit ins Wasser, dass dasselbe bis an den
Hals reicht, legt sich dann nach der schwimmbereiten Hand
aus, stösst ab und macht mit den Beinen die gewohnten
Schwimmbewegungen, indem man den Schwimmarm bald niederdrückend, bald ausgreifend in Thätigkeit setzt. Ermüdet man,
so tritt man Wasser, wechselt mit der Armthätigkeit und legt
sich auf die andere Seite aus.

Um dies Lastschwimmen einzuüben, bedient man sich eines
Sackes, der mit kleinen Steinen gefüllt wird, legt bei jedem
Schwimmversuch einen Stein mehr hinein, und sucht damit dieselbe Strecke zu durchschwimmen. Schon mancher Schwimmer
hat bis zu 15 Pfund auf diese Weise tragen gelernt.

b. Mit gekreuzten Armen.

Man tritt Wasser, kreuzt (verschränkt) die Arme vor der Brust oder auf dem Rücken und legt sich nach und nach immer mehr nach vorn über, bis man endlich die volle Brustlage zum Schwimmen erreicht (Taf. 1, Fig. 12). Das Kinn taucht soweit als möglich ein und man athmet nur ein, wenn man sich durch den Stoss der Beine kurze Zeit über das Wasser erhebt; die Beine müssen breit ausstossen und schnell geschlossen werden.

c. Mit in Stosshaltung vorgestreckten Armen.

Hierbei können die Beine ihre gewöhnliche Schwimmbewegung machen oder abwechselnd ausstossen (Taf. 2, Fig. 7). Der Kopf bleibt mit dem Gesicht so lange eingetaucht als möglich. Durch diese Uebung bewegt man sich sehr schnell im Wasser fort und ist sie daher beim Wettschwimmen zu benutzen.

d. Mit Plätschern der auf dem Rücken gehaltenen Hände.

Die Hände liegen hierbei mit den äusseren Flächen gegen einander gekehrt und schlagen so das Wasser (Taf. 2, Fig. 6).

e. Ganze Drehung vorwärts um die Breitenaxe (Ueberdrehen vorwärts).

Man legt sich hierbei zum Brustschwimmen aus, beugt mit seitwärts geführten Armen den Oberkörper nach unten (Taf. 2, Fig. 8), die Beine stossen wie zum Schwimmen aus und die Arme drücken nach oben, um die Drehung zu beschleunigen. Beim Auftauchen kann nun auf Brust oder Rücken weiter geschwommen werden.

2. Rückenschwimmen.

a. Bei verschiedenen Haltungen der Arme, z. B.

aa. die Arme über der Brust gekreuzt. (Die Kreuzung wie in Taf. 1, Fig. 12);

bb. die Arme hinter dem Rücken gekreuzt, wobei die Brust stärker hervortritt;

cc. der eine gebeugte Arm über die Brust, der andere
unter den Rücken gelegt;

dd. die Arme seitwärts ausgestreckt;

ee. die Arme kopfwärts ausgestreckt (Taf. 2, Fig. 4),
oder gebeugt hinter dem Kopf angelegt;

ff. die Arme aus dem Wasser heraus senkrecht empor-
gestreckt (Taf. 2, Fig. 5);

gg. mit Belastung, indem man ein nicht zu schweres Bündel
mit einer Hand oder mit beiden Händen vor der
Brust tragend hält, ähnlich wie oben beim Brustschwimmen.

b. Als Tellern (kopfwärts und fusswärts).

Man legt sich zum Rückenschwimmen aus, Füsse geschlossen, Körper gestreckt, Unterleib etwas eingezogen, Brust
gehoben, Kopf so wenig wie möglich aus dem Wasser. Die
Arme nicht ganz gestreckt mit den Ellenbogen zunächst den
Hüften. Die geschlossenen Finger schlagen mit den Handflächen
kleine Kreise nach den Füssen hin, etwa eine Handlänge von
den Schenkeln entfernt (Taf. 2, Fig. 1). Bei dieser Schlag-
weise der Hände wird man sich kopfwärts bewegen. Will
man fusswärts treiben, so werden die Ellenbogen nach auswärts gedreht, gehoben, und die Hände schlagen nach unten
und dem Kopfe zu ihre Kreise (Taf. 2, Fig. 2).

c. Als Rudern.

Die Arme werden schnell aus dem Wasser über den Kopf
gehoben und von dort aus nach beiden Seiten hin dicht unter
der Oberfläche des Wassers wieder bis an die Schenkel gedrückt.
Die Beine machen im Augenblick des Aufschwingens der Arme
ihr Anziehen (Taf. 2, Fig. 5), mit dem Drücken der Arme ihren
Stoss und dann das Schliessen. Hierbei recht lange den Stoss
wirken zu lassen, um auf dem Wasser zu treiben, gehört zur
guten Darstellung.

d. Als Treiben.

Man legt sich zum Rückenschwimmen aus, beugt den
Kopf so viel als möglich zurück und streckt die Arme schräg

kopfwärts, bis dicht an die Oberfläche des Wassers, oder dicht neben dem Kopf aus (Taf. 2, Fig. 4); die Beine bleiben gestreckt, gegrätscht, oder was schwerer ist, geschlossen dicht unter der Oberfläche; die Brust wird stark hervorgehoben und mit Luft gefüllt, die nur in ganz kleinen Athemzügen ergänzt, nicht aber 'ganz ausgeathmet werden darf. Das Auflegen der Fersen auf ein Brett oder eine Stange erleichtert dem Anfänger die Erlernung dieser Uebung; man nehme dann erst den einen, dann den andern Fuss vorsichtig von dem schwimmenden Gegenstande herunter.

e. Als Segeln.

Dasselbe ist ein Tellern mit senkrecht aus dem Wasser gehaltenem einen Bein (Taf. 2, Fig. 3). Die Hände müssen hierbei stärker nach unten drücken als beim einfachen Tellern.

f. Im Sitzhalten.

Die Beine werden aus der Rückenschwimmlage gegen den Leib gezogen, der Kopf sinkt bis ans Kinn ins Wasser, die Lungen sind wie oben mit Luft gefüllt, das Athmen geschieht in kleinen Zügen, und nur während des Letzteren machen die Hände kleine Schläge nach unten, um den Mund überm Wasser zu erhalten.

g. Kreisen im Sitzhalten (Drehung um die Tiefenaxe).

Es ist die vorige Uebung, jedoch drückt hier die eine Hand mit kleinen schnellen Schlägen wie beim Tellern nach hinten, während die andere Hand die entgegengesetzte (widergleiche) Bewegung macht und nach unten drückt, um den Körper an der Oberfläche zu erhalten (Taf. 1, Fig. 13).

h. Ganze Drehung rückwärts um die Breitenaxe (Ueberdrehen rückwärts).

Man zieht die Kniee wie zum Sitzhalten gegen den Leib, die Hände schlagen, seitwärts geführt, kräftig nach unten und heben so den Körper; indem nun Kopf und Oberkörper nach hinten plötzlich tiefer eintauchen, beschleunigen sie die Drehung (Taf. 2, Fig. 10).

3) Seitenschwimmen.

a. Ohne. Drehung.

Um mit Arm und Bein derselben Seite zu schwimmen, während die andern Glieder ruhen, beschreibe man mit dem seitwärts dem Wasser zugewendeten Arm einen Bogen nach unten, der nahe dem Gesäss endet; von hier wird die Hand nach dem Kinn hin gehoben und von dort aus wieder nach vorn gestossen; mit dem Handdrucke zugleich zieht man das gleichseitige Bein zur gewöhnlichen Schwimmbewegung an, stösst es kräftig nach unten aus und schliesst es dem andern an.

b. Mit Drehen um die Längenaxe (wälzend oder hin- und herdrehend).

Dieselbe Uebung wie a, nur im Wechsel der Thätigkeiten der Arme und Beine, oder der Arme allein, und geschieht die Drehung um die Länge in dem Augenblick, wo der eine Arm zu drücken aufhört und der andere vorgestossen wird; auch hier gehört das längere Verweilen nach dem Stoss zur guten Darstellung; neigt man noch bei jedem Stoss den Kopf ins Wasser, so ist man im Stande, mit 4 bis 5 Stössen 18 bis 20 Fuss in sehr kurzer Zeit zurückzulegen.

c. Mit Drehen um die Längenaxe ohne Gebrauch der Beine.

Die Arme drücken mit kräftigem Schlage weitausgreifend nach unten und legen sich an den Seiten an, in diesem Augenblick macht der Oberkörper mit einem plötzlichen Ruck beginnend seine Drehung um die Längenaxe, und sobald die Rückenlage wieder eingenommen ist, wiederholen die Arme ihr Ausgreifen und Wasserdrücken mit dem entstehenden Weiterdrehen oder Gegendrehen des Oberkörpers. Die Beine können hierbei einfach oder in Kreuzhaltung geschlossen bleiben.

Aus diesen Schwimmkünsten, die jeder Schwimmer für sich darstellen kann, entstehen nun:

III. Die gesellschaftlichen Schwimmkünste,

von Zweien und Mehreren dargestellt.
Wir unterscheiden:

1. Einfaches Schwimmen neben einander mit **Fassung**:

a. Hand in Hand,

b. Arm in Arm,

c. Arm von unten her um des Nebenmanns äussere Hüfte gelegt,

d. Hand auf des Nebenmanns innere oder äussere Schulter gelegt. Hierbei befinden sich beide Schwimmer in gleicher Richtung neben einander

    a. in der Brustlage,

    b. in der Rückenlage,

    c. der eine in Brust-, der andere in Rückenlage.

2. Ueber einander Schwimmen mit **Fassung**:

a. an der Hand oder den Händen,

b. an den Schultern (Taf. 2, Figur 12),

c. an den Beinen.

Hierbei befindet sich der eine Schwimmer über dem Andern in gleicher Richtung.

3. Widergleiches Schwimmen, s. h. der Eine kopfwärts, der Andere fusswärts mit Fassung:

    a. Hand des Einen an dem Fusse des Andern, also Kopf des Einen zunächst den Füssen des Andern, neben oder über einander;

    b. nur mit den in einandergekreuzten Füssen, also beide in einer Linie, Köpfe nach aussen;

    c. an den kopfwärts gestreckten Armen bzw. an den Schultern, also beide in einer Linie, Köpfe nach innen.

Hierbei befinden sich die Schwimmer bei a. und b. in der Rückenlage, bei c. in Rücken- oder Brustlage.

Bei diesen Uebungen I., II. und III. können die Schwimmer:

    a. sich gegenseitig unterstützen,

    b. mit einander kämpfen,

    c. Drehungen um die Länge machen, sich loslassen und sich wieder ergreifen,

    d. Drehungen unter und über einander machen, sowohl um die Längen- als auch um die Breitenaxe,

    e. Drehungen nur von dem Einen, oder von Beiden nach einander in gleicher oder entgegengesetzter Richtung.

Es entstehen dann hieraus noch folgende Uebungen oder:

4. Schwimmspiele.

a. Das Fortziehen.

Hierbei hält sich der Eine in Brust- oder Rückenlage an dem einen unthätigen Fuss des mit einem Bein rücken- oder brustschwimmenden Andern fest und lässt sich fortziehen.

b. Das Fortschieben.

Der Eine legt sich zum Rückenschwimmen aus oder zum Treiben; der Andere ergreift ihn an den Beinen (Taf. 2, Fig. 11) oder an den Schultern, selbst brustschwimmend, und schiebt ihn nun, entweder mit einer Hand oder nur mit den Beinen schwimmend, vor sich her.

c. Das Ueberschwimmen.

Der Eine tritt Wasser, der Andere schwimmt von hinten her an ihn heran, stützt beide Hände auf dessen Schultern, drückt ihn ins Wasser und schwimmt über ihn hinweg, oder er macht

d. das Ueberspringen,

d. h. er stellt, den Andern hinunterdrückend, seine Füsse auf dessen Schultern und stösst ihn kräftig in die Tiefe, indem er sich selbst zu einem Kopfsprunge auslegt (Taf. 2, Fig. 13) oder rückwärts oder vorwärts überdrehend sich abschnellt. Tauchen Beide wieder auf, so wechseln sie ihre Thätigkeiten.

e. Die grosse Fahrt.

Beide Schwimmer stemmen rückenschwimmend bei gebeugten und angezogenen Knieen die Fusssohlen gegen einander und trennen sich durch gleichzeitiges kräftiges Kniestrecken, so dass sie weithin aus einander fahren.

f. Das Unterschwimmen.

Einer legt sich rücken- oder brustschwimmend (treibend) wagerecht aus, der Andere schwimmt an ihn heran und taucht plötzlich, sich zum Ueberdrehen vorwärts auslegend, unter ihm fort, wobei er dann innerhalb der zum Kreise geschlossenen

Beine des Andern auftauchen kann; oder er ergreift auftauchend des Andern Beine und veranlasst denselben, sich rückwärts im Wasser überzudrehen.

g. Das Durchschwimmen.

Der Eine sinkt langsam aus der Haltung des Wassertretens mit gehobenen über dem Kopfe einen Kreis bildenden Armen in die Tiefe, der Andere benützt den Augenblick, wo die Arme soeben versinken wollen und schwimmt mit plötzlichem, kräftigem Schwimmstosse zwischen den Armen des Sinkenden hindurch.

h. Der Umschwung.

Der Eine streckt wassertretend den einen Arm unter den neben ihm brustschwimmenden Andern aus und befördert mit der andern Hand das Ueberdrehen des Brustschwimmers um seinen Arm, indem er ihn am Kopf fassend niederdrückt. Oder Zwei stellen dar:

i. Das Reck,

indem sie wassertretend sich die Hände reichen (die Reckstange bilden), an welcher nun ein Dritter verschiedene Uebungen machen kann, als:

    aa. Handhang mit Wasserschlagen der Beine in Rücken- und in Brustlage;

    bb. Kniehang mit Wasserschlagen der Hände;

    cc. Ueberdrehen aus der Brust- oder Rückenlage auf der Anderen Hände;

    dd. Hocke über die Hände der Anderen;

    ee. Sturzhang an den Händen der Anderen mit emporgestreckten Beinen;

    ff. Hinüberschiessen in Brust- oder Rückenlage.

k. Der Barren.

Auch diese Uebung wird von Dreien dargestellt, von denen zwei wassertretend sich beide Hände reichen, während ein Dritter innerhalb der Arme dieser Beiden, sich auf sie stützend, darstellt:

    aa. Beugen und Strecken der Arme;

7

bb. Streckstütz mit zur Hock-(Beug-)haltung angezogenen Beinen, die dann das Wasser schlagen können;
cc. Ueberdrehen durch Rumpfheben auf den sich im
Stütze beugenden Armen;
dd. Hocke hinaus und Hocke hinein;
ee. Brust- oder Rückenlage auf der Andern Arme und
Wasserschlagen mit Händen und Füssen;
ff. aus der Rückenlage auf den Armen der Andern
plötzlich Einknicken und zwischen deren Armen
Untertauchen, wobei Hände und Füsse zuletzt unter
dem Wasser verschwinden müssen.

l. Der Ring.

Mehrere gute Rückenschwimmer, wenigstens sechs, legen
sich zum Kreise so aus, dass jeder Folgende seinen Kopf
zwischen die Beine des Ersteren stellt, so dass der Eine die
Fussspitzen auf des Andern Schultern legen kann; nun kreisen
Alle mit der Handbewegung »Tellern« oder mit den Armen
schwimmend kopfwärts oder fusswärts an der Oberfläche des
Wassers.

m. Der Stern.

In gleicher Weise rückenschwimmend stellen fünf und
mehr Schwimmer ihre Füsse strahlenförmig gegen einander und
tellern fusswärts nach rechts oder nach links, je mit dem linken oder mit dem rechten Arm weiter ausholend an der Oberfläche, im Kreise umher.

n. Der wechselnde Stern.

Zwischen die wie bei m. Tellernden schieben sich fünf
Andere wassertretend ein und stützen sich leicht auf die Schultern der Tellernden. Auf einen gegebenen Befehl wechseln
plötzlich Alle ihre Thätigkeiten, wobei nun die Wassertreter
ins Tellern und die Tellernden ins Wassertreten übergehen und
auch natürlich die Fassung wechseln.

An diese Wasserkünste schliessen sich nun unmittelbar und
ganz von selbst das Tauchen und das Retten an; da dieselben
aber ihre besondere Bedeutung und ihren eigenthümlichen Werth
haben, so betrachten wir sie besonders.

D. Das Tauchen.

Wir unterscheiden:

1. Das Tauchen ohne Taucherrüstung.

Ein sehr einfaches Mittel das Tauchen zu erleichtern, das auch zugleich dazu dient, auf eine bestimmte Stelle hin untertauchen zu können, sei es nur der Uebung wegen, oder um einen im Wasser verlornen Gegenstand heraufzuholen, ist

a. die Benutzung der Taucherstange.

Die Stange wird in die Nähe des ins Wasser geworfenen oder gefallenen Gegenstandes fest auf den Grund gestellt, über dem Wasser festgehalten, und der Schwimmer taucht an ihr abwärtsgreifend hinab und holt so den Gegenstand herauf. Da das Wasser stets den menschlichen Körper gegen die Oberfläche hin drückt, so kostet das Tauchen bis auf den Grund Anstrengung, und diese wird am leichtesten mittelst jener Stange überwunden. Schwieriger ist schon:

b. das Emporholen der Taucherkugel

aus dem Wasser, von der man den Ort ihres Niederfallens nicht genau kennt. Der Taucher muss hier durch eigene Kraft auf den Grund des Wassers gelangen und nach dem Gegenstande suchen.

c. Das Abhaken der Taucherpuppe

ist das Vollbringen einer Thätigkeit unter dem Wasser. Da mit dem Abhaken und Emporsteigen der Taucherpuppe die Arbeit für den Taucher vollendet ist, so kann er hier schneller und leichter wieder auftauchen als mit der schweren Taucherkugel. Das Abhaken kann zur belustigenden Wettaufgabe gemacht werden; man fordert mehrere Schwimmer auf, nach der mit der Kugel versenkten Puppe zu tauchen und letztere von der Kugel zu befreien; während der Erste, der die Puppe findet, sie sofort auftauchen lässt, und selbst schnell auftaucht, bemühen sich vielleicht die Anderen noch längere Zeit, die Puppe zu finden, bis sie endlich unverrichteter Sache auch auftauchen müssen und nun ausgelacht werden.

7*

Von der Nützlichkeit dieser Uebungen ist wohl Jeder überzeugt, und daher muss es Aufgabe für jeden Schwimmer sein,
sich recht bald an das Tauchen zu gewöhnen, jedoch ist es
mit Vorsicht zu üben. Das Schwerste ist die Gewöhnung der
Athmungswerkzeuge zum Tauchen, das Festhalten der Luft in
den Lungen. Da es keinem Menschen möglich ist, so viel auch
darüber gefabelt worden, lange Zeit, ohne neue Luft einzu-
athmen, unter dem Wasser zuzubringen, so werden, auch bei
der häufigsten und angestrengtesten Uebung die Tauchversuche
nur kurze Zeit dauern.

Mit dem Tauchen muss mehr oder weniger ein Schwimmen unter dem Wasser verbunden werden. Nachdem man
also die ersten Versuche, wie oben angegeben, an der Stange
gemacht hat, wird man am zweckmässigsten das Tauchen mit
einem Sprunge »kopfwärts« beginnen, der sofort den Taucher in
die Tiefe führt. Soll dagegen von der Schwimmlage aus getaucht
werden, so macht man Ueberdrehen vorwärts (Taf. 2, Fig. 9 a),
beginnt jedoch schon das Schwimmen, so bald man den Kopf,
bzw. Leib, in die Richtung gedreht hat, in der nun niederge-
taucht werden soll. Vorher füllt man die Lungen mit viel
Luft an. Die Hände werden hierbei, ehe sie unter das Kinn
angezogen werden, also ihre Beugung machen, fast bis an die
Schenkel mit kräftigem Druck geführt (Taf. 2, Fig. 9 b). Doch
hat man sich vorzusehen, dass der Kopf nicht auf den Grund
stosse.

Nun hält man die Luft so lange als möglich fest und lässt
sie nur ganz allmählig ausströmen, so dass man mit der letzten
Ausleerung auch wieder über der Oberfläche des Wassers mit
Nase und Mund erscheint. Die Augen werden im Wasser geöffnet, was ohne besondere Schwierigkeit gewöhnlich schon von
selbst geschieht. Der anfänglich bei Jedem sich einstellende
Druck auf das Trommelfell der Ohren, so wie die erste Be-
ängstigung wird sich bei den meisten mit dem öfteren Ueben
verlieren, jedoch muss man diese Beschwerden nicht mit Gewalt und schnell bezwingen wollen, ja bei Einzelnen sind sie
unüberwindlich.

Will man unmittelbar unter der Wasserfläche
schwimmen, so ist dies nicht viel anders als das Schwimmen
an der Oberfläche; je nachdem man mit dem Gesicht nach

unten oder nach oben unter der Oberfläche schwimmen will, werden die Handflächen entsprechend gedreht, so dass beim Brustschwimmen die Kleinfingerseite, beim Rückenschwimmen mehr die Daumenseite nach aussen und oben gedreht wird und der Kopf als Steuer die Richtung angiebt, wohin geschwommen werden soll.

2. Das Tauchen mit Taucherrüstung.

Das bis jetzt besprochene Tauchen kann nur so lange dauern, als der natürliche Athem des Tauchenden unter dem Wasser zu bleiben erlaubt. Auch kann bei einem ganz unbelasteten Schwimmer von einem freien Umhergehen auf dem Grunde des Wassers nicht die Rede sein.

Es giebt aber auch Taucher, welche aus dem Tauchen ein Gewerbe machen, und die mit besonderer Taucherkleidung, entsprechender Belastung und einer künstlichen Vorrichtung zum Athmen versehen, längere Zeit unter dem Wasser bleiben und dort mancherlei Arbeiten versehen können. Unter den verschiedenen Ausrüstungen solcher Taucher scheint uns die zweckmässigste die zu sein, welche wir selbst in Berlin bei Gelegenheit der öffentlichen Vorstellung eines Tauchers gesehen haben. Die Vossische Zeitung (Jahrgang 1870 No. 110) enthält darüber folgenden anschaulichen Bericht (Die Abbildung Taf. 16, Fig. 13 ist einer Photographie entlehnt):

»Vor einer Gesellschaft von besonders dazu geladenen Personen fand auf dem Hofe der ehemaligen Artillerie-Werkstatt, Dorotheenstrasse No. 35, eine Vorstellung mit dem Taucherapparat von Rouquayrol-Denayrouze statt. Es war zu diesem Zweck ein grosser hölzerner Bottich von 16 Fuss Höhe und 19 Fuss Durchmesser gebaut worden, in dessen circa 3 Zoll starken Wänden ringsherum in einer Höhe von etwa 4½ Fuss sehr dicke starke Glasscheiben eingesetzt waren, so dass die Durchschauenden einen Blick in das Innere des mit Wasser ziemlich gefüllten Bottichs werfen konnten. Zu gleicher Zeit war oben um den Rand des Bottichs eine Anzahl von Sitzplätzen angebracht, welche es ermöglichten, von oben hinein in das Wasser zu schauen, und so weit es dessen Durchsichtigkeit gestattete, die Bewegungen des Tauchers zu verfolgen. Zur Füllung dieses Riesenbottichs, des grössten, der wohl bis-

her in Berlin erbaut wurde, waren über 4500 Cubikfuss Wasser
nöthig. Der Taucher-Apparat wurde nun von dem Taucher
Herrn Recher angelegt. Zuerst legte der Künstler den Rock
ab und zog die Stiefel aus, worauf er über seine gewöhnliche
Kleidung ein starkes, weisswollenes Trikot anzog. Dann stieg
er mit den Füssen zuerst durch die Halsöffnung in den aus
einem Stück bestehenden hellbraunen Kautschukrock. Letzterer
ist so beschaffen, dass er den ganzen Körper mit Ausnahme
des Kopfes und der Hände luft- und wasserdicht abschliesst.
Um die Handwurzel, wo die Aermel des Anzuges sich veren-
gend fest an den Unterarm anschliessen, wurden noch starke
Kautschukringe gelegt. Dann erfolgte das Anziehen der aus
elastischem Leder gefertigten, mit angenieteten Bleisohlen im
Gewicht von 66 Pfund versehenen Schuhe. Nun wurde der
Helm auf den Kopf des Tauchers gesetzt. Dieser Helm oder
Maske besteht aus starkem, innen verzinnten Kupferbleche,
welches an der Stelle, wo es auf dem Kopf des Tauchers ruht,
mit einer Kautschukplatte bedeckt ist. Ueber den Rand des
Helmes ist ein Kautschukring gezogen, um welchen die Hals-
öffnung des Tauchergewandes durch einen messingenen Schluss-
ring fest angeschlossen wurde, so dass Helm und Kautschuk-
rock ein Ganzes bildeten. Darauf wurde dem Taucher das
Luftreservoir, ein aus zwei Kammern bestehender, von starkem
Stahlblech angefertigter Kasten auf den Rücken geschnallt.
Dieses Luftreservoir ist die künstliche Lunge des Tauchers.
Die untere Kammer ist durch einen circa 40—50 Fuss langen
wasserdichten, 1 Zoll starken Schlauch, der in seinem Innern
Stahl-Spiralfedern trägt, so dass er selbst durch einen Druck
von mehreren Centnern nicht zusammengepresst werden kann,
mit einer zweistiefeligen Luftpumpe in Verbindung gesetzt.
Während des Tauchens wird fortwährend Luft durch den
Schlauch in die erste Kammer geführt und durch ein an der
Pumpe angebrachtes Manometer der Druck derselben ange-
zeigt. Die erste Kammer ist mit der zweiten durch ein Ventil
verbunden, welches sich öffnet, wenn der Taucher durch ein
aus dieser zweiten Kammer bis in seinen Mund führendes
Kautschukrohr Athem holt; sobald er aber durch dasselbe
Rohr die verbrauchte Luft von sich stösst, schliesst sich das
Ventil, während sich zwei Kautschuklippen an der Kammer

öffnen, und die verbrauchte Luft mit einem Getöse fortgeht,
welches ähnlich dem Trompeten eines Elephanten klingt. Der
Taucher athmet also auf ganz naturgemässe Weise, nur mit dem
Unterschiede, dass er niemals die Nase dazu gebrauchen darf,
sondern, indem er das Mundstück des in seinen Helm hinein-
führenden Athmungsschlauches fest zwischen Lippen und Zähne
klemmt, in regelmässigen Zeiträumen von 4 bis 5 Secunden
die Luft einsaugt und ausstösst. Der Helm enthält nur 3 Glasfenster, welche kreuzweis mit Messingstäben geschützt sind und
dem Taucher unter Wasser das nöthige Licht zuführen. Ausserdem befindet sich am Helm ein Ventil, aus welchem der
Taucher die Luft aus dem Innern des Anzuges entströmen lassen kann. Um das Gewicht des Tauchers zu vermehren, wurden an den Helm sowie an das Reservoir noch Bleigewichte
angehängt, so dass das Gesammtgewicht gegen 2½ Centner
betrug. — Nachdem die vollständige Ausrüstung hergestellt
war, begab sich der Taucher an die an den Bottich führende
Leiter, stieg einige Stufen hinab und liess sich dann langsam
und sicher auf den Rücken ins Wasser fallen. Hier lag er,
sich wälzend, einige Sekunden lang da, öffnete dann das Ventil
und liess sich hinab auf den Boden sinken. Die aufsteigenden
Luftblasen verriethen die Gegend, wo er sich aufhielt. Man
warf eine kleine krummgebogene Stecknadel hinab, welche er
nach einer Minute emporbrachte, indem er, mit den Füssen
voran, in die Höhe schoss. Eben so holte er ein Bund Schlüssel, einen Ring, ein Weissbierglas etc. herauf. Dann machte
er allerhand Spässe, wälzte sich, wie irgend ein vorweltliches
Ungeheuer, auf dem Wasser umher, stiess ein kicherndes Lachen
aus, blähte seinen Anzug auf, kugelte sich herum, nahm eine
brennende Cigarre mit unter das Wasser und zeigte sich rau-
chend an den Guckfenstern den davorstehenden Personen.
Nach einer Stunde etwa verliess er das nasse Element.«

E. Das Retten.

Eingehende und bestimmte Vorschriften, wie man sich zu
verhalten habe, wenn man einen, der in Gefahr ist zu ertrinken, retten will, lassen sich kaum geben. Unter allen Umständen ist es die Pflicht des rüstigen Schwimmers, einem Ver-

unglückten sofort beizuspringen. Will er dies aber mit sicherer Aussicht auf Gelingen thun, so muss er raschen Entschluss mit ruhiger Besonnenheit vereinen. An der Rettungspuppe kann er die nöthigsten Vorübungen machen.

Leichter wird das Werk der Rettung für einen entkleideten Schwimmer. Ist ihm aber zum Entkleiden keine Zeit gelassen, so werfe er wenigstens den Rock ab und ziehe die Stiefel aus, springe dann mit gehobenen und umfassten Knieen (s. später) oder mit einem Kopfsprung ins Wasser, in der Richtung nach dem im Wasser Kämpfenden hin. Ist der in Gefahr Schwebende bereits untergegangen, so warte man sein in der Regel bald erfolgendes Wiederauftauchen- ab, und tauche nur im Nothfall selbst unter. Dann verhindere man ein zweites Untertauchen. Man suche möglichst dem Ertrinkenden von hinten beizukommen, da derselbe in seiner Todesangst krampfhaft nach allem zu greifen pflegt, was in seiner Nähe ist. Ist der Rettende aber dennoch von ihm gefasst worden, so suche er sich auf alle Fälle wieder von ihm loszureissen. Kann er es auf keine andere Weise erreichen, so muss er mit ihm untertauchen und unter dem Wasser sich losringen, was er hier leichter ausführen kann als auf der Oberfläche des Wassers. Sind durch diesen Kampf die Kräfte des Ertrinkenden ermattet, so fasse man ihn von hinten her an den Haaren oder unter einem Arm und indem man selbst mit einem Arme schwimmt, stosse oder trage man ihn vor sich her und sehe darauf, dass derselbe wenigstens zeitweise den Kopf aus dem Wasser erhebe. So kann es dem Retter gelingen, den Verunglückten, ist das Ufer nicht allzuweit entfernt, sicher nach demselben hinzubringen.

Leichter ist es natürlich, wenn zwei zum Retten herbeieilen können, die dann beide zugleich von beiden Seiten her den Verunglückten unter den Armen fassen oder sich gegenseitig ablösen können. Hat der zu Rettende noch einige Besonnenheit, so muss man ihn ermahnen, sich mit ausgebreiteten Gliedern möglichst ruhig zu verhalten.

Nur kurz erwähnen wollen wir hier den Krampf, der den Schwimmer im Wasser befallen kann. Am häufigsten ist dies der s. g. Wadenkrampf. Derselbe kann nur dem ungeübten und ängstlichen Schwimmer gefährlich werden. Ein guter

Schwimmer wird, wenn er die Besonnenheit nicht verliert, bei einem nur auf einzelne Glieder sich erstreckenden Krampf durch Schwimmen mit den andern, durch Legen auf den Rücken u. s. w. sich zu helfen oder wenigstens so lange auf dem Wasser zu halten wissen, bis ihm Hülfe naht.

· F. Das angewandte Schwimmen.

Bis jetzt ist hauptsächlich von solchem Schwimmen gesprochen worden, bei welchem der Schwimmende die Glieder möglichst frei und ungehindert regen kann, also bis auf die Schwimmhose völlig entkleidet ist. Da es aber leicht geschehen kann, dass man sich, wie z. B. bei dem vorerwähnten Retten, der Kleidungsstücke gar nicht oder nur theilweise entledigen kann, ja vielleicht dabei noch etwas tragen muss, so hat die Schwimmanstalt auch hierauf Rücksicht zu nehmen und auch solches angewandte Schwimmen, wie wir es benennen wollen, zu üben.

Je vollständiger der Körper bekleidet ist, desto schwerer wird die Schwimmbewegung fallen. Besonders in Rock und Stiefeln bzw. Schuhen zu schwimmen, ist sehr schwierig. Man hat also zuerst das Schwimmen in Hemd, Beinkleidern, Weste und Strümpfen vorzunehmen und mag schliesslich auch das Schwimmen mit voller Bekleidung üben lassen.

Sollte man aber einen Fluss überschwimmen müssen, um dann weiter zu gehen, so würden die nassen Kleider natürlich sehr unbequem und gesundheitsnachtheilig sein. Deshalb lehre man auch die Schüler, ihre Kleidungsstücke in ein Bündel zusammenzuschnüren, dies auf dem Kopf zu befestigen und so zu schwimmen, ohne dass dies Bündel nass wird. Es ist dies bei grösseren Strecken jedenfalls leichter und sicherer, als das Kleiderbündel hoch in einer Hand zu halten und mit der andern zu schwimmen oder auch rückenschwimmend die Kleider mit einer bzw. beiden Händen zu tragen, ganz abgesehen davon, dass beim Rückenschwimmen der Schwimmende das Schwimmfeld nicht zu übersehen vermag.

Man hat in Militärschwimmanstalten auch den Versuch angestellt, mit vollständiger Ausrüstung grössere Strecken durchschwimmen zu lassen. Der Infanterist mit seiner ganzen

Armatur, wobei die Munition in die Kopfbedeckung kam, der
Kavallerist, indem er dem Pferde vorausschwimmend dasselbe
an dem Zügel führte. Da aber wiederholt Unglücksfälle hierbei
vorgekommen sind, so hat man, wenn wir recht berichtet sind,
diese Versuche in den preussischen Militärschwimmanstalten
aufgegeben und lässt jetzt nur Schwimmübungen in Kleidern
(ohne Gepäck und Waffen) vornehmen. *)

Doch wollen wir aus der Instruction für den Schwimmunterricht in der französischen Armee von D'Argy eine S. 61 ff.
gegebene Anweisung:

einen Wasserstrom mit Waffen und Munition
zu durchschwimmen,

nachstehend wiedergeben:

»Diese Leistung kann auf zweierlei verschiedene Arten
ausgeführt werden, je nachdem die Waffen und Munition auf
schwimmenden Körpern transportirt werden, oder der Schwimmer selbst damit beladen ist. Dies ist eine immer schwierige
Leistung, welche sich nur durch schon eingeübte Leute mit
Erfolg bewerkstelligen lässt. Als allgemeiner Grundsatz ist
festzuhalten, dass der Schwimmer möglichst wenig seine Hände
und Arme verwickeln darf, indem ihre gut geordneten Bewegungen ihm das vorzüglichste Mittel verschaffen, von welchem
es abhängt, seine Last mit derjenigen der Wassermasse, welche
man verdrängt, in's Gleichgewicht zu bringen. Jedesmal, wo
es möglich ist, am Ufer ein Floss mit leichten Gegenständen,
wie Reisbündel, Tonnen, Planken u. s. w. zu bilden, muss man
davon Gebrauch machen, sie in genügender Anzahl vereinigend,
damit sie ausser der Berührung des Wassers Kleider, Waffen
und Munition tragen können; letztere muss zur grösseren Sicherheit und wo nur irgend thunlich, in ein Fass oder in einen
Eimer gethan werden. Dies so gemachte Floss befestige man
an ein genügend langes Seil, an dessen Ende eine Schlinge sich
befindet. Der Schwimmer befestigt dieselbe zwischen Scheitel

---

*) Wir wollen hier noch darauf aufmerksam machen, dass man beim
Uebersetzen von Truppen über einen Strom vermittelst einer Fähre oder
eines Kahns vorher die Soldaten Tornister und Mantel ablegen lasse, damit
nicht bei etwaigem Umschlagen der Fähre, des Kahns selbst den des
Schwimmens kundigen Soldaten durch das schwere Gepäck die Rettung zu
sehr erschwert oder gar unmöglich gemacht werde, wie dies ein im Juli 1870
beim Uebersetzen über die Oder bei Breslau vorgefallener Unglücksfall gezeigt hat.

und Stirn (wobei der Schirm des Helms oder des Czako's als
Stütze dient) und dann, indem er mit seinem Flosse vorgeht
und vorausschwimmt, zieht er es durch allmählige Anstrengungen bis zum entgegengesetzten Ufer. Wenn das Floss die Effecten mehrerer Schwimmer tragen kann, so werden es ein oder
zwei Mann auf diese Weise fortziehen, und die anderen, welche
nachkommen, werden es lenken, indem sie es vorwärts stossen.

Wenn es sich handelt, einen Strom zu durchschwimmen
und seine Waffen bei sich zu tragen, ist die Weise, welche am
einfachsten und am sichersten erscheint, folgende: Wenn der
Schwimmer ein Infanterist ist, so entledigt er sich seines Man-
tels, seines Leibgurtes und seines Tornisters; er schnallt den
Riemen seiner Flinte ab.

Bei dem Hineingehen in das Wasser wird der Schwimmer
ein oder zwei Packete Patronen in seinen Czako oder in seinen Helm, welchen er fest aufsetzen muss, legen; dann wird
er, sein Gewehr horizontal erhebend, den Lauf nach unten,
das Schloss nach oben, den Kolben ein wenig nach rechts, er-
höhter als den Lauf, den Kopf in den Ring des Tragriemens
stecken, bis dieser an den Schirm seiner Kopfbedeckung anstösst.

In dieser Gleichgewichtsstellung wird die Waffe schräg über
den Körper des Mannes gelegt, das Schloss etwas über den
Nacken liegend, der Schaft der Flinte leicht über das linke
Schulterblatt gelegt, um dadurch keine Bewegung zu behindern.
Das Bajonett kann aufgesteckt oder in den Gürtellatz der Hose
gesteckt werden.

So ausgerüstet, wird der Schwimmer in das Wasser gehen,
indem er mit Vorsicht gegen das entgegengesetzte Ufer vor-
dringt, so lange er Grund hat; dann aber, sobald dieser ihm
fehlt, wird er mit Ruhe und in einer ein wenig geneigten Stellung zu schwimmen beginnen, indem er seine Bewegungen gut
entwickelt, ohne jedoch den Strom zu schnell durchschneiden
zu wollen, sondern so, um Ermüdung zu vermeiden und um
seine Kräfte und sein ruhiges Blut lange zu erhalten. Wenn
der Fluss gleichzeitig von mehreren Schwimmern überschritten
werden soll, so ist es nothwendig, dass sie von einander getrennt sind und hinter einander gehen, so dass sie sich gegenseitig nicht stören — — —.«

Vierter Abschnitt.

Das Wasserspringen.

Ein vollendeter Schwimmer muss sich beherzt, kühn und geschickt in die Fluthen stürzen können. Ein langsames, zögerndes Hinabsteigen ins Wasser, das in der Regel Mangel an Muth verräth, ist schon aus gesundheitlichen Gründen zu widerrathen und macht auch einen wenig erfreulichen Eindruck, ganz abgesehen davon, dass das Ufer oft gar nicht solches Hinabklettern ins Wasser gestattet. Und wie wollte man einem Verunglückten rasch zu Hülfe eilen, wenn man nicht verstände, auf kürzestem Wege, also mit kräftigem Sprung ins Wasser zu gelangen? Es gewährt aber auch das Wasserspringen einen grossen, höchst anregenden Genuss, ja es kann zur Leidenschaft werden und dazu führen, dass übereifrige Wasserspringer das eigentliche Schwimmen vernachlässigen, dass sie so lange springen, bis ihnen der Athem ausgeht und Kopfschmerzen sich einstellen. Auch kann solch hastiges, oft hinter einander wiederholtes Einspringen ins Wasser, wenn man alle Vorsichtsmassregeln ausser Acht lässt, nachtheilige Folgen haben. Also auch hier ist Mass und richtige Beschränkung nöthig.

Das Wasserspringen, schön, sicher und kühn ausgeführt, ist nicht leicht. Der Widerstand, den das Wasser dem Einspringenden entgegenbringt, ist sehr bedeutend und um so stärker, je grösser die Fläche ist, die der Körper demselben bietet. Es kann dieser Widerstand sich so heftig äussern, dass die getroffene Stelle blutrünstig wird, ja es kann z. B. ein Aufschlagen mit dem ganzen Leibe von grösserer Höhe herab gefährliche Verletzungen herbeiführen. Die Furcht »sich zu schlagen«, hält daher anfangs manche von den Wasserspringkünsten ab. Diese Furcht muss also erst überwunden werden, bevor man sich ·zu einem tüchtigen Wasserspringer ausbilden kann. Bald wird man finden, dass, je mehr die Aengstlichkeit schwindet und der Muth wächst, desto schmerz- und gefahrloser der Sprung wird.

Nach dem Vorhergesagten ist der beste Sprung ins Wasser der, bei welchem der Körper mit der kleinsten Fläche in das Wasser einschneidet und dasselbe theilt.

Da unser Körper vorherrschend eine Ausdehnung in die Länge hat, so bietet er dem Wasser hauptsächlich zwei Flächen dar, mit denen er dasselbe, ohne einen merklichen Schlag oder Stoss zu erhalten, berühren und durchschneiden kann: nämlich die untere Fläche, die Fussseite (Füsse) und die obere Fläche, die Kopfseite (Kopf).

Hiernach zerfallen die Wassersprünge in zwei Hauptgattungen, nämlich:

a. in die Sprünge, bei denen die Füsse vorangehen, also die Wasserfläche theilen;

b. in die, bei denen der Kopf vorangeht.

Die ersteren Sprünge (die Sprünge »fusswärts«) führen in den einfachsten Formen den Körper gradaus vorwärts, rückwärts und seitwärts ins Wasser. Weiterhin kann auch eine Drehung stattfinden und zwar in einfacher Weise zuerst um die Längenaxe, dann ferner um die Breiten- und Tiefenaxe oder zusammengesetzt um mehrere dieser Axen.

Die letzteren (die Sprünge »kopfwärts«, auch »Kopfsprünge« *) genannt), bei denen gewöhnlich der Kopf durch Vorhalten der gestreckten Arme gegen das Aufschlagen auf das Gesicht oder die Ohren noch besonders geschützt wird, bedingen stets eine vorausgegangene Drehung um die Breitenoder Tiefenaxe (Breite oder Tiefe) des Leibes, an welche Drehung sich dann die um die Längenaxe (Länge) öfter noch anschliesst oder denen dieselbe vorausgeht.

---

*) Obgleich nicht ganz zutreffend, ist diese Bezeichnung doch so allgemein gebräuchlich, dass wir sie wenigstens in Parenthese überall beifügen.

Streng genommen dürfte man unter »Wassersprüngen«
nur diese dem Wasser eigenthümlichen und nur hier ausführbaren Sprünge kopfwärts mit Drehungen um eine oder mehrere
Leibesaxen, besonders um die Breitenaxe verstehen. Sie gehören
dem Wasserturnen allein an, während das Landturnen nur die
Sprünge mit den Füssen voran hat. Da aber das Wasser, in-
dieser Beziehung viel allseitiger wie das Land, auch die Land-
sprünge in grösster Mannigfaltigkeit zulässt, und die letzteren
als die in der Mehrzahl leichteren und gewohnteren Sprünge,
von Anfängern zuerst und sehr gern ausgeführt werden, so
werden wir auch diese berücksichtigen.

Das Wasserspringen beginne man von geringen Höhen.
Ehe man den Sprung ausführt, muss man sich vollkommen klar
sein, wie derselbe gemacht werden, wie die Bewegung geschehen,
wie die Haltung des Körpers sein muss. Soweit es möglich ist,
übe man einzelne besonders wichtige Körperhaltungen und Thätigkeiten, z. B. die Armhaltungen bei den Sprüngen kopfwärts,
schon vorher auf dem Lande. Man bedenke, dass jede Ab-
weichung vom Gleichgewicht, jeder flache Aufsprung ein em-
pfindliches Schlagen des betreffenden Körpertheils zur Folge hat,
sei es dass man z. B. beim gestreckten Einsprung fusswärts die
Arme, statt sie an der Seite des Körpers zu halten, ausbreitet,
als wenn man sich auf dem Wasser halten wollte, oder dass
man die Beine spreizt; sei es, dass man beim Sprung kopfwärts in plötzlicher Regung der Furcht den Kopf zurückbeugt,
oder dass man zaghaft die Arme sinken lässt, die Kniee krumm
macht u. s. w. Schneller Entschluss, frischer Muth sind die
unerlässlichen Bedingungen des Gelingens des Sprunges.

Nöthig ist es, dass bei dem Einüben der Sprünge ein Sach-
verständiger (der Schwimmmeister oder ein anderer Schwimmer)
zugegen ist, der beobachtet, ob die Sprünge gut und richtig
ausgeführt werden, und der auf die Fehler sofort aufmerksam
macht. Hat man sich solche einmal angewöhnt, so hält es sehr
schwer, dieselben wieder abzulegen.

I. Sprünge vom Springbrett (bzw. Schwung-
brett) fusswärts.

A. Sprünge ohne Drehung.

1) Sprünge aus dem Streckstande.

a. Mit Schlusshaltung der Beine.

aa. Vorwärts. Man stellt sich (in Grundstellung) so
auf das Brett, dass die Zehen, um ein Abgleiten zu
vermeiden, über die Brettkante hervorragen, neigt
sich etwas nach vorn, beugt beide geöffneten Kniee,
stösst ab und springt so, indem man Hüften, Kniee
und Fussgelenke plötzlich streckt und die gestreckten Arme fest an die Seiten legt, ins Wasser. (Taf. 1,
Fig. 2.)

bb. Rückwärts. Man kehrt dem Wasser den Rücken
zu, lässt beide Fersen über die Brettkante überragen
und springt, vor dem Aufsprunge den Körper etwas
dem Wasser zuneigend, rückwärts ins Wasser (Taf. 3,
Fig. 1).

cc. Seitwärts. Man stellt sich so auf das Brett, dass
die rechte oder linke Seite dem Wasser zugekehrt
ist und der gleichseitige Fuss seitlich über die Brettkante vorsteht. Der Aufsprung geschieht entsprechend wie bei den vorigen Uebungen.

b. Mit Spreizen eines Beines.

aa. Mit Vorspreizen vorwärts. Man stellt, dem
Wasser zugewendet, beide Zehen über die Brettkante
(in Grundstellung) oder das eine (linke oder rechte)
Bein einen Schritt weiter zurück (in Schrittstellung),
schwingt nun ein Bein und zwar bei der Schrittstellung das hintere Bein (Taf. 3, Fig. 2) gestreckt
kräftig vorwärts (spreizt). Gleichzeitig stösst das
andere im Knie leicht gebeugte Bein von der Brettkante kräftig ab und schliesst sich dem vorspreizen-
den an, so dass beide gestreckt und geschlossen ins
Wasser gelangen.

bb. Mit Zurückspreizen rückwärts. Man kehrt dem
Wasser den Rücken zu und springt aus Grund- oder
Schrittstellung mit kräftigem Zurückspreizen des
einen Beines, im übrigen der vorigen Uebung entsprechend, ab.

cc. Mit Seitwärtsspreizen seitwärts. Man stellt
sich seitlich gegen das Wasser, spreizt das dem
Wasser zunächst stehende Bein kräftig seitwärts,
während das andere (mit kurzem Kniebeugen) den
Abstoss macht und sich dann dem gespreizten Beine
anschliesst.

c. Mit Spreizen beider Beine (Grätschen), vorwärts oder rückwärts
springend.

Man springt, dem Wasser zu- oder abgewendet, aus der
Grundstellung ab, öffnet während des Fliegens die Beine so weit
als möglich (grätscht, ähnlich Taf. 6, Fig. 8), schliesst sie aber
sofort wieder, so dass man mit geschlossenen und gestreckten
Beinen ins Wasser gelangt.

d. Mit Knieheben (Anhocken der Beine), vorwärts, rückwärts oder
seitwärts springend.

aa. Mit Knieheben und -strecken im Fliegen. Die
Beine werden nach dem Aufsprunge kräftig gegen die
Brust zu gebeugt (ähnlich Taf. 3, Fig. 11) und rasch
wieder gestreckt, so dass man mit gestrecktem Körper
ins Wasser kommt.

bb. Mit Umfassen der in Hockhaltung bleibenden Beine im Fliegen. Die angezogenen und
festgeschlossenen Kniee werden mit beiden Armen
umfasst, so dass die Hände sich vor den Knieen
über einander legen. Die Füsse sind gestreckt. Der
Kopf ist aufgerichtet und gradaus gehalten.

In dieser Hockhaltung gelangt man ins Wasser
(Taf. 3, Fig. 3 von der Seite, Fig. 4 von vorn gesehen).
Hält man den Kopf gerade, so ist das Gleichgewicht
leicht zu erhalten. Jede Vor- oder Rückneigung des
Kopfes bringt den Springer aus seiner richtigen Hal-
tung und lässt ihn auf das Gesicht, den Rücken oder

die Seite fallen. Wenn man aber merkt, dass man das Gleichgewicht verliert, so muss man, um das Gesicht zu decken, schnell den Kopf nach den Knieen zu vorbeugen.

In Wasser, dessen Tiefe und Grundbeschaffenheit man nicht kennt, ist dieser Sprung zu empfehlen. Man sinkt nicht tief ein und hat sofort die Glieder zum ersten Schwimmstoss bereit, weshalb derselbe auch beim Einspringen ins Wasser bei Rettungsversuchen angewendet werden kann.

e. Die vorhergehenden Sprünge mit besonderen Armthätigkeiten im Fliegen.

Man führe zugleich mit dem Aufsprunge oder während des Fliegens Armthätigkeiten aus, z. B.:

aa. **Armbeugen** und **Armstrecken**, **Armanziehen** und **Armausstossen**;

bb. **Armaufschwingen** und **Armabschwingen**;

cc. **Armkreisen**, wobei die Hände der gestreckten Arme Kreislinien beschreiben, oder bei gebeugten Armen;

dd. **Unterarmkreisen**, wobei die Unterarme (haspelnd) sich um einander bewegen;

ee. **Armkreuzen** (**Verschränken der Arme**) vor der Brust oder auf dem Rücken;

ff. **Stützen der Hände** auf die Hüften (ähnlich wie auf Taf. 8, Fig. 15 a.) u. s. w.

Der Einsprung ins Wasser darf aber, wie wir schon oben angedeutet haben, nie so geschehen, dass die Arme flach auf das Wasser aufschlagen, sondern sie müssen (mit Ausnahme von ee und ff) nach diesen Thätigkeiten entweder aufwärts gestreckt oder an den Körper angelegt werden.

f. Mit Angehen und Anlaufen.

Bei diesen Sprüngen muss der abstossende Fuss nicht über, sondern vor der Brettkante aufgesetzt werden (ähnlich wie Taf. 8 bei Fig. 13 und 14), weil ersteres hier bei dem flüchtigen Aufsetzen leicht ein Abgleiten zur Folge haben könnte.

Es können diese Sprünge ausgeführt werden:

aa. als Hochsprünge

bb. als Weitsprünge ⟩ frei in die Luft und über Hindernisse.

cc. als Hochweitsprünge

Diese Hindernisse können z. B. sein: eine leicht aufgelegte Schnur, ein vorgehaltener Stab, ein wagerecht gehaltener Reifen (Taf. 3, Fig. 2), ein anderer an der Springbrettkante sitzender (Taf. 8, Fig. 15b und 16), hockender (Taf. 8, Fig. 10) oder knieender (Taf. 8, Fig. 11 a. und b.) Schwimmer.

g. Mit Anhüpfen.

Die Sprünge mit Schlusshaltung der Beine lassen sich auch so ausführen, dass der Springende, sich in Schrittweite vor der Brettkante aufstellend, vor dem Einsprung erst kräftig vor- und aufhüpft.

Auch ein Angehen oder Anlaufen kann dem Aufhüpfen vorausgehen.

Bei den Sprüngen (unter f und g) können ebenfalls im Fliegen die oben genannten Bein- und Armthätigkeiten ausgeführt und auch noch andere hinzugefügt werden, wie flüchtiges Beugen und Strecken des Hüftgelenkes, kräftiges Einziehen des Kreuzes u. s. w.

2) Sprünge aus dem Hockstand, vorwärts, rückwärts und seitwärts springend.

Man nimmt, dem Wasser das Gesicht, den Rücken oder die Seite zuwendend, die Hockstellung mit tiefer Kniebeugung ein und springt ab:

a. mit Ausstrecken der Beine im Fliegen;

b. mit Umfassen der in Hockhaltung bleibenden Beine im Fliegen (Taf. 3, Fig. 3 und 4).

Der Hockstand kann genommen werden:

aa. auf beiden Beinen (ähnlich wie beim Streckstand), die Fersen zusammen, die Füsse in Grundstellung, die Fussspitzen (bzw. Fersen) über die Brettkante gestellt;

bb. auf einem Bein, das andere (sprungfreie) Bein hängt an der Vorderkante des Brettes entweder senkrecht herab (Taf. 8, Fig. 10), oder wird wagerecht gehoben.

3) Sprünge aus dem Kniestand.

a. Rückwärts springend (Kniesprung rückwärts).

Man kniet auf dem Brett, das Gesicht dem Wasser abgewendet, so dass die Fussrücken (Fussriste) auf der Brettkante aufliegen, neigt sich rückwärts (dem Wasser zu) und schnellt sich, durch plötzliches Strecken des Hüftgelenkes und der Kniegelenke, mit dem Fussrist von der Brettkante abstossend, ins Wasser (ähnlich wie Taf. 3, Fig. 15).

b. Vorwärts springend (Kniesprung vorwärts).

Man kniet auf dem Brett, das Gesicht dem Wasser zugewendet, die Fussspitzen aufgestellt, die Kniee auf der Brettkante, neigt sich vorwärts (dem Wasser zu) und schnellt sich ins Wasser (ähnlich wie Taf. 3, Fig. 14 und Taf. 8, Fig. 11a).
Der Kniestand kann genommen werden:
aa. auf beiden Knieen,
bb. auf einem Knie, das andere Bein hängt dann an der Vorderkante des Brettes herab.

4) Sprünge aus dem Seitsitz.

Man setzt sich so auf das Brett, dass die geschlossenen Oberschenkel bis zur Hälfte auf dem Brett ruhen, die Unterschenkel bequem herabhängen, neigt den Körper vorwärts und schnellt sich durch kräftiges Strecken des Hüftgelenkes und Einziehen des Kreuzes ins Wasser.

5) Sprünge mit Stütz der Hände.

a. Aus dem Stütz rücklings.

Aus dem Seitsitz (wie bei 4) geht man in den Stütz rücklings über, schwingt die Beine zurück und vor, stösst bei dem Vorschwung, indem man das Kreuz kräftig streckt, mit den Händen ab und schnellt sich ins Wasser (Abhurten vorwärts, ähnlich wie bei Taf. 3, Fig. 18).

b. Aus dem Stütz vorlings.

Man kniet, dem Wasser abgewendet, auf das Brett auf (wie bei 3a.), geht dann in den Stütz vorlings über, schwingt die Beine vor und zurück und stösst beim Rückschwung unter

8*

gleichzeitigem Einziehen des Kreuzes mit den Händen ab (Abhurten rückwärts, ähnlich Taf. 3, Fig. 9).

c. Aus dem Stütz bei Kniestand.

Man kniet wie vorher (und wie dies auch Taf. 3 Fig. 14 zeigt), geht aber nicht in den Stütz über, sondern schnellt sich aus dem Kniestand mit den Händen abstossend und die Kniee streckend rückwärts ab (ähnlich Taf. 3, Fig. 10 und 11).

d. Aus dem Stütz bei Hockstand.

Gesicht dem Wasser abgewendet. Die Beine hocken auf. Im Uebrigen wie vorher.

e. Aus dem Stütz bei Seitsitz.

Man setzt sich wie bei 4 auf das Brett, die Hände stützen zu beiden Seiten der Schenkel auf die Brettkante auf und stossen unter gleichzeitigem Vorschwingen der Beine und Strecken im Hüftgelenk den Körper kräftig ab.

Man kann diese Uebung auch aus dem Seitschwebestütz (d. h. der gehobene Körper wird allein von den Armen gestützt) ausführen.

f. Aus dem Stütz bei Reitsitz.

aa. Dem Wasser zugewendet. Man nimmt Reitsitz auf dem entsprechend breiten Brett (Taf. 6, Fig. 2 a.), die Hände stützen sich vor dem Körper auf die Vorderkante und stossen unter Vorneigen des Oberleibes zugleich mit den Schenkeln ab, die Beine schliessen sich, indem man den Körper ausstreckt und ins Wasser springt.

bb. Dem Wasser abgewendet. Man nimmt Reitsitz, die Hände stützen sich vor den Schenkeln auf die Seitenkanten des Brettes, die Beine schwingen vor und zurück, und mit ihrem Rückschwunge (ähnlich Taf. 6, Fig. 2 b.) schnellt man sich mit kräftigem Abstoss der Hände und Einziehen des Kreuzes ins Wasser.

B. Sprünge mit Drehung.

1) Mit Drehung um die Längenaxe.

Viele der oben angeführten Sprünge können auch mit einer Drehung um die Längenaxe verbunden werden. Man bewahre aber stets dabei die senkrechte Körperhaltung und die geschlossene Beinhaltung. Das Drehen kann stattfinden:

a. Im Fliegen,

also nach dem Absprung und zwar auf ¼ bis zur ganzen Drehung und darüber, wobei das Mitschwingen der Arme die Drehung sehr befördert. Vor dem Einsprung ins Wasser müssen dieselben aber wieder an den Körper angelegt werden, z. B.

aa. beim Vorspreizen rechts (A. 1. b), ½ Drehung links oder rechts;

bb. beim Seitwärtsspringen links, ½ Drehung links oder rechts;

. cc. beim Grätschen (A. 1. c) mit dem Schliessen der Beine zugleich ½ Drehung, sowohl vorwärts als rückwärts springend;

dd. beim Abhurten rückwärts oder vorwärts, beim Abschnellen aus dem Hockstand, Seitsitz u. s. w. (A. 5. a bis e), wobei die Uebung um so schöner ausgeführt werden kann, je kräftiger die Beine emporgeschwungen werden;

ee. beim Absprung mit Knieheben und Knieumfassen (A. 1. d), ¼ bis zu einer ganzen Drehung (Taf. 3, Fig. 4) links oder rechts u. s. w.

b. Vor dem Fliegen,

also vor dem Auf- und Absprung vom Brett; z. B.

aa. aus Stellung, dem Wasser zugewendet, Sprung mit ½ Drehung und Sprung rückwärts;

bb. aus Stellung, dem Wasser abgewendet, Sprung mit ½ Drehung und Sprung vorwärts;

cc. aus Kreuzstellung (Stellung mit gekreuzten Beinen), ½ Drehung und Sprung vorwärts bzw. rückwärts.

2) Mit Drehung um die Breitenaxe und Handstütz oder Handhang.

a. Aus dem Liegestütz auf dem Brett vorlings.

Man stützt die Hände auf die Vorderkante des Brettes und streckt die Beine nach dem Brett zu aus, so dass der Körper in schräger Lage auf Händen und Fussspitzen ruht. Man springt aus diesem Stütz unter Aufstrecken des Oberkörpers mit den Füssen voraus senkrecht ins Wasser:

aa. mit Abgrütschen (Abspreizen), wobei die Hände kräftig vom Brett abstossen (ähnlich Taf. 6, Fig. 8);

bb. mit Durchhocken beider Beine zwischen den Armen (ähnlich Taf. 3, Fig. 11 u. 13);

cc. mit Durchhocken des einen Beines zwischen den Armen und Seitspreizen des andern Beines (als Wolfsprung, ähnlich Taf. 6 bei Fig. 7).

b. Aus der Rückenlage auf dem Brett: Rolle rückwärts (Taf. 6, Fig. 1 a und b)

Dem Wasser abgewendet legt man sich, das Gesicht nach oben, so auf die Brettlänge hin, dass der Kopf über die Brettkante vorsteht. Die Arme werden dicht an den Leib gelegt, mit den Handflächen gegen das Brett, oder können auch an den Brettkanten anfassen. Unter Gegendruck der Hände werden die Beine gestreckt über den Kopf hinaus gehoben, wobei der Unterleib eingezogen wird (Taf. 6, Fig. 1 a). Die Schultern und Arme bleiben so lange auf dem Springbrett liegen, bis die Beine das Uebergewicht gewonnen haben, worauf erstere loslassen und der Körper langsam umkippt (abkippt). Oder die Beine schwingen aus der Rückenlage über (burzeln ab). Der Kopf bleibt so lange nach der Brust hin gebeugt, bis er das Brett verlässt, worauf man ihn schnell hebt und Kreuz- und Hüftgelenk streckt (Taf. 6, Fig. 1 b).

Man kann die ganze Uebung mit fast vollständig gestrecktem Hüftgelenk machen, wodurch dieselbe allerdings schwerer, aber auch um so schöner wird.

c. **Aus dem Kopfstehen:** Umkippen rückwärts (Telegraph)
(Taf. 4, Fig. 6a, b, c).

Man nimmt an der vorderen Brettkante den Stütz vorlings ein (wie bei A. 5. b) oder kniet, dem Wasser abgewendet, auf derselben auf (A. 5 c), stellt den Kopf vor den Händen so auf das Brett, dass er als dritter Stützpunkt dem Dreieck dient, das den Körper tragen soll, und hebt die geschlossenen und gestreckten Beine in die senkrechte Haltung (Taf. 4, Fig. 6 a). In dieser Stellung kann man erst verschiedene Bewegungen mit den Beinen und dem Rumpf ausführen (ähnlich den früheren Telegraphen, Taf. 4, Fig. 6 b). Dann werden die Beine wieder geschlossen, der ganze Körper wird gestreckt, der Kopf verlässt seine Stelle, so dass die (gebeugten) Arme den Körper allein tragen, das Springen also in das Handstehen übergeht; der Körper kippt langsam nach vorn um. Hat er die wagerechte Lage erreicht (Taf. 4, Fig. 6c), so stossen die Arme kräftig von dem Brette ab und der Springer gelangt bei emporgehaltenen oder schnell an den Körper angelegten Armen mit den Füssen ins Wasser.

Man muss darauf achten, dass beim Absprung von bedeutender Höhe die Hände nicht zu spät abstossen, weil sonst ein Ueberkippen des Oberkörpers nach hinten unvermeidlich ist, und man kann dann einem gefährlichen Schlag auf den Rücken nur dadurch entgehen, dass man schnell den Kopf auf die Brust neigt und die Arme nach hinten schwingt.

d. **Aus dem Reitsitz:** Ueberheben und Umkippen vorwärts
(Taf. 6, Fig. 2a und b).

Man nimmt, dem Wasser zugewendet, den Reitsitz auf dem Brett ein (A. 5. f), stützt die Hände auf die Seitenkanten, nahe der Vorderkante (Taf. 6, Fig. 2 a), beugt den Körper vor, hebt das Gesäss (Fig. 2 b), schliesst die Beine und kippt bei gebeugten Armen unter Streckung des Körpers über.

e. **Aus dem Handstehen** (ähnlich wie Taf. 6 bei Fig. 9): Umkippen
vorwärts und rückwärts.

aa. Vorwärts. Man stellt sich, dem Wasser zugewendet, auf das Brett und erfasst mit den Händen bei gestreckt gehaltenen Armen in Hüftbreite die Brett-

kante. Indem der Kopf zwischen den Armen bleibt,
stossen die Füsse ab, der Körper streckt sich und
schlägt (kippt) über zum Sprung ins Wasser.

Man macht das Handstehen zuerst aus dem
Hock- oder Kniestand, dann aus dem Streckstand
mit entsprechendem Rumpfvorbeugen, endlich aus
dem Reitsitz (Taf. 6, Fig. 2 a und b) und aus dem
Liegen vorlings auf der Brettlänge oder dem Liegestütz vorlings.

bb. Rückwärts. Aehnlich wie bei Uebung c, nur dass
man nicht den Kopf aufsetzt, sondern die Beine sofort
zum Handstehen aufschwingt und dann nach dem
Wasser hin umkippt.

f. Aus dem Liegen auf der Brettlänge oder aus dem Reitsitz: Felgabschwung.

aa. Aus dem Liegen vorlings: Felgabschwung vorwärts (Bauchabschwung). Man liegt so auf dem
Brett, dass der Oberkörper bis zur Hüfte über die
Brettkante hinausragt, fasst mit den Händen die
Seitenkanten, neigt den Körper unter Hebung der
gestreckten Beine in den Abhang (Sturzhang) und
kippt über ins Wasser mit Loslassen der Hände.

bb. Aus dem Liegen rücklings: Felgabschwung
rückwärts (Kreuzabschwung). Man liegt wie
vorher, nur rücklings, auf dem Brett und kippt aus
dieser Lage mit raschem Loslassen der Hände über.

3) Mit Drehung um die Breiten- und Tiefen- oder
Längenaxe aus Handstütz.

a. Um die Tiefen- und Breitenaxe; z. B.

aa. Aus Liegestütz vorlings: Wendeabschwingen. Indem die Beine geschlossen oder mit Vorspreizen des einen Beines seitwärts abschwingen
und die Hände mit Nachgreifen der entgegengesetzten
Hand abstossen, gelangt man zur Seite des Brettes
ins Wasser (ähnlich Taf. 6, Fig. 5).

bb. Aus Liegestütz rücklings: Kehrabschwingen.

— 121 —

Entsprechend der vorigen Uebung (ähnlich Taf. 6,
Fig. 3 oder 4). ·

cc. Aus dem Aufliegen auf dem Brett: Wendeabschwingen. Man legt sich mit dem Oberleib auf
das Brett, so dass die Beine zur Seite des letzteren
herabhängen, fasst mit den Händen die Seitenkanten
und schwingt sich mit kräftigem Schwung der Beine
und Abstoss der Hände über das Brett hinüber ins
Wasser.

dd. Aus der Wage auf einem Arm (beiden
Armen): Wendeabschwingen (Drehling). Man
kniet an der einen Seite des Brettes, dem Wasser
abgewendet auf, die Hände ergreifen neben dem
Körper oder die eine Hand die eine, die andere die
gegenüber liegende Seitenkante, beide oder ein Ellenbogen stützt sich unter den wagerecht gehaltenen
Körper, der dann mit Wendebewegung nach der
anderen Seite hin abschwingt und ins Wasser springt
(ähnlich wie Taf. 6, Fig. 6.)

b. Um die Tiefen-, Längen- und Breitenaxe (Radschlagen).

In Schrittstellung, die Seite dem Wasser zugewendet, werden die Hände nach einander aufgestellt und stossen, wie bei
dem als bekannt vorausgesetzten Radschlagen, ab. Nach dem
Aufschwung der Beine zum Handstehen seitlings muss aber eine
Drehung um die Längenaxe und dann mit dem Einspringen
auf die Füsse eine Drehung um die Breitenaxe stattfinden,
weil sonst der Körper leicht flach mit der Seite auf das Wasser
fallen kann. Die Uebung setzt nicht geringe Gewandtheit und
Sicherheit voraus.

Zu den Sprüngen vom Springbrett fusswärts gehören auch
die Sprünge:

4) mit ganzer Drehung ohne jede Handhülfe,

die wir als Ueberschläge in der Luft oder Luftsprünge
in einer eigenen Gruppe weiter unten besonders behandeln werden.

II. Sprünge vom Springbrett (bzw. Schwungbrett) kopfwärts.

Wir gehen mit diesen Sprüngen zu den eigentlichen Wassersprüngen über. Die Sprünge kopfwärts (Kopfsprünge), bei denen man mit dem Kopf voran sich ins Wasser stürzt, sind in den einfacheren und leichteren Formen möglichst bald zu erlernen, und wir bemerken ausdrücklich, dass es durchaus nicht unsere Meinung ist, dass die Durch- und Einübung aller im Vorhergehenden beschriebenen Uebungen den Sprüngen kopfwärts vorausgehen müsse. Manche jener Uebungen bieten erheblich grössere Schwierigkeiten, wie die letzt genannten. Wir haben, wie wir weiter bemerken wollen, überhaupt uns versagen müssen, diese Sprünge genau nach der Schwierigkeit der Ausführung zu ordnen, erstlich, weil das Leicht und Nichtleicht hier noch schwerer festzustellen ist, als bei dem Turnen auf dem Lande, zweitens, weil dann die Uebersicht sehr erschwert und Wiederholungen nicht zu vermeiden sein würden.

A. Sprünge mit halber Drehung vorwärts um die Breitenaxe.

1) Aus dem Hockstand vorlings.

a. Auf beiden Beinen.

aa. Mit Umfassen der Kniee (Abburzeln vorwärts, Taf. 3, Fig. 5). Das Gesicht dem Wasser zugewendet, fällt man anfangs aus niedriger Höhe (2 Fuss), ohne jeden Abstoss, einfach vornüber. Der Kopf wird hierbei auf die von den Armen umschlungenen Kniee gesenkt und wird so das Gesicht gegen den Wasserschlag geschützt. Das Auftauchen kann, indem man im Wasser sich weiter um die Breite, also vorwärts dreht, mit dem Gesicht nach oben, oder indem man gegendreht, also rückwärts, mit dem Gesicht nach unten geschehen.

bb. Mit Vorstrecken der Arme und Ausstrecken
der Beine (Froschsprung vorwärts, Taf. 3,
Fig. 6). Bei diesem, als ersten zu erlernenden gestreckten Sprung auf den Kopf sind die Fersen geschlossen, die Fusssohlen ruhen mit der ganzen Fläche
auf dem Brett, die Zehen ragen hinüber und sind
auswärts gedreht, das Gesäss ist fest gegen die Fersen
gedrückt; mithin liegt der Oberkörper mit vorgestreckten, gehobenen Armen zwischen den geöffneten Knieen,
der Kopf ist mit dem Kinn auf die Brust gesenkt und
befindet sich zwischen den Armen; die Handflächen
sind, Daumen an Daumen, dem Wasser zugekehrt.
Aus dieser Haltung stürzt man sich durch dreiste,
kräftige Streckung der Beine, schräg vorwärts ins
Wasser (Taf: 3, Fig. 8b).

Zu starkes Einbiegen des Kreuzes oder Beugen des
Hüftgelenkes lassen oft den Sprung misslingen, man
schlägt sich dann entweder die Brust, oder Bauch und
Schenkel. Vollkommen gerade Haltung der Glieder ist
daher geboten.

Es ist zweckmässig, schwerbegreifende, ungeschickte
Springer darauf aufmerksam zu machen, dass sie mit
den vorgestreckten Händen einen 5 bis 6 Fuss weit
von ihnen abliegenden Punkt im Wasser, den man mit
einem Holzspahn bezeichnen kann, zu erreichen suchen
möchten; sie werden dadurch veranlasst, sich schneller
und günstiger auszustrecken, doch dürfen sie den Kopf
zwischen den Armen nicht hervorheben. Ferner ist zu
empfehlen, anfangs nach dem Abstoss die Beine zu
kreuzen, damit die Kniee gut gestreckt bleiben, auch
kann ein Helfender den abstossenden Füssen einen
kurzen Schwung nach oben geben, so dass die Schenkel des Springers nicht flach auf das Wasser schlagen
können.

Gelingt der Sprung vom niedrigen Springbrett
aus, so versucht man ihn von höheren Flächen herab.
Der Springer muss hierbei eine weniger (Taf. 3, Fig. 8b)
oder mehr flache, schöne Bogenlinie (Taf. 4, Fig. 1b)
beschreiben.

Sobald man bei diesem Sprung ins Wasser gelangt,
werden die Hände aufwärts gebeugt, das Kreuz wird
stark eingezogen und der Kopf gehoben (Taf. 8, Fig. 2c),
hierdurch wird es möglich, schnell wieder an die Oberfläche zu gelangen; die entgegengesetzte Thätigkeit
(Taf. 8, Fig. 1c) bewirkt die oben erwähnte Weiter-
drehung um die Breitenaxe, und man gelangt durch
schnelles Senken, Schlag der Arme nach unten, das
Gesicht nach oben gekehrt, an die Oberfläche.

cc. **Mit Anlegen der Arme an den Körper nach
dem Absprung (Froschsprung vorwärts ohne.
Hände. Taf. 5, Fig. 6).** Bei diesem Sprung werden
die Arme im Fliegen an den Leib seitwärts angelegt
und man stürzt sich entweder sofort auf den vorge-
beugten Kopf, oder schwingt erst die Arme kopfwärts und legt sie dann schnell an den Körper.

Je höher herunter diese Sprünge mit ½ Drehung
um die Breitenaxe gemacht werden, um so mehr hat
man sich vor dem Ueberkippen (vor einer Mehrdrehung)
zu hüten, weil dadurch ein Fallen auf den Rücken
stattfindet. Man vermeidet dasselbe durch ein dreistes
Aufwärtsspringen und gutes Ausstrecken.

b. Auf einem Bein.

Das andere Bein hängt entweder

aa. **vorn an der Brettkante herab** (Taf. 8, Fig. 10);
oder es wird

bb. **weit nach hinten weggestreckt** und ruht auf dem
Brett.

2) Aus dem Streckstand vorlings.

a. Steiler Sprung (tiefer Kopfsprung vorwärts) (Taf. 3, Fig. 8a, b).

Man stellt sich, dem Wasser zugewendet, an die Kante
des Brettes, so dass die auswärts gedrehten Zehen bei geschlossenen Fersen ein wenig darüber hinausragen, und nimmt mit
den Armen und dem Kopf die Haltung wie bei 1a. bb ein. Nun
beugt man ein wenig die Kniee (Taf. 3, Fig. 8a), um den Körper fortschnellen zu können. Der Oberkörper sinkt mit der bei-
behaltenen Kopf- und Armhaltung nach vorn hinab, die

Schenkel folgen; indem die Zehen die Brettkante verlassen wollen, strecken sich die Kniee plötzlich, ebenso der übrige Körper, und man schiesst, mit den Armen voran, mehr oder weniger steil in die Tiefe (Taf. 3, Fig. 8 b und Taf. 4, Fig. 2 a und c). Das Auftauchen geschieht wie bei 1 a. bb.

b. Steiler Sprung mit Anlegen der Arme an den Körper nach dem Absprung (Kopfsprung vorwärts ohne Hände) (Taf. 5, Fig. 6).

Wie bei 1 a. cc.

c. Flacher Sprung (flacher Kopfsprung oder Flachsprung vorwärts) (Taf. 4, Fig. 1a u. b und Fig. 2a u. b).

Bei diesem Sprung kommt es darauf an, möglichst flach ins Wasser zu gelangen, doch stets so, dass kein Aufschlagen erfolgt. Es kann der Sprung so flach und gerade ausgeführt werden, dass die Hände des Springers schon wieder auf der Oberfläche erscheinen, noch ehe die Fussspitzen im Wasser versunken sind.

d. Steiler Sprung mit flüchtigem Kniehoben und -strecken (Hechtsprung vorwärts) (Taf. 4, Fig. 3).

Die Kniee werden beim Absprung bis an die Brust gehoben und dann mit der Drehung plötzlich nach oben hin ausgestreckt, wobei der Leib fast senkrecht in das Wasser stürzt.

e. Dieselbe Uebung mit Anlegen der Arme an den Körper während des Kniestreckens (Hechtsprung vorwärts ohne Hände).

f. Steiler Sprung mit Knieheben zur Hockhaltung und Umfassen der Kniee während des Fliegens (Taf. 4, Fig. 3).

g. Steiler Sprung mit Anlegen der Arme an den Körper und ohne Abstoss der Füsse (Todtensprung vorwärts) (Taf. 4, Fig. 6).

Aehnlich wie 1 a, der ganze Körper ist aber steif gestreckt, der Unterleib eingezogen. Die Hände sind an beide Seiten angelegt (oder auf der Brust gekreuzt) die Brust ist heraus gedrückt, der Kopf vorwärts geneigt. Die Fussspitzen stehen über der Brettkante. So kippt man, ohne aber im Geringsten die Haltung des Körpers ändern zu dürfen, vorwärts um ins Wasser.

— 126 —

3) Aus dem Kniestand vorlings.

a. Auf beiden Knieen (Taf. 8, Fig. 11a).

aa. **Als einfacher Knieabfall vorwärts.** Man stellt die Kniee über die Brettkante, streckt die Arme über den Kopf, neigt sich vor und fällt steif nach vorn ab, indem im Fallen die Kniee sich strecken.

bb. **Als Knieabsprung kopfwärts vorwärts.** Man springt vorwärts, wie beim Kniesprung (I. A. 3), neigt den Kopf schnell zwischen die aufgestreckten Arme, streckt das Kreuz und stürzt kopfwärts ins Wasser.

cc. Dieselben Uebungen mit Anlegen der Arme an den Körper nach dem Abfall oder Absprung.

dd. Dieselben Uebungen, die Arme von vornherein angelegt, wobei der Kopf stark vorgeneigt sein muss.

b. Auf einem Knie.

Das andere hängt vorn an der Kante herab. Sprung wie vorher bei 3a.

4) Aus dem Sitz auf der Brettkante.

a. Aus dem vorher eingenommenen ruhigen Sitz auf dem Springbrett oder Schwungbrett.

Mit dem Vorschwingen der Unterschenkel stossen die Schenkel durch plötzliches Einziehen des Unterleibs (Beugen des Hüftgelenkes) ab, womit zugleich die halbe Drehung vorwärts um die Breite verbunden wird.

b. Mit vorhergehendem Sprung zum Sitz auf der Brettkante des Schwungbretts (Prellsprung) (Taf. 8, Fig. 13).

Man stellt sich, dem Wasser zugewendet, auf der Brettkante des Schwungbrettes auf, neigt den Körper etwas vor, bringt das Brett durch Auf- und Abwiegen mit dem Körper etwas in Schwung, hüpft dann, indem man Kniee und Hüftgelenk ein wenig beugt, auf, springt flüchtig auf die geschlossenen Schenkel, schnellt sofort wieder auf und macht den Sprung auf den Kopf, wie bei 4a.

5) Aus dem Liegestütz vorlings.

Man nimmt Liegestütz wie bei I. B. 2 a. ein und springt mit kräftigem Abstoss der Hände über die Vorderkante des Brettes hinweg auf den Kopf ins Wasser:

a. mit Abgrätschen (Abspreizen) der Beine,

um nicht auf das Brett aufzuschlagen, oder:

b. mit geschlossenen Beinen,

was einen noch kräftigeren Abstoss der Hände nöthig macht.

6) Aus dem Sturzhang an der Brettkante.

Man legt sich wie bei dem Felgabschwung I. B. 2 f. auf das Brett, den Oberkörper so weit über die Brettkante geneigt, dass er fast überkippt, die Hände ergreifen die Seitenkanten und halten fest. Jetzt neigt man den Oberkörper unter Hebung der gestreckten Beine in den senkrechten Hang (Sturzhang) und stellt dar:

a. Sturz (auf den Kopf) aus dem Sturzhang.

aa. Die Kniee in Beughaltung ohne dass die Füsse das Brett berühren (Hocksturzhang). Die Hände lassen los und der Körper verharrt während des Fallens in der Hockhaltung.

bb. Die Fusssohlen unter die Brettkante gestemmt (Taf. 8, Fig. 8). Zugleich mit dem Loslassen der Hände werden die Beine gestreckt.

b. Sturz aus dem Kniehang (Taf. 8, Fig. 9).

Durch einfaches Strecken der Kniee.

c. Sturz aus dem Zehenhang (Taf. 8, Fig. 6).

d. Sturz aus dem Fersen- (Hacken-) hang (Taf. 8, Fig. 7).

Diese Sprünge, wie auch schon verschiedene der früheren, setzen voraus, dass das Springbrett auf der Oberfläche mit Segeltuch oder mit einer Bastmatte bekleidet sei.

7) Mit Anlauf.

a. Mit Aufsprung eines Fusses (Kopfsprung mit Anlauf).

Man läuft kräftig an. Im Augenblick des Aufsprunges

aa. neigt man den Körper vor und macht den einfachen Sprung ins Wasser kopfwärts (Taf. 8, Fig. 3 a und b); oder

bb. schnellt man sich schräg aufwärts, zieht das Kreuz ein und neigt, sobald das Emporfliegen aufhört, den Kopf dem Wasser zu. Der Sprung führt den Körper

α. steil ins Wasser (Taf. 8, Fig. 1 a u. b),

β. flach ins Wasser (Taf. 8, Fig. 2 a u. b).

Die Arme werden im Fliegen vorgestreckt oder an die Seiten angelegt (Kopfsprung mit Anlauf ohne Hände).

b. Mit Aufsprung beider Füsse.

aa. Mit schrägem Aufsteigen als (gewöhnlicher) Kopfsprung mit Vorsprung. Man läuft an wie bei Sprung 7 a, springt jedoch vor der Kante des Spring- oder Schwungbrettes auf beide Füsse und schnellt sich gestreckt schräg aufwärts in die Luft. Schön ist es, anfänglich bei diesen Sprüngen recht hoch zu steigen (wie Taf. 7, Fig. 8 B). Anfangs macht man leicht den Fehler, die Fersen zu heben (die Beine krumm zu machen), und kann dagegen bis zur Erlangung grösserer Fertigkeit ein Kreuzen der Füsse empfohlen werden.

bb. Mit steilem Aufsteigen als Hechtsprung mit Anlauf. Nach dem Aufsprung werden die Kniee gegen die Brust gehoben, und wenn das Emporfliegen aufhört und die Neigung des Kopfes zum Einspringen ins Wasser erfolgt, Kniee und Hüftgelenk plötzlich ausgestreckt, wie bei 2 d. Es ist dieser Sprung hier besonders deshalb zu empfehlen, weil bei dem steilen Sprung leicht ein Ueberkippen und Aufschlagen auf den Rücken erfolgt.

cc. Derselbe Sprung als Hechtsprung mit Anlauf ohne Hände. Mit Anlegen der Arme an die Seiten des Körpers (vergl. Taf. 4, Fig. 3).

8) Aus dem Streckstand rücklings auf dem Schwungbrett.

Man nimmt Stellung dem Wasser abgewendet, die Fersen etwas über die Brettkante gestellt, springt kräftig rückwärts, streckt die Arme vor, neigt den Kopf und Oberkörper nach vorn und stürzt so, das Kreuz stark einziehend, auf den Kopf. Man dreht sich also mit halber Drehung vorwärts um die Breite gegen den Absprungort zu. Hierbei können:

a. die Arme vorgestreckt, die Kniee gehoben und dann ausgestreckt werden (Sprung rückwärts mit Hechtsprung vorwärts, Taf. 8, Fig. 5 a u. b);

b. die Kniee gehoben und die Arme angelegt werden (Sprung rückwärts mit Hechtsprung vorwärts ohne Hände);

c. die Kniee gestreckt und die Arme angelegt werden (Sprung rückwärts mit Kopfsprung vorwärts ohne Hände);

d. die Kniee und die Arme ausgestreckt werden (Sprung rückwärts mit Kopfsprung vorwärts). Man bleibt nach dem Absprung bei der Drehung um die Breite möglichst gestreckt und muss sehr kräftig abspringen, um sich vor einem Aufschlagen auf die Brettkante zu bewahren.

B. Mit halber Drehung rückwärts um die Breitenaxe.

Erschwert schon die ungewohnte, dem Wasser abgewendete Ausgangsstellung alle diese Rückwärtssprünge, so werden dieselben noch schwieriger dadurch, dass der Bau unseres Körpers eine Rückwärtsbeugung nur in sehr geringem Grade zulässt. Man muss daher bei diesen Sprüngen noch aufmerksamer auf den Absprung, die Haltung des Körpers und die Richtung des Sprunges achten, als bei den vorhergehenden.

1) Aus dem Hockstand rücklings.

a. Auf beiden Beinen.

Die Fersen stehen über der Brettkante. Die Ausführung der Sprünge ist entsprechend denen unter A. 1.

aa. Mit Umfassen der Kniee, wobei der Kopf aufrecht bleibt (Abburzeln rückwärts);

9

bb. Mit Aufstrecken der Arme und Ausstrecken
der Beine (Froschsprung rückwärts);

cc. Ohne Strecken der Arme nur mit Ausstrecken
der Beine (Froschsprung rückwärts ohne
Hände). Kräftiges Ausstrecken dor Beine und scharfes
Einziehen des Kreuzes ist bei diesen Sprüngen nöthig.

b. Auf einem Bein.

2) Aus dem Streckstand rücklings.

Die Ausführung ist entsprechend den Sprüngen unter A. 2.

a. Mit aufgestreckten Armen (Kopfsprung rückwärts). (Taf. 5, Fig. 5 a und b.)
Der Kopf wird rückwärts gebeugt und liegt zwischen
den Armen. Der Sprung kann steiler oder flacher sein.

b. Mit flüchtigem Knieheben und -strecken.
(Hechtsprung rückwärts.)

c. Mit Anlegen der Arme an den steif gestreckt
bleibenden Körper, oder mit Kreuzen derselben auf der Brust ohne Abstoss der Füsse
(Todtensprung rückwärts.) (Taf. 7, Fig. 8 A.)
Auch hier bleibt der Kopf gehoben, darf also nicht
vorwärts gebeugt werden.

3) Aus dem Kniestand rücklings.

a. Auf beiden Knieen (Taf. 8, Fig. 11 b).

b. Auf einem Knie, das andere Bein vorgestreckt.
Man neigt sich hintenüber, bis das Gesäss die Beine berührt, und stösst unter starkem Rückwärtsbeugen kräftig mit
dem Fussrist von der Brettkante ab.

4) Aus dem Sitz rücklings auf der Brettlänge.
(Taf. 8, Fig. 12.)
Man setzt sich so auf das Brett, dass das Gesäss auf der
Kante ruht, neigt sich rückwärts, hebt die Beine und kippt über.
Im Fallen muss das Kreuz und Hüftgelenk schnell gestreckt
werden, damit die Schenkel nicht auf das Wasser aufschlagen.
Man kann (auf dem Schwungbrett) die Bewegung auch so
machen, dass man in etwa 2 Fuss Abstand von der Brettkante
dem Wasser abgewendet sich aufstellt, sich mit geschlossenen
und gestreckten Beinen und starker Beugung in den Hüften in
den Sitz fallen lässt und dann sofort überkippt.

C. Mit halber Drehung seitwärts um die Tiefenaxe.

1) Aus dem Hockstand seitlings auf einem Bein (Schwertsprung aus Hockstand.)

Die eine Seite dem Wasser zugewendet, steht das hockende Bein so auf der Brettkante, dass der Fuss mit den Zehen überragt, das andere (gestreckte) Bein ruht auf der Brettlänge. Der dem Wasser zugewendete Arm ist gestreckt bis an den Kopf erhoben (deckt das Ohr). Indem das hockende Bein nach dem Abstoss sich streckt und die Beine sich schliessen, springt man seitwärts mit dem Kopf voran ins Wasser (Taf. 4, Fig. 5 b).

2) Aus dem Streckstand seitlings.

a. Mit Abstoss eines Fusses (Schwertsprung). (Taf. 4, Fig. 5 a. u. b.)

Man stellt sich, die Seite dem Wasser zugewendet, mit dem Fuss auf die Brettkante, setzt den andern Fuss in Schrittweite seitwärts, deckt das Ohr wie bei 1 und legt den andern, dem Wasser abgewendeten Arm an die Seite. Dann beugt man das über der Brettkante stehende Bein (Taf. 4, Fig. 5 a.), neigt den Kopf mit dem festanliegenden Arm dem Wasser zu, stösst ab und springt mit gestrecktem Körper seitwärts ins Wasser (Taf. 4, Fig. 5 b).

Springt man von grosser Höhe herab, so ist es zweckmässig, die Hand des aufgestreckten Armes so zu wenden, dass die Kleinfingerseite zuerst das Wasser trifft und nicht die flache Hand, weil letzteres einen schmerzhaften Ruck im Schultergelenk herbeiführen kann.

b. Ohne Abstoss (Todtensprung seitwärts).

Aus Grundstellung, den dem Wasser zugewendeten Fuss auf die Brettkante gestellt. Der Körper bleibt mit dem erhobenen an den Kopf angelegten Arm steif gestreckt und kippt in dieser Haltung ohne Abstoss ins Wasser.

Selbstverständlich können alle diese steifen Abkipp-übungen, bei denen kein Abstoss der Beine stattfindet, nur dann ausgeführt werden, wenn erstens das Springbrett so hoch über dem Wasser sich befindet, dass die entsprechende Drehung in der Luft vollständig ausgeführt werden kann, und zweitens so viel Wassertiefe vorhanden ist, dass der Springer nicht mit den Armen oder dem Kopf auf den Grund kommt.

D. Mit gleichzeitiger Drehung um die Längenaxe bei halber Drehung um die Breiten- bzw. Tiefenaxe.

1) Aus dem Hockstand (Froschsprung mit Schraube.)
Die Ausgangsstellung ist wie bei dem Froschsprung A 1 a. aa. Das Gesicht ist dem Wasser zugewendet. Der Körper macht eine Schraubenbewegung, d. h. im Augenblick, wo die Füsse zum Sprung kopfwärts abstossen, werden die Schultern bzw. der Oberkörper kurz und kräftig um die Längenaxe gedreht, der Unterkörper folgt dieser Bewegung nachdrehend, während die vorgestreckten Arme sich an die Ohren anlegen. Man schiesst gleichsam sich einbohrend ins Wasser. (Aehnlich wie Taf. 5, Fig. 10.)

2) Aus dem Streckstand.

a. Vorlings (dem Wasser zugewendet). (Schraube vorlings.)

b. Rücklings (dem Wasser abgewendet). (Schraube rücklings.)

Der Sprung ist aus dem Streckstand etwas schwieriger, weil man sich hier nicht so schnell und leicht in die wagerechte Lage schnellen kann, wie aus dem Hockstand, wo der vorgebeugte Körper schon fast wagerecht vorgelegt werden kann. Die Bewegung ist dieselbe, wie bei 1.

c. Mit vorausgehendem flüchtigen Knieheben und -strecken (Hechtsprung mit Schraube).

d. Dieselbe Bewegung, aber mit Anlegen der Arme an den Körper (Hechtsprung mit Schraube ohne Hände).

Der Sprung wird mehr in die Höhe ausgeführt.

3) Mit Anlauf und Aufsprung eines Fusses bei einer Vierteldrehung um die Längen- und halber Drehung um die Tiefenaxe (Schwertsprung mit Anlauf).

Der Anlauf wird hier wie bei dem Sprung mit Anlauf kopfwärts genommen. Will man ihn nach der rechten Seite hin darstellen, so muss der linke Fuss den Aufsprung machen, die rechte Seite wird mit Emporstrecken des Armes (um das Ohr zu decken) in demselben Augenblick gegen das Wasser gewendet, der Kopf liegt auch hier fest am gehobenen Arm an und Hüft- und Kniegelenk, sowie der Oberleib bleiben gestreckt. So fliegt der Springer in schönem, ziemlich flachen Bogen durch die Luft und theilt mit dem emporgestreckten Arme das Wasser.

4) Mit Anlauf und Aufsprung eines Fusses und einer ganzen Drehung um die Längenaxe und darüber (Schraube mit Anlauf). (Taf. 8, Fig. 4.)

Beide Arme werden zur Deckung der Ohren während des Fliegens aufgeschwungen.

5) Dieselbe Uebung mit flüchtigem Knicheben und -strecken (Hechtsprung mit Schraube und Anlauf).

E. Mit vorausgehender Drehung um die Längenaxe oder um die Breitenaxe.

1) Aus dem Hockstand (Streckstand, Sitz) mit gekreuzten Beinen.

Man macht aus dieser Stellung, Gesicht dem Wasser zu- oder abgewendet, erst eine halbe Drehung um die Längenaxe und springt dann mit einer halben Drehung um die Breitenaxe kopfwärts ins Wasser.

2) Aus dem Kniehang an der Brettkante (Schraube aus dem Kniehang). (Taf. 8, Fig. 9.)

Aus dem Sitz rücklings auf der Brettlänge, Hände an den Kanten, lässt man sich in den Kniehang-herab und stürzt mit halber Drehung um die Längenaxe kopfwärts ins Wasser.

3) Aus dem Handstehen (I. B. 2. c).

a. Rücklings (Kopfsprung rückwärts aus dem Handstehen).

Das Gesicht dem Wasser zugewendet, ergreifen die Hände aus dem Knie-, Hockstand oder in Schrittstellung die Brettkante, die Beine stossen ab und schwingen auf. Der Springer erhält sich kurze Zeit im Handstehen, neigt dann die Beine dem Wasser zu, stösst kräftig mit den Händen von der Kante ab und der Körper stürzt kopfwärts ins Wasser (ähnlich wie Taf. 6, Fig. 9).

b. Vorlings (Kopfsprung vorwärts aus dem Handstehen).

Man kniet oder hockt auf der Brettkante, die Hände stützen zu beiden Seiten der Füsse an den Seitenkanten; oder man nimmt Stütz vorlings an der Brettkante, die Beine schwingen kräftig rückwärts auf (ähnlich Taf. 3, Fig. 9 u. 10) bis zum Handstehen, man neigt die Beine vorwärts, stösst mit den Händen kräftig ab und stürzt kopfwärts, dem Springbrett abgewendet, ins Wasser.

III. Ueberschläge in der Luft oder Luftsprünge vom Springbrett (bzw. Schwungbrett).

Es sind dies, wie bereits erwähnt, solche Sprünge, bei denen nach dem Auf- und Absprung — also in der Luft — eine ganze Drehung um die Breitenaxe und darüber gemacht wird, so dass man dann wieder mit den Füssen zuerst ins Wasser gelangt. Sie gehören zum Theil zu den schwierigen Wassersprüngen und man muss bei ihnen voraussetzen, dass der Springende bereits mit den gewöhnlichsten Sprüngen kopfwärts vertraut sei. Sie können auf dem Lande zwar ebenfalls ausgeführt werden, aber nur unter gefahrbringenden Schwierigkeiten und unter Anwendung ganz besonderer Vorsichtsmassregeln. Sie werden daher auch hier in der grossen Mehrzahl dem Circus überlassen. In Verbindung mit einem Einsprung ins Wasser aber kann auch ein mittelmässiger Turner die meisten dieser »Luftsprünge« bis zur Vollendung erlernen, wenn er den nöthigen Muth mit dem richtigen Mass der Drehung zu verbinden weiss. Auf ein Schützen des Gesichts und der Ohren gegen den Aufschlag ist auch hier noch ganz besonders aufmerksam zu machen.

A. Mit ganzer Drehung vorwärts oder rückwärts um die Breitenaxe.

1) Aus dem Hockstand vorlings mit Umfassen der Kniee. (Abburzeln vorwärts mit Ueberdrehen.)
(Taf. 3, Fig. 7.)

Die Ausgangsstellung wie bei II. A. 1. a. Man kippt nach vorn über; im Augenblick, wo die Füsse das Brett verlassen müssen, stossen sie durch Streckung kräftig ab, der Kopf neigt sich gegen die Kniee und man fällt auf die Füsse ins Wasser.

2) Aus dem Hockstand rücklings mit Umfassen der Kniee. (Abburzeln rückwärts mit Ueberdrehen.)

Die Ausgangsstellung wie bei II. B. 1. a. Man kippt nach hinten über; im Augenblick, wo die Füsse das Brett verlassen müssen, stossen sie durch Streckung ab, der Kopf neigt sich kräftig bei geringem Einziehen des Kreuzes nach hinten und bewirkt so den Umschwung, um mit den Füssen zuerst ins Wasser zu fallen.

3) Aus dem Streckstand rücklings.

a. Mit Absprung und Kniestrecken (Luftsprung rückwärts mit Absprung).

Den Rücken dem Wasser zugewendet. Die Ferson werden über die Brettkante und die Beine etwas breit gestellt, um fester zu stehen; die Arme werden gebeugt, die Ellenbogen leicht an die Seite gelegt, die Fäuste nach aussen gedreht (die Arme müssen hier bedeutend durch Auf- und nach vorn Schwingen den Umschwung fördern); die Kniee werden etwas gebeugt, der Unterleib wird zurückgeschoben, der Oberkörper vorgeneigt. Indem man sich in dieser Stellung zurückfallen lässt (Taf. 5, Fig. 2 a), streckt sich schnell das Kreuz, die Beine geben einen kräftigen Abstoss und werden gegen die Brust hinaufgezogen; durch das gleichzeitige Aufschwingen der Arme und Strecken des Kreuzes macht der fallende Körper einen Umschwung (Taf. 5, Fig. 2 b). Ist der Springer über dem Wasser wieder in seine erste Haltung gekommen (Kopf oben), so müssen die Kniee, das Hüftgelenk und Kreuz gestreckt werden, damit das Einspringen mit den Füssen voran geschieht.

Dieser zuerst zu erlernende freie Luftsprung muss anfangs von ganz niedrigem Springbrett gemacht werden und ist nur nach und nach eine schönere Streckung durch höheres Herabspringen zu erzielen. Man hat ferner sich vorzusehen, dass der Abstoss der Beine nicht senkrecht, sondern schräg nach dem Wasser hin geschieht, weil sonst beim Umschwung sehr leicht der Kopf gefährlich auf die Brettkante aufschlagen kann. Vom Schwungbrett herab lässt sich der Sprung natürlich leichter darstellen, doch kann hier wiederum ein zu grosses Mass der Drehung ein Aufschlagen mit dem Rücken auf das Wasser zur Folge haben, wovor zu warnen ist.

b. Mit Umkippen und Abfallen (Luftsprung rückwärts mit Abfallen).

Ausgangsstellung wie beim vorigen Sprung, hier jedoch bleiben die Beine geschlossen und die Kniee in ihrer fast gestreckten Haltung, das Hüftgelenk wird stärker gebeugt, und der Abstoss der Füsse von der Brettkante erfolgt erst, wenn der zurückfallende, umkippende Körper sie verlassen will, also über die wagerechte Lage schon zurückgesunken ist (Taf. 5, Fig. 1). Nach dem Abstoss der Füsse wird das Hüftgelenk gestreckt, die Arme schwingen dem Kopfe zu nach oben, der Umschwung erfolgt vollständig, und der Springer gelangt mit den Füssen voran ins Wasser.   •

Dieser Sprung muss gleich von einem ziemlich hohen Springbrett herab versucht werden, das wohl 12 Fuss hoch über dem Wasser sich befinden kann. Der Sprung kann von den höchsten Springthürmen ohne Gefahr gemacht werden, wenn man nur gehörig ruhig dabei bleibt, den Abstoss ganz schwach macht und durch leichtes Beugen des Hüftgelenkes den Umschwung fördert.

c. Mit Absprung, Knieheben und -umfassen (Luftsprung rückwärts mit Knieumfassen).

Ausgangsstellung wie oben unter **a.** Im Augenblick des kräftigen Abstosses werden die Kniee gehoben, von den Armen umschlungen und fest an die Brust gedrückt, der Kopf schnellt nach hinten und fördert so den Umschwung, der dann den Springer mit den Füssen voran in dieser Haltung ins Wasser führt.

d. Mit steifer Körperhaltung vom Schwungbrett (steifer Luftsprung rückwärts).

Man stellt sich, wie bei dem vorigen Sprung, den Rücken dem Wasser zugewendet, auf die Kante des Schwungbrettes, wippt einigemal auf und nieder und giebt mit dem Nieder- wippen dem Körper einen kräftigen Abstoss, wie bei der Uebung unter a. Der Kopf wird in demselben Augenblick zu- rückgebeugt, Kreuz, Hüftgelenk und Kniee werden steif aus- gestreckt, die Hände legen sich an die Seiten an oder schwin- gen über den Kopf hinauf; man dreht sich ganz gestreckt um die Breitenaxe rückwärts und gelangt so mit den Füssen zuerst ins Wasser.

4) Aus dem Hockstand rücklings mit plötzlichem Aufstrecken des Körpers.

Ausgangsstellung wie bei Uebung 2. Nach dem Aufstrecken des Körpers, mit dem zugleich der Abstoss und Aufsprung er- folgen muss, findet die Drehung statt, wobei der Springer:

a. mit Knieheben und -umfassen (Luftsprung rückwärts aus Hockstand mit Knieumfassen) in gebeugter Haltung ins Wasser gelangt, oder

b. mit Kniestrecken und Einziehen des Kreuzes (Luftsprung rückwärts aus Hockstand) in ge- streckter Haltung einspringt.

5) Aus dem Hockstand vorlings mit plötzlichem Aufstrecken des Körpers.

Ausgangsstellung wie oben bei Uebung 1. Man neigt sich mit gehobenen Armen vor, streckt plötzlich mit dem Aufsprung die Kniee, beugt das Hüftgelenk, schwingt die Arme nach unten und hinten, beugt den Kopf auf die Brust und dreht sich vorwärts um die Breitenaxe. Der Sprung kann dann dargestellt werden:

a. mit Knieheben und -umfassen (Luftsprung vorwärts aus Hockstand mit Knieumfassen); oder

. b. mit Kniestrecken (Luftsprung vorwärts aus Hockstand).

6) Aus dem Streckstand vorlings.

Ausgangsstellung und Anfangsbewegung wie zum Hechtsprung vorwärts (Seite 125). Das Ueberdrehen um die
Breitenaxe vorwärts kann hier ebenfalls verbunden werden

a. mit Knieheben und -umfassen (Luftsprung vorwärts mit Knieumfassen).

Abstoss kräftig, Kopf schnell auf die Brust geneigt,
Gesäss gehoben, Kniee gegen diê Brust gezogen und in der
Luft mit den Armen umschlungen (Taf. 5, Fig. 4a). Es kann
ein mehrmaliges Umdrehen des Körpers in der Luft erfolgen,
ehe man das Wasser berührt, doch muss man sich bemühen,
mit den Füssen zuerst einzuspringen (Taf. 5, Fig. 4b). Sollte
dies nicht gelingen, so setzt man bei diesem Sprunge sich
einem Wasserschlage aus, den man aber durch ein recht
rundes Zusammenkrümmen des Rückens sehr mässigen kann,
weil hier nur immer eine kleine Fläche des Körpers aufschlagen
wird und der Schlag daher nicht Gefahr bringen kann.

b. mit Kniestrecken (Luftsprung vorwärts).

Der Sprung, schön ausgeführt, ist weit schwerer darzustellen,
als der vorherige; Ausgangsstellung wie bei diesem, die Kniee
werden aber nach dem Abstoss sofort gestreckt, das Hüftgelenk wird erst gebeugt, dann nach dem Umschwunge gestreckt
(Taf. 5, Fig. 3), so dass man nach einer Umdrehung mit den
Füssen zuerst ins Wasser einspringt. Die Arme schnellen vor
und helfen beim Ueberdrehen.

7) Aus dem Streckstand vorlings mit Drehung rück-
wärts um die Breitenaxe (vom Schwungbrett).

Man muss hier mit sehr kräftigem Vorwärtsspringen diese
Drehung rückwärts ausführen, damit man nicht auf die Brettkante aufschlägt. Der Sprung ist anfangs einzuüben

**a. mit Knieheben und -umfassen (Sprung vorwärts mit Luftsprung
rückwärts und Knieumfassen).**

Das Zurückschnellen des Kopfes und Einziehen des Kreuzes,
dem dann sofort das Knieheben und Umfassen folgen muss,
bewirkt die Umdrehung; später kann der Sprung gemacht
werden:

b. mit Kniestrecken (Sprung vorwärts mit Luftsprung rückwärts).
Das Beugen des Hüftgelenkes muss hier durch ein kräftiges Aufschwingen der Arme nach oben und hinten unterstützt werden. Nach der Drehung sucht man das Hüftgelenk und Kreuz zu strecken, um möglichst senkrecht mit den Füssen voran ins Wasser einzuspringen.

8) Aus dem Kniestand rücklings (Luftsprung rückwärts aus dem Kniestand).

Kräftiger Abstoss mit den Fussristen von der Brettkante oder schnelles Uebergehen aus dem Kniestand in den Hockstand auf der Brettkante, wobei dann die Fussspitzen schon beim Knieen auf die Brettkante gestellt werden müssen, beginnt die Uebung; der Verlauf ist wie bei Uebung 4.
    a. Mit Umfassen der Kniee, oder
    b. mit Kniestrecken.

9) Aus dem Kniestand vorlings (Luftsprung vorwärts aus dem Kniestand).

Ausgangsstellung wie auf Taf. 8, Fig. 11 a. Die Kniee etwas über die Brettkante geschoben, die Arme vorgestreckt, neigt man sich vor, und indem die Arme nach unten und hinten schwingen, geschieht mit dem Rumpfvorbeugen der Abstoss der Kniee und Füsse und das Ueberdrehen. Auch hier kann der Sprung dargestellt werden wie bei Uebung 5

a. Mit Umfassen der Kniee;
selbstverständlich erst nachdem der Abstoss erfolgt ist.

b. Mit Kniestrecken.

10) Mit Anlauf und Aufsprung beider Füsse.

Die Drehung vorwärts um die Breitenaxe erfolgt nach dem Aufsprung, und es kann die Uebung dargestellt werden:

a. mit Knieheben und -umfassen (Luftsprung vorwärts mit Anlauf und Knieumfassen).
Hierbei kann man bis 2½ Mal um die Breitenaxe drehen, wobei man dann in dieser Hockhaltung ins Wasser fliegt.

b. mit Drehung nach längerem Fliegen (Luftsprung vorwärts mit Anlauf) unter einem plötzlichen Rucke (Taf. 8, Fig. 15 a).

c. ganz gestreckt (steifer Luftsprung vorwärts mit Anlauf), wobei der Springer gleichmässig und möglichst langsam während des Fliegens sich so überdreht, dass er am Ende der Flugbahn mit den Fersen zuerst das Wasser berührt.

B. Mit gleichzeitiger ¼ oder ½ Drehung um die Längenaxe (Luftsprung mit Schraube).

Man läuft an und springt so auf, dass der Luftsprung mit Drehung vorwärts in einen Sprung mit Drehung rückwärts übergeht, wobei eine schöne, ruhige, gestreckte Haltung des ganzen Körpers Bedingung zum Gelingen wird und die Ohren nicht ungedeckt bleiben dürfen.

C. Mit ½ Drehung um die Längenaxe vor und mit dem Aufsprung und Drehung um die Breitenaxe rückwärts.

Nach dem Anlauf und Aufsprung ist der Verlauf des Sprunges dann wie bei Uebung 3 a. und kann wie dort dargestellt werden:

1) Mit Absprung und Kniestrecken (Luftsprung rückwärts mit Anlauf), oder
2) mit Absprung und Knieheben und -umfassen (Luftsprung rückwärts mit Anlauf und Knieumfassen).

IV. Sprünge mit Handgeräthen.

Solche Handgeräthe, die bei den Wassersprüngen benutzt werden, sind: leichte Stäbe, der Kugelstab und die Springreifen. Sie dienen:

a. um die Hände einfach zu belasten;
b. um die Flugrichtung zu bestimmen;
c. um die Einsprung- oder die Auftauchstelle zu bestimmen;
d. um besondere Uebungen im Fliegen damit vorzunehmen;
e. um mittelst derselben sich in das Wasser zu schnellen.

A. Sprünge mit dem Reifen.

1) Man springt mit den Füssen voran ins Wasser.

   a. In den Reifen, welcher gehalten wird, auf der Stelle schwimmt oder weiter treibt (Taf. 3, Fig 2).
   b. Mit Reifenschlag im Fliegen.
     Der Springer schwingt während des Fliegens den Reifen einfach unter den Füssen durch, oder über den Kopf und unter den Füssen durch und gelangt mit gehobenem Reifen ins Wasser.
   c. Mit wagerecht über dem Kopf gehaltenem Reifen, den man bei Berührung des Wassers schwimmen lässt.

Diese »Reifensprünge« können aus dem Hockstand, Streckstand, Kniestand, mit Anlauf, Drehungen u. s. w. dargestellt werden.

2) Man springt mit dem Kopf voran ins Wasser.

   a. In den schwimmenden Reifen mit aufgestreckten Armen (Taf. 5, Fig. 7).
   b. Mit am Körper anliegenden Armen, und kann
   c. dann sofort durch einen zweiten Reifen auftauchen (Taf. 8, Fig. 1 c).
   d. Mit dem Reifen, in welchen man sich gestellt hat und den man in der Hüftgegend festhält, bei Berührung des Wassers aber schwimmen lässt (Taf. 8, Fig. 14).
   e. Durch den Reifen, welcher
     aa. aufgehängt ist (Taf. 5, Fig. 8), wobei der Sprung noch dadurch sehr erschwert werden kann, dass der Reifen nur an einer Schnur aufgehängt ist,

sich an dieser Aufhängeschnur dreht und somit
der Springer genöthigt wird, den günstigsten
Augenblick zum Durchsprung wahrzunehmen;

bb. von einem auf der Brettkante Sitzenden
über dem Kopf (wie Taf. 8, Fig. 16), oder einem
Stehenden seitwärts gehalten wird (Taf. 8, Fig. 15 a).
Auch kann Einer auf dem Kopf auf der Brett-
kante stehen, und zwischen den gegrätschten
Beinen den Reifen halten.

f. Durch einen gehaltenen und in einen schwimmenden Reifen (Taf. 8, Fig. 16).

g. Durch einen gehaltenen, in einen schwimmenden und Auftauchen durch einen dritten
schwimmenden Reifen (Taf. 8, Fig. 16 bzw. Fig. 1 c).

h. Durch zwei oder mehrere gehaltene Reifen.
(Taf. 8, Fig. 15 b).

3) Man springt mit Luftsprung.

Der Sprung kann vorwärts und rückwärts geschehen und
zwar so, dass der Springer

a. den Luftsprung nach dem Sprung durch den
Reifen ausführt (Taf. 8, Fig. 15 a); oder

b. während des Sprunges einen Reifenschwung
macht; oder

c. nach dem Luftsprung in einen Reifen springt.

B. Sprünge mit wagerecht getragener Stange.

1) Mit Haltung der Stange über dem Kopf: einfacher Sprung fusswärts ins Wasser.

2) Mit Durchhocken über die Stange während
des Fliegens, aus Stand vorlings und rücklings, und
zwar so, dass die Stange entweder

a. vorwärts übersprungen und rückwärts
fortgeschleudert wird, oder

b. rückwärts übersprungen und über den
Kopf geschwungen und festgehalten wird.

3) Mit Luftsprung
   a. vorwärts (Taf. 8, Fig. 17a),
   b. rückwärts (Taf. 8, Fig. 17b).
Man kann zu diesen Uebungen theils leichte Stäbe, theils schwere Stangen, bzw. den Kugelstab benutzen.

C. Sprünge mit dem Kugelstab (Knopfstab).*)

1) Mit einem Stab.

a. **Man macht einen einfachen Stabsprung ins Wasser**, mit und ohne Drehung um die Längenaxe.
b. **Man setzt sich mit dem einen Schenkel auf die Kugel (den Knopf)**, schlingt Fuss und Unterschenkel um den Stab, stösst mit dem andern Bein ab und fährt so, mit den Füssen oder dem Kopf voran, ins Wasser.
c. **Man fasst den Stab mit beiden Händen dicht unter dem Knopf, Daumen oben,** stösst das andere Ende in den Grund, schwingt sich reitend auf, stürzt vorwärts, lässt den Stab los und springt mit vorgestreckten Händen oder auch nur mit Rückschwung der Beine kopfwärts ins Wasser.
d. **Man legt sich mit dem Leib auf die Kugel,** fasst den Stab mit den Händen (Daumen unten) unterhalb derselben und fährt, den Kopf voran, ins Wasser (Titelbl. Fig. 15).
e. **Man stützt die eine Hand auf die Kugel, fasst mit der andern den Stab unterhalb der Kugel,** Daumen unten, stösst kräftig ab, schwingt die Beine hoch und gelangt mit einer ganzen Drehung vorwärts um die Breite (mit Ueberschlag) fusswärts ins Wasser (Titelbl. Fig. 16).
f. **Man beginnt wie bei d, gelangt aber mit einem Ueberschlag, die Füsse voran, ins Wasser.**

---

*) Bei diesen und den weiterhin folgenden Sprüngen von Geräthen und Gerüsten setzen wir die Kenntniss der gewöhnlicheren Turnübungen voraus und werden uns daher in der Beschreibung möglichst kurz fassen.

2) Mit zwei Stäben.

a. **Man stützt sich mit den Achseln auf die Kugeln**, ergreift die Stäbe unterhalb derselben (Daumen unten), stösst mit den Füssen ab und springt

aa. **mit Vorschwung der Beine fusswärts ins Wasser.** Im Fliegen können die Beine auch gegrätscht und wieder geschlossen, gekreuzt und die Knice gehoben und gestreckt werden. Auch kann man mit gleichzeitigem Abstoss der Hände eine Drehung um die Längenaxe machen und rückwärts ins Wasser springen.

bb. **Mit Rückschwung der Beine kopfwärts ins Wasser**, indem die Hände festhalten oder loslassen und sich vorstrecken.

cc. **Mit Rückschwung der Beine und ganzer Drehung vorwärts um die Breitenaxe** (Ueberschlag vorwärts) fusswärts ins Wasser.

b. **Man stützt sich mit den Händen auf beide Kugeln.** Der Einsprung ins Wasser wie bei a. Doch lässt sich hier auch noch ein Ueberschlag rückwärts ausführen.

c. **Man hängt sich an die Stäbe**, indem die Hände dicht unter den Kugeln dieselben erfassen und springt wie bei a ins Wasser, nur mit dem Unterschied, dass der Ueberschlag (das Ueberdrehen) mit dem Vorschwung der Beine, also rückwärts geschicht.

Bei allen diesen Sprüngen muss man die Stäbe, sobald man sich dem Wasser nähert, wo möglich seitwärts fortstossen, um eine Berührung des Körpers mit denselben zu vermeiden.

V. Sprünge von Geräthen und Gerüsten.

A. Sprünge von der senkrechten Leiter.

1) Sprünge auf die Füsse von der höchsten oder von einer tieferen Sprosse herab, dem Wasser zu- oder abgewendet, auch seitwärts und mit Drehungen um die Längenaxe.

2) Sprung über die Enden oder die oberste Sprosse der Leiter mit Kniesprung, Hocke, Grätsche, Kehre, Wende, Drehkehre, Drehwende, Flanke, ohne und mit flüchtigem Kniebeugen u. s. w.

3) Sprünge aus dem Stand wie bei 1, kopfwärts.

    a. Mit einer halben Drehung um die Breitenaxe vorwärts mit und ohne Aufstrecken der Arme (Titbl. Fig. 2).

    b. Dasselbe rückwärts (Titbl. Fig. 3).

    c. Mit einer Vierteldrehung um die Tiefenaxe und Aufstrecken des gleichseitigen Armes (Schwertsprung).

4) Dieselben Sprünge wie bei 3 aus dem Reitsitz auf der obersten Sprosse, wobei der dem Wasser zugewendete Fuss von einer der unteren Sprossen abstösst, mit entsprechender Drehung um Tiefen-, Längen-, Breitenaxe (Titbl. Fig. 4).

5) Sprünge aus dem Kniehang (Titbl. Fig. 1) oder Fersenhang an einer höheren Sprosse, bei Stütz der Hände auf einer tieferen mit halber Drehung rückwärts um die Breitenaxe. Sprung fusswärts ins Wasser.

6) Sprünge aus dem Zehenhang. Dieselbe Uebung wie bei 5, nur mit halber Drehung vorwärts um die Breitenaxe, auch mit Hinzunahme einer halben Drehung um die Längenaxe.

7) Sprung aus der Fahne mit einer Vierteldrehung um die Tiefenaxe fusswärts ins Wasser (Titbl. Fig. 5).

8) Luftsprünge mit ganzer Drehung um die Breitenaxe vor- oder rückwärts.

9) Sprünge unter der Wasserfläche. Man steigt an der Leiter abwärts bis zur untersten Sprosse,

u. beugt die Kniee, stösst ab, streckt sich aus
und schiesst, den Kopf voran, aus dem Wasser
hervor (aus dem Stande vorlings oder rücklings);
oder

b. man stützt die Hände auf eine höhere
Sprosse (aus dem Stande vorlings), springt unter
Beugung der Arme und Kniee mit halber Drehung
vorwärts um die Breitenaxe auf, streckt sich aus,
stösst mit den Händen ab und gelangt mit den
Füssen zuerst an die Oberfläche.

B. Sprünge von der Schranke und über dieselbe.

Diese Sprünge können theils von der Schranke herab, theils
über dieselbe hinweg geschehen.

Die meisten derselben sind bereits im Vorhergehenden beschrieben, und können wir uns um so mehr mit der blossen Auf-
zählung derselben begnügen, als die zahlreichen Abbildungen
ein deutliches Bild der Hauptübungen geben.

1) Sprünge von der Schranke fusswärts.

Man springt ohne und mit Anlauf in den Stand, Sitz, Stütz
und macht hierauf die meisten Sprünge, die vom Springbrett
ausgeführt werden.

a. Ohne Drehung.

aa. Aus dem Streckstand wie bei I. A. 1 a—e.

bb. Aus dem Hockstand wie bei I. A. 2 a u. b.

cc. Aus dem Kniestand wie bei I. A. 3 a u. b (Taf. 3, Fig. 14 u. 15).

dd. Aus dem Seitsitz wie bei I. A. 4.

ee. Aus dem Stütz wie bei I. A. 5 a—e (Taf. 3, Fig. 9, 10, 13).

b. Mit Drehung um die Längenaxe.

aa. Im Fliegen wie bei I. B. 1 a.

bb. Vor dem Fliegen wie bei I. B. 1 b aa u. bb.

2) Sprünge von der Schranke kopfwärts.

a. Mit halber Drehung vorwärts um die Breitenaxe.

aa. Aus dem Hockstand vorlings wie bei II. A. 1 a bb, cc u. b.

bb. Aus dem Streckstand vorlings wie bei II. A. 2 a—d.

cc. Aus dem Kniestand vorlings wie bei II. A. 3 a bb, cc.

b. **Mit halber Drehung rückwärts um die Breitenaxe.**

aa. Aus dem Hockstand rücklings, wie bei II. B. 1 a bb cc.

bb. Aus dem Streckstand rücklings, wie bei II. B. 2 a u. b.

cc. Aus dem Kniestand rücklings, wie bei II. B. 3 a u. b.

c. **Mit halber Drehung seitwärts um die Tiefenaxe.**

aa. Aus dem Hockstand seitlings, wie bei II. C. 1. Das sprungfreie Bein hängt an der dem Wasser abgewendeten Seite herab.

bb. Aus dem Streckstand seitlings, wie bei II. C. 2 a.

d. **Mit gleichzeitiger Drehung um die Längenaxe bei halber Drehung um die Breitenaxe.**

aa. Aus dem Hockstand, wie bei II. D. 1.

bb. Aus dem Streckstand, wie bei II. D. 2 a bis d.

e. **Mit vorausgehender Drehung um die Breitenaxe.**

Aus dem Handstehen, wie bei II. E. 3 a u. b (vergl. Taf. 6. Fig. 9).

3) Luftsprünge von der Schranke.

a. **Aus dem Hockstand,**

wie bei III. A. 1 und 2.

b. **Aus dem Streckstand,**

wie bei III. A. 3 a und c und 4 bis 7.

c. **Aus dem Kniestand,**

wie bei III. A. 8 und 9.

4) Sprünge über die Schranke.

Die Uebungen können aus Stand, Stütz und mit Anlauf gemacht werden.

a. **Sprünge fusswärts mit Aufstützen der Hände.**

aa. Hocke vorwärts (Taf. 3, Fig. 11).

bb. Hocke rückwärts mit Drehung um die Längenaxe (Taf. 3, Fig. 12).

cc. Hocke mit Wendeschwung (Affensprung).

dd. Hocke des einen Beines und Spreizen des andern Beines (Wolfsprung. Taf. 6, Fig. 7).

10*

ee. Wende (Taf. 6, Fig. 5).
ff. Kehre (Taf. 6, Fig. 3).
gg. Grätsche (Taf. 6, Fig. 8).
hh. Drehwende (Taf. 6, Fig. 4).
ii. Drehkehre.
kk. Ueberschlag und Ueberschlagwende (ähnlich wie Taf. 6, Fig. 9).
ll. Wage mit Drehling (wie I. B. 3 a dd und Taf. 6, Fig. 6).

b. Sprünge fusswärts ohne Aufstützen der Hände. Freisprung.

c. Sprünge kopfwärts aus dem Handstehen.
aa. Rückwärts, entsprechend II. E. 3 a und Taf. 6, Fig. 9.
Dreht man sich bei diesem Handstehen rücklings um
die Längenaxe und gelangt so in das Handstehen vorlings, so kann man auch den Sprung
bb. vorwärts ausführen, wie bei II. E. 3 b.

d. Sprünge kopfwärts mit flüchtigem Aufstützen der Hände.
Man stellt sich ungefähr 2 Fuss von der Schranke auf,
stützt die Hände in Hüftbreite auf dieselbe, beugt Ellenbogen-,
Knie- und Hüftgelenk, stösst mit den Füssen, die Beine
streckend und das Gesäss ein wenig hebend, kräftig ab und
zieht dann das Kreuz unter starkem Zurückbeugen des Kopfes
ein; gleichzeitig reissen die Arme den Körper mit starker
Beugung über die Schranke hinüber, strecken sich, stossen ab,
und der Körper schiesst, den nach dem Abstoss sich schnell
auf die Brust neigenden Kopf voran, ins Wasser (Taf. 5, Fig. 9).
Man sichert und unterstützt den Sprung beim Erlernen desselben dadurch, dass man sich seitlings von der Schranke aufstellt, den einen Arm in Höhe der Schranke und mit ihr gleichlaufend vorhält, den andern griffbereit hat, um den Aufsprung
der etwa nicht kräftig genug abstossenden Beine des Springenden zu fördern, während der erstere Arm dazu dient, das Aufschlagen des Körpers auf die Schranke und das Ueberschlagen
zu verhüten.

Man darf diesen Sprung von keiner zu grossen Höhe (nicht
über 8 bis 10 Fuss) herunter machen, weil sonst ein Ueberschlagen fast nicht zu vermeiden ist.

Der Sprung lässt sich ausführen:
aa. Mit Vorstrecken der Arme.

bb. Mit Anlegen der Arme an die Seiten.

cc. Mit Drehung um die Längenaxe als Schraube (Taf. 5, Fig. 10).

dd. Dieselben Sprünge in einen auf dem Wasser schwimmenden Reifen.

ee. Dieselben Sprünge durch einen wagerecht bzw. senkrecht über dem Wasser gehaltenen Reifen.

ff. Dieselben Sprünge durch mehrere Reifen.

e. Sprünge kopfwärts ohne Aufstützen der Hände.

Die unter IV. A. 2 ausser d erwähnten Sprünge kopfwärts, hat man als vorbereitende Uebungen zu diesen Sprüngen anzusehen, deren Schwierigkeit nur in der Befürchtung beruht, sich an der festen Schranke im Falle des Misslingens verletzen zu können. Der Lehrer kann diese Furcht am besten durch die oben angedeutete Hülfegebung beseitigen.

Die Sprünge sind dieselben wie unter d.

C. Sprünge vom festen Reck.

Wir besprechen hier hauptsächlich die Sprünge kopfwärts, erwähnen von den Sprüngen, welche die Füsse zuerst ins Wasser führen, nur die Sprünge mit ganzer Drehung um die Breitenaxe (Ueberschlagsprünge) und wollen von den übrigen ganz allgemein bemerken, dass, wie man beim Reckturnen auf dem Lande nach Vollendung der betreffenden Uebung zur Erde niederspringt, so beim Reckturnen über dem Wasser ein Sprung ins Wasser ausgeführt werden kann und somit eine grosse Fülle von Uebungsmöglichkeiten geboten wird.

Die im Folgenden behandelten Sprünge gruppiren wir nach den verschiedenen Ausgangshaltungen und Stellungen am Reck, nach Hang, Stütz, Sitz und Stand. Dieselben können entweder auf dem kürzesten Wege und in einfachster Weise eingenommen werden, oder es kann ihnen eine besondere und passende Turnübung vorausgehen, an welche sich dann Ausgangshaltung und Einsprung ins Wasser unmittelbar anschliesst. Wir werden von solchen Uebungen einige Beispiele geben, uns aber jeder eingehenden Beschreibung enthalten.

1) Aus dem Sturzhang kopfwärts.

Die meisten der folgenden Uebungen entsprechen den Sprüngen unter II. A. 6

a. Aus dem Seitsturzhang mit hockenden Beinen.

b. Aus dem Seitsturzhang vorlings mit gestreckten Beinen.

c. Aus dem Seitsturzhang rücklings mit gestreckten Beinen.

d. Aus dem Quersturzhang vorlings und (vermittelst des Durchzugs) rücklings.

e. Aus dem Kniehang an beiden Knieen.

f. Aus dem Kniehang an einem Knie, das hangfreie Bein vor oder hinter dem Reck.

g. Aus dem Zehenhang.

h. Aus dem Fersenhang.

i. Diese Sturz-Uebungen mit verschiedenen Armhaltungen während des Stürzens.

k. Diese Sturz-Uebungen mit gleichzeitiger Drehung um die Längenaxe während des Stürzens (Schraube).

2) Aus dem Liegehang mit Drehung um die Breitenaxe.

Bei diesen Sprüngen müssen die Beine (Füsse) etwas länger im Hang verweilen wie die Hände, und muss der Körper nach dem Loslassen sich sofort ausstrecken, um ein flaches Aufschlagen auf das Wasser zu vermeiden.

a. Aus dem Liegehang rücklings (das Gesicht dem Wasser zugewendet).

aa. Nesthang (Kopfsprung aus dem Nesthang).

bb. Schwimmhang (Kopfsprung aus dem Schwimmhang).

b. Aus dem Liegehang vorlings (das Gesicht dem Wasser abgewendet) bzw. seitlings.

aa. Querliegehang (Kopfsprung aus dem Querliegehang).

bb. Seitliegehang (Kopfsprung aus dem Seitliegehang).

3) Aus dem Wagehang mit Drehung um die Breitenaxe.

   a. Aus der Wage an einem Knie mit unter die Stange gestützter Fussspitze des andern Beines (Kopfsprung aus der Wage an einem Knie).

   b. Aus der Wage rücklings im Seit- oder Querhang (Kopfsprung aus der Wage rücklings).

   c. Aus der Wage vorlings im Seit- oder Querhange (Kopfsprung aus der Wage vorlings).

4) Aus dem Seit- oder Querhang mit Armzucken Aufschwingen der Beine und Drehung um die Breitenaxe.

   a. Aus dem Seithang vorlings: Aufschwung der Beine zum flüchtigen Sturzhang, Loslassen und Sturz auf den Kopf (Kopfsprung aus dem Seithang vorlings).

   b. Aus dem Querhang vorlings: dieselbe Uebung mit Grätschen der Beine, die nach dem Loslassen gegrätscht bleiben oder geschlossen werden können (Kopfsprung aus dem Querhang vorlings).

   c. Aus dem Seithang bzw. Querhang rücklings mit Rückschwung der Beine (Kopfsprung aus dem Seithang bzw. Querhang rücklings).

   d. Aus dem Querhang vorlings: mit Grätschen der Beine ganze Drehung um die Breitenaxe (Ueberschlag aus dem Querhang).

   Man schwingt unter gleichzeitigem Zucken der Arme, unter starker Beugung des Hüftgelenkes, die Beine grätschend kräftig auf, so dass das Gesäss fast die Stange berührt, lässt los, streckt sich aus und springt mit geschlossenen Beinen fusswärts ins Wasser.

5) Aus dem Seithang mit Vor- und Rückschwingen und Drehung um die Breitenaxe.

   Man schwingt kräftig vor- und rückwärts, lässt kurz vor dem Ende des Schwunges los und stürzt mit einer Drehung um die Breitenaxe kopfwärts ins Wasser.

a. Am Ende des Rückschwunges vorwärts drehend.

aa. Mit ¼ Drehung vorwärts um die Breitenaxe (Kopfsprung aus dem Rückschwung, wie Titelbl. Fig. 11 a).

bb. Mit ¾ Drehung vorwärts um die Breitenaxe (Ueberschlag aus dem Rückschwung. Titelbl. Fig. 11 b). Mit dem Loslassen beugt man plötzlich Kopf und Hüftgelenk vorwärts und streckt mit dem Niedersprung auf die Füsse sich wieder aus.

b. Am Ende des Vorschwunges rückwärts drehend.

aa. Mit ¼ Drehung rückwärts um die Breitenaxe (Kopfsprung aus dem Vorschwung).

bb. Mit ¾ Drehung rückwärts um die Breitenaxe (Ueberschlag aus dem Vorschwung, wie Titelbl. Fig. 12). Die Beine können während des Ueberdrehens grätschen, müssen aber beim Einsprung ins Wasser wieder geschlossen sein.

o. Uebung aa unter a und b mit gleichzeitiger Drehung um die Längenaxe (Schraube)

aa. beim Rückschwung (Schraube aus dem Rückschwung),

bb. beim Vorschwung (Schraube aus dem Vorschwung).

6) Aus dem Stütz mit halber Drehung um die Breitenaxe.

Man neigt sich bei gestreckt bleibendem Körper in den Sturzhang und stürzt unter gleichzeitigem Loslassen der Hände auf den Kopf.

a. Aus Stütz vorlings, vorwärts drehend und vorwärts stürzend (Kopfsprung vorwärts aus Stütz vorlings. Taf. 6, Fig. 11).

b. Aus Stütz rücklings, rückwärts drehend und rückwärts stürzend (Kopfsprung rückwärts aus Stütz rücklings, ähnlich wie Taf. 6, Fig. 12).

c. Aus Stütz vorlings, rückwärts drehend und rückwärts stürzend (Kopfsprung rückwärts aus Stütz vorlings. Taf. 6, Fig. 10).

d. Aus Stütz rücklings, vorwärts drehend und vorwärts stürzend (Kopfsprung vorwärts aus Stütz rücklings).

7) Aus dem Seitsitz mit Drehung um die Breitenaxe.

a. Mit halber Drehung (aus dem Seitsitz auf beiden Schenkeln oder einem Schenkel), Sturz auf den Kopf bei möglichst gestrecktem Körper

  aa. vorwärts (Kopfsprung vorwärts aus dem Seitsitz),
  bb. rückwärts (Kopfsprung rückwärts aus dem Seitsitz (Taf. 6, Fig. 12).

b. Mit ganzer Drehung rückwärts.

  aa. Mit flüchtigem Uebergehen in den Kniehang (Stehschwung, ähnlich wie Titelbl. Fig. 14a u. b).
  bb. Mit flüchtigem Uebergehen in die Rückenlage (Kreuzabschwung).

8) Aus dem Reitsitz mit halber Drehung um die Tiefenaxe (Kopfsprung aus dem Reitsitz).

Die Hände können bei diesen Uebungen flüchtigen Griff nehmen oder den Griff ganz aufgeben.

9) Aus dem Quersitz (auf einem Schenkel) mit halber Drehung um die Breitenaxe.

a. Sturz auf den Kopf vorwärts diesseits der Stange (Kopfsprung vorwärts aus dem Quersitz).

b. Sturz auf den Kopf vorwärts jenseits der Stange, mit gleichzeitiger Drehung um die Längenaxe.

c. Sturz auf den Kopf rückwärts jenseits der Stange (Kopfsprung rückwärts aus dem Quersitz).

10) Aus dem Stand auf dem Reck. Sprünge kopfwärts.

Entsprechend den Uebungen unter V. B. 2.

11) Luftsprünge vom Reck.

Entsprechend den Uebungen unter V. B. 3.

12) Aus dem Handstehen auf dem Reck.

a. Umkippen vorwärts, vergl. I. B. 2 e.

b. Sprung kopfwärts, entsprechend den Uebungen unter V. B. 4. c (Taf. 6, Fig. 9).

13) Sprünge ins Wasser nach vorausgegangener
besonderer Turnübung, z. B.:

a. Felg-Ueberschwung oder -Umschwung bis zur
wagerechten Lage wie Taf. 3, Fig. 10 und Sturz vorwärts auf den Kopf.

b. Hocke rückwärts zum Handstehen und Sturz
rückwärts auf den Kopf (Taf. 6, Fig 9).

c. Wende, wie Taf. 6, Fig. 5, und Sturz vorwärts auf den
Kopf.

d. Kehre, wie Taf. 6, Fig. 4, und Sturz rückwärts auf den
Kopf.

e. Kippe oder Schwungstemmen und Sturz vorwärts
auf den Kopf, wie Taf. 6, Fig. 11. Auch mit flüchtigem
Knieheben.

f. Kippe oderSchwungstemmen zumHock-,Streck-,
Knie-, Grätschstand und Luftsprung rückwärts oder
vorwärts.

g. Riesenschwung zum Handstehen, Drehung um
die Längenaxe im Handstehen und Sturz auf den
Kopf vorwärts oder rückwärts.

D. Sprünge vom Schaukelreck.

Das Schaukelreck ist neben dem festen Reck ein Hauptgeräth für das Wasserturnen.

Im Ganzen entsprechen die Uebungen am Schaukelreck
denen am festen Reck, jedoch mit dem Unterschied, dass der
Widerstand, den die feste Stange dem Abstoss bietet, bei dem
Schaukelreck fortfällt und dadurch manche Uebungen sehr erschwert bzw. unmöglich werden, wohingegen andere durch diese
Schaukelbewegung begünstigt werden und sich schöner darstellen
lassen.

Die Uebungen zerfallen in zwei Hauptgruppen, in:

Uebungen am ruhig hangenden Reck

und in: Uebungen am schaukelnden Reck.

Wir beschäftigen uns hier nur mit den letzteren, man
schaukele aber nicht zu lange, bevor man den Absprung macht;
es ermüdet und regt zugleich auf (erhitzt).

1) Sprünge aus dem Stand.

Man steht auf dem Reck in Grund- oder Grätschstellung, die Hände fassen die Seile.

a. Absprung vorwärts am Ende des Vorschaukelns.

aa. Ohne Drehung um die Breitenaxe weit hinaus (fusswärts), wobei im Fliegen flüchtiges Knieheben, Fersenheben, Beingrätschen und -schliessen, Drehungen um die Längenaxe u. s. w. vorgenommen werden können.

bb. Mit halber Drehung vorwärts um die Breitenaxe (kopfwärts), flach (Titbl. Fig. 7) ohne und mit Absprung, oder steil mit flüchtigem Knieheben (Hechtsprung), wobei die Hände vorgestreckt oder an den Körper gelegt werden (Kopfsprung vorwärts beim Vorschaukeln).

cc. Mit ganzer Drehung vorwärts um die Breitenaxe (fusswärts). (Luftsprung vorwärts beim Vorschaukeln.)

b. Absprung rückwärts am Ende des Vorschaukelns. Man springt ab, noch ehe das Vorschaukeln ganz vollendet ist.

aa. Ohne Drehung um die Breitenaxe (fusswärts).

bb. Mit halber Drehung rückwärts um die Breitenaxe (kopfwärts). (Titbl. Fig. 8 Kopfsprung rückwärts beim Vorschaukeln.)

cc. Mit ganzer Drehung rückwärts um die Breitenaxe (fusswärts). (Luftsprung rückwärts beim Vorschaukeln).

c. Absprung vorwärts am Ende des Rückschaukelns.

aa. Ohne Drehung um die Breitenaxe (fusswärts).

bb. Mit halber Drehung vorwärts um die Breitenaxe (kopfwärts). (Kopfsprung vorwärts beim Rückschaukeln.)

cc. Mit ganzer Drehung vorwärts um die Breitenaxe (fusswärts). (Luftsprung vorwärts beim Rückschaukeln.)

d. **Absprung rückwärts am Ende des Rückschaukelns.**
aa. Ohne Drehung um die Breitenaxe (weit hinaus fusswärts).
bb. Mit halber Drehung rückwärts um die Breitenaxe (kopfwärts). (Kopfsprung rückwärts beim Rückschaukeln).
cc. Mit ganzer Drehung rückwärts um die Breitenaxe (fusswärts). (Luftsprung rückwärts beim Rückschaukeln.)

2) Sprünge aus dem Streckhang.
Man hängt an der Stange im Seithang.
a. **Absprung am Ende des Rückschaukelns.**
aa. Ohne Drehung. Die Hände lassen einfach los und man springt fusswärts ins Wasser.
bb. Mit Drehung um die Längenaxe (fusswärts).
cc. Mit halber Drehung vorwärts um die Breitenaxe (kopfwärts). (Kopfsprung vorwärts aus dem Hang beim Rückschaukeln, Titbl. Fig. 11 a).
dd. Mit ganzer Drehung vorwärts um die Breitenaxe (fusswärts). (Ueberschlag vorwärts aus dem Hange beim Rückschaukeln, Titbl. Fig. 11 b).
b. **Absprung am Ende des Vorschaukelns.**
Die Uebungen wie bei 2 a, nur dass die entsprechende Drehung um die Breitenaxe rückwärts geschieht. Die Beine können hier beim Ueberschlagen auch grätschen und schliessen (Titbl. Fig. 12).

3) Sprünge aus dem Sturzhang.
Man hängt an der Stange im Seitsturzhang.
a. **Absprung am Ende des Rückschaukelns.**
aa. Ohne Drehung. Die Hände lassen einfach los und man stürzt kopfwärts ins Wasser (Kopfsprung aus dem Sturzhang beim Rückschaukeln).
bb. Mit Drehung um die Längenaxe (kopfwärts). (Schraube aus dem Sturzhange beim Rückschaukeln.)
cc. Mit halber Drehung rückwärts bzw. vorwärts um die Breitenaxe (fusswärts).

b. Absprung am Ende des Vorschaukelns.
Entsprechend wie bei 3 a.

4) Sprünge aus dem Knichang.

Entsprechend den Uebungen unter 3 a. b.

Der Abschwung mit halber Drehung rückwärts um die Breitenaxe beim Rückschaukeln ist der Stehschwung (Titbl. Fig. 14 a u. b).

5) Sprünge aus dem Liegehang.

a. Aus dem Schwimmhang. Hände an den Seilen, Füsse an der Stange. Beim Rückschaukeln oder beim Vorschaukeln.

    aa. Halbe Drehung vorwärts um die Breitenaxe. Sturz kopfwärts (Kopfsprung vorwärts aus dem Schwimmhang beim Rückschaukeln, Titbl. Fig. 13, oder beim Vorschaukeln).

    bb. Ganze Drehung vorwärts um die Breitenaxe (fusswärts). (Luftsprung vorwärts aus dem Schwimmhang beim Rückschaukeln oder beim Vorschaukeln.)

b. Aus dem Nesthang.
Hände und Füsse an der Stange. Entsprechend den Uebungen unter 5 a.

6) Sprünge aus dem Wagehang rücklings.

Einfacher Sturz auf den Kopf mit Vierteldrehung vorwärts um die Breitenaxe beim Vor- oder Rückschaukeln (Kopfsprung aus der Wage beim Vor- bzw. Rückschaukeln).

7) Sprünge aus dem Stütz.

Hände an der Stange.

a. Aus dem Streckstütz vorlings.

    aa. Beim Vorschaukeln halbe Drehung vorwärts um die Breitenaxe und Sturz kopfwärts (Kopfsprung vorwärts aus dem Stütz vorlings, Titbl. Fig. 10).

    bb. Beim Rückschaukeln halbe Drehung rückwärts um die Breitenaxe und Sturz kopfwärts (Kopfsprung rückwärts aus dem Stütz vorlings).

b. Aus dem Knickstütz rücklings beim Rückschaukeln.

Halbe Drehung vorwärts um die Breitenaxe
und Sturz kopfwärts (Kopfsprung vorwärts aus dem
Knickstütz rücklings, Titbl. Fig. 9).

8) Sprünge aus dem Seitsitz.

Hände an den Seilen. Bei den Uebungen vorwärts gleitet
man von der Stange ab, bei den Uebungen rückwärts gleitet man
über die Stange hinweg.

Mit Ausnahme des Absprunges rückwärts ohne Drehung,
der aus dem Sitz nicht gemacht werden kann, werden die dar-
stellbaren Uebungen ähnlich denen unter 1 a, b, c, d gemacht.

9) Sprünge ins Wasser mit vorausgegangener beson-
derer Turnübung, z. B.:

a. Man schaukelt im Stütz vorlings, lässt sich mit
dem Ende des Schaukelschwunges flink nieder in den
Hang und stellt dann die unter 2. angeführten Uebungen dar.

b. Man schaukelt im Seitsitz, fällt in den Kniehang
und macht einen Stehschwung, oder fällt in den Sturzhang, und stellt die unter 3. angeführten Uebungen dar.

c. Man schaukelt im Beughang, macht einen Ueberschwung über die Stange und stürzt mit halber Drehung
vorwärts um die Breitenaxe kopfwärts ins Wasser oder
schwingt sich in den Stütz und macht die unter 7. angeführten Uebungen.

d. Man schaukelt im Sturzhang rücklings, macht
einen Kreuzaufschwung zum Sitz und stürzt mit halber
Drehung vorwärts um die Breitenaxe kopfwärts ins
Wasser, oder man hebt sich aus diesem Sitz in den
Stand auf der Stange und führt die unter 1. bezeichneten
Uebungen aus.

e. Man schaukelt im Seitsitz, lässt sich nieder in
Hang rücklings, schwingt sich in den Liegehang bzw.
Wagehang und macht die unter 5. u. 6. angeführten
Uebungen.

E. Sprünge von den Schaukelringen.

Die Sprünge von den Schaukelringen entsprechen im Ganzen denen vom Schaukelreck; das Fehlen der Stange erleichtert einige Uebungen, z. B. die Ueberschlagesprünge, erschwert aber andere, wie die Stützsprünge und Standsprünge, macht wieder andere unmöglich, wie die Absprünge aus dem Knichange. Wir berücksichtigen auch hier nur die Schaukelübungen.

1) Sprünge aus dem Stand.

Um bei dem Abspringen durch die Ringe nicht behindert zu werden, stellt man sich bei den Vorwärtssprüngen mit den Fersen in die Ringe, bei den Rückwärtssprüngen mit den Fussspitzen. Die Hände ergreifen die Seile. Die Absprünge sind wie bei D. 1 a, b, c, d.

2) Sprünge aus dem Streckhang
wie bei D. 2 a u. b.

3) Sprünge aus dem Sturzhang
wie bei D. 3 a u. b.

4) Sprünge aus dem Seitliegehang.
Hände an den Ringen, Füsse an den Seilen oder Ringen wie bei D. 5 a u. b.

5) Sprünge aus dem Wagehang rücklings
wie bei D. 6.

6) Sprünge aus dem freien Stütz.
a. Aus dem Streckstütz wie bei D. 7 a.
b. Aus dem Knickstütz wie bei D. 7 b.

7) Sprünge ins Wasser mit vorausgegangener besonderer Turnübung, z. B.
a. Die Uebungen wie bei D. 9 a u. c.
b. Man macht beim Vorschaukeln ein Aufstemmen zum Streckstütz, fällt zurück in den Sturzhang und stürzt auf den Kopf oder stellt die Uebungen unter D. 3 dar.

c. Man schaukelt im Stütz, hebt die grätschenden Beine unter Beugung der Arme zum Handstehen und stürzt auf den Kopf.

d. Man macht im Stütz während des Schaukelns einen Ueberschlag vorwärts und springt fusswärts ins Wasser.

e. Man schaukelt im Stütz, fällt nieder in den Hang und macht einen Ueberschlag rückwärts oder vorwärts zwischen den Seilen am Ende des Vor- oder des Rückschaukelns.

f. Man schaukelt im Knickstütz und macht mittelst eines gestreckten Hebens des Körpers eine Drehung vorwärts zum Handstehen oder zum Ueberschlag und springt kopfwärts bzw. fusswärts ins Wasser.

g. Man schaukelt im gestreckten Hange, schwingt die Fussspitzen in die Ringe, lässt die Hände los zum Zehenhange und stürzt beim Vor- oder Rückschaukeln auf den Kopf.

F. Sprünge auf und über den Springbock.

Aus Stand, mit Angehen und Anlaufen.

1) Sprünge fusswärts, z. B.:

a. Aus dem Reitsitz: vorwärts Abgrätschen zum Sprung ins Wasser.

b. Aus dem Reitsitz, Scheere und rückwärts Abschwingen.

c. Aus dem Kniestand auf beiden Knieen und einem Knie (Knieabsprung).

d. Aus dem Hockstand auf beiden Beinen und einem Bein.

e. Aus dem Streckstand auf beiden Beinen und einem Bein.

f. Durchhocken zum Sitz und vorwärts Abspringen.

g. Durchhocken zum Stütz rücklings und vorwärts Abspringen.

h. Grätschsprung über den Bock mit flüchtigem Aufstützen der Hände (Bocksprung vorwärts, ähnlich

Taf. 7, Fig. 10a). Kräftiges Strecken des Körpers nach dem Abstoss der Hände. Auch mit Armthätigkeiten, als: Aufschwingen der Arme, Handklappen über dem Kopf vor dem Niedersprung u. s. w.

i. Bocksprung mit Vierteldrehung um die Längen-axe nach dem Aufsprung (Bocksprung seitwärts).

k. Bocksprung mit halber Drehung um die Längen-axe nach dem Aufsprung (Bocksprung rückwärts, ähnlich Taf. 7, Fig. 10b).

l. Bocksprung mit Drehungen um die Längenaxe nach dem Abstoss der Hände vor dem Einsprung ins Wasser.

m. Hocke, Kehre, Wende, Flanke u. s. w. über den Bock.

n. Ueberschlag rückwärts aus der Rückenlage auf dem Bock (Rolle rückwärts).

o. Hohe Wende aus dem Handstehen (Ueberschlag-wende).

p. Ueberschlag mit gebeugten oder gestreckten Armen.

q. Handstehen und Grätschsprung (Abgrätschen aus dem Handstehen).

r. Luftsprünge vorwärts oder rückwärts vom Bock (wie bei III. A).

s. Freisprung mit Beinschliessen oder Beingrätschen.

t. Diebssprung ohne und mit Drehung um die Längen-axe nach dem Aufstützen der Hände.

2) Sprünge kopfwärts.

a. Die bereits früher genannten Sprünge kopf-wärts aus Stand, Sitz, Kniestand u. s. w. vom Springbrett herab, wie bei II. A. 1—5, 7 u. 8; B. 1—3; C, D.

b. Die Sprünge mit Anlauf und flüchtigem Auf-stützen der Hände wie an der Schranke unter V. B. 4 d.

c. Dieselben Sprünge ohne Aufstützen der Hände mit geschlossenen Beinen wie V. B. 4 e.

d. Grätschsprung über den Bock mit flüchtigem Aufstützen der Hände und angehängter halber Drehung vorwärts um die Breitenaxe (Grätschsprung mit Kopfsprung).

11

e. Hocke über den Bock mit flüchtigem Auf-
stützen der Hände und angehängter halber Drehung
vorwärts um die Breitenaxe (Hocke mit Kopfsprung).
Die Sprünge unter d u. c lassen sich auch mit ganzer
Drehung vorwärts um die Breitenaxe auf die Füsse ausführen
(Grätschsprung bzw. Hocke mit Luftsprung).

3) Sprünge in und durch den Reifen.

a. Sprünge in den schwimmenden Reifen.
Man macht einen Bocksprung und springt fusswärts in den
Reifen oder kopfwärts wie bei V. B. 4 d.

b. Sprung durch den vor dem Bock senkrecht gehaltenen Reifen,
also vor dem Aufstützen der Hände.

c. Sprünge durch den hinter dem Bock gehaltenen Reifen,
also nach dem Aufstützen der Hände, fusswärts:

aa. durch den wagerecht gehaltenen Reifen, mit
aufgestreckten Armen;

bb. durch den senkrecht gehaltenen Reifen, Arme
und Beine vorgestreckt (Fenstersprung). Nach dem
Durchsprung kräftiges Strecken des Körpers.

cc. durch den senkrecht gehaltenen Reifen kopfwärts.

VI. Gruppen- und Gesellschaftssprünge.

Es sind dies Sprünge, welche ein gemeinschaftliches Sich-
verhalten und Thun Zweier und Mehrerer in einer nach Zeit,
Raum und Form genau vorgeschriebenen Weise bedingen. Der
Springende hat bei diesen Sprüngen nicht bloss auf seine eigene
Thätigkeit zu achten, er muss dieselbe auch der des Mitübenden
anpassen, wenn die Uebung gelingen soll.

Man kann hierbei zwei Hauptgattungen von Sprüngen unterscheiden:

1) Solche Sprünge, bei denen die Uebenden über und nach
einander oder mit einander, sich gegenseitig stützend
(als Uebungsgeräth dienend), umfassend, Einer den Andern tragend ins Wasser springen, bei denen also die
Thätigkeit des Einen an und durch die Thätigkeit

oder das Sichverhalten des Andern gebunden
ist. Die Aufgaben können hierbei gleich oder verschie-
den sein. Die Thätigkeit des Einzelnen kann mehr oder
weniger in den Vordergrund treten, eine grössere oder
geringere Geschicklichkeit beanspruchen. Ihrer Natur
nach können diese Sprünge nur von einer geringen Zahl
von Uebenden vorgenommen werden, die meisten nur
von Zweien, wenige von Dreien oder Mehreren. Diese
Sprünge, bei denen die gemeinschaftlich Uebenden eine
auf verhältnissmässig kleinem Raum beschränkte, genau
begrenzte, in sich abgeschlossene und eng verbundene
Gruppe bilden (vgl. Taf. 7), nennen wir Gruppensprünge.

2) Solche Sprünge, bei denen zwar jeder ungehindert
von dem Mitübenden selbstständig für sich
springt, aber dadurch, dass die Bewegungen der Einzelnen nach Raum und Form vorher genau bestimmt
sind und nach einheitlichem Plan und Willen auf Befehl
gleichzeitig oder nach einander von derselben oder von
verschiedenen Absprungstellen (Springgeräthen) aus geschehen, ein Gesammtbild, eine turnerische Gesammt-
leistung erzielt wird. (Die Zahl der gleichzeitig Uebenden unterliegt der jeweiligen Anordnung.) Wir nennen
letztere Sprünge zum Unterschied von den unter 1 genannten Gesellschaftssprünge. *)

A. Gruppensprünge.

Wir bezeichnen die Uebenden mit A, B, C u. s. w.

1) Das Ueberspringen und Nachspringen.

B benutzt A, C u. s. w. als Geräth zum Ueberspringen.
A springt, wenn B den Sprung gemacht hat, sofort nach, muss
sich aber in Acht nehmen, dass er beim Einsprung ins Wasser
den Auftauchenden nicht berühre. Damit eine etwaige Berührung möglichst wenig nachtheilige Folgen habe, ist es zweck-

---

*) Diesen Namen giebt ihnen J. C. Lion in seinem Buch: „Die Turn-
übungen des gemischten Sprunges", indem er jene Bezeichnung zugleich
auch auf unsere „Gruppensprünge" ausdehnt. In anderen Turnbüchern
heissen sie, z. B. am Pferd, „Doppel- bzw. Dreisprünge".

mässig, nach dem Einsprung im Wasser keine Beinbewegungen zu machen, sondern dieselben still zu halten und nur mittelst der Hände und Arme aufzutauchen. Auch muss der zuerst Eingesprungene die Einspringstelle sofort freimachen, indem er möglichst schnell vorwärts oder seitwärts wegschwimmt.

a. Das Bockspringen.

A stellt sich, die Hände auf die Kniee gestützt, den Kopf vorgebeugt, in Schrittstellung vorlings oder rücklings (in Bockstellung) an der Springbrettkante auf, B läuft an und macht einen Bocksprung über A (Taf. 7, Fig. 10a u. b). A springt mit einem Sprunge kopfwärts oder mit Ueberschlag nach.

Der Bocksprung kann auch über mehrere Springer gemacht werden und können diese dann an der Brettkante Aufstellung nehmen:

aa. A und C langgestellt, wobei beide, der eine dem Wasser ab-, der andere ihm zugewendet, in Schrittstellung gegenseitig sich die Hände auf die Schultern legen und den Kopf neben einander zwischen den gebeugten Armen wider des Gegners Schulter stemmen.

bb. A und C breitgestellt, in gleicher Fassung wie bei der vorigen Uebung aa, jedoch hier die Seite dem Wasser zugewendet.

cc. Drei oder Vier übers Kreuz, wobei je der eine den einen Arm auf des Nebenstehenden Schultern, den andern auf des Nebenstehenden Rücken legt. Die Nachspringenden können nach verschiedener Richtung abspringen, z. B. schräg vorwärts oder seitwärts.

b. Das Pferdspringen.

aa. Am breitgestellten Pferd. Zwei bis vier Springer stellen sich in Bockstellung wie bei a neben einander, rücklings oder vorlings oder abwechselnd der eine vor-, der andere rücklings oder auch seitlings an der Abrichtung auf, und stellen so den langgestreckten Leib eines Pferdes dar. Nach dem Uebersprung von B machen alle zugleich ihren Sprung ins Wasser. Hierbei kann der Ueberspringende (B) alle die Sprünge machen, die bei den Sprüngen über die Schranke unter IV. B. 4 aufgezeichnet sind.

bb. Am langgestellten Pferd. Die obigen zwei oder vier Springer stellen sich auf dem Laufbrett hinter einander in Bockstellung so auf, dass der Hinterstehende dem vor ihm Stehenden Kopf und Hände aufs Kreuz legt, und sie so den langgestreckten Pferdeleib darstellen. B überspringt Alle der Länge nach etwa mit folgenden Sprüngen:

α. Mit Riesensprung grätschend mittelst Aufstützen der Hände (nach vorhergehender Verabredung) auf den Vordersten, einen der Mittleren oder den Hintenstehenden, die sich dann zu diesem Zwecke etwas höher aufrichten als die Anderen. Der Einsprung ins Wasser kann auch mit angehängter Drehung um die Breitenaxe kopfwärts geschehen.

β. Mit Riesenhocke bei geschlossenen Beinen zwischen den auf den Vordersten sich aufstützenden Armen hindurch (oder mit Riesenkatzensprung).

γ. Mit Rolle vorwärts über Alle hinweg oder nur zum Sitz auf dem Mittelsten, Aufhocken der Beine und Sturz ins Wasser.

δ. Mit Stützabgrätschen (Abfroschen) über den Vordersten nach einem Aufhocken auf den Hintenstehenden.

ε. Mit Todtenriesensprung (Ueberschlag mit gestreckten Armen) mit Stütz auf einen Mittleren oder den Vordersten, der Länge nach über Alle hinweg.

Nach dem Ueberspringen von B machen Alle schnell einen Sprung von ihrer Stellung aus seitwärts oder mit Drehung um die Länge vorwärts oder rückwärts ins Wasser.

c. Das Reckspringen.

A und C stellen, sich die Hände reichend oder gegenseitig sich den einen Arm auf die Schulter legend (in Schrittstellung), gleichsam eine Reckstange dar, über welche nun B seinen Wassersprung ausführt, z. B.:

aa. Ueberschlag mit Aufstützen des Kopfes auf den Armen von A und C, welche mit Luftsprung nachspringen.

bb. Hocke über die Arme mit Stütz auf den Schultern von A und C, welche mit Hockhaltung der Beine
und Umfassen der Kniee nachspringen.

cc. Felg-Ueberschwung über die Arme von A und C mit
Untergriff an denselben aus dem Stand rücklings und
Sprung fusswärts ins Wasser, A und C springen sofort
mit Schwertsprung schräg nach aussen u. s. w.

dd. Hohe Wende über die Arme von A und C, die mit
Todtensprung umkippen.

ee. Sturz kopfwärts mit flüchtigem Aufstützen
der Hände, A und C springen sofort mit Hechtsprung nach.

d. Das Ueberspringen mit Sturz auf den Kopf ohne Aufstützen der Hände (Ueberschiessen).

B macht einen Sprung über A mit halber Drehung vorwärts
um die Breitenaxe kopfwärts (als einfachen Kopfsprung
oder als Hechtsprung und Schraube). A nimmt hierbei
folgende Stellungen ein:

aa. Hockstand oder Kniestand (Taf. 8, Fig. 10. 11 a. b)
und springt kopfwärts sofort nach.

bb. Streckstand und stürzt im Augenblick, wo B über
ihn fortschiesst (Taf. 7, Fig. 8) mit Todtensprung ins
Wasser.

cc. Kopfstehen (Taf. 7, Fig. 7) mit Grätschhaltung
der Beine, schliesst sie, nachdem B über ihn fortge-
schossen ist, und springt schnell fusswärts oder kopfwärts nach.

dd. Handstehen, sonst wie beim vorigen Sprung.

ee. Liegen auf dem Rücken (Taf. 6, Fig. 1 a), mit emporgestreckten geschlossenen oder grätschenden Beinen
und macht nach dem Uebersprung von B die Rolle
rückwärts.

ff. Sitz auf der Brettkante (Taf. 6, Fig. 2 a, Taf. 8,
Fig. 12 u. 16).

e. Das Ueberschiessen durch vorgehaltene Reifen.

B schiesst kopfwärts durch einen oder mehrere von A oder
von A und C gehaltene Reifen. A bzw. A und C können
hierbei den Reifen halten:

aa. über dem Kopf (Taf. 8, Fig. 16) und mit einem
Reifensprung nachspringen;
bb. zur Seite (Taf. 8, Fig. 15 a) und kopfwärts nachspringen mit Reifenhaltung wie Taf. 8, Fig. 14;
cc. A und C, jeder einen Reifen über dem Kopf
(Taf. 8, Fig. 15 b) und dann zugleich den Sprung ins
Wasser fuss- oder kopfwärts ausführen, sobald B durch
die Reifen gesprungen ist;
dd. rückenliegend und zwischen den grätschenden Beinen
den Reifen haltend;
ee. kopfstehend (Taf. 4, Fig. 6 b) und den Reifen wie bei
der vorigen Uebung haltend;
ff. rückenliegend (ähnlich Taf. 8, Fig. 12) und zwei
Reifen so erfassend, dass der eine von den grätschenden Beinen, der andre mit den Händen gehalten wird.

f. Das Ueberspringen mit Luftsprung.

Aufstellung wie bei den vorigen Uebungen unter VI. A. 1 d.

2) Das Abwerfen und Nachspringen.

a. Das Abwerfen aus dem Wageliegen.

aa. Mit den Händen. A stellt sich einige Schritte von
der Springbrettkante dem Wasser zugewendet in Schrittstellung auf; B nimmt Stellung rücklings an der Brettkante, läuft auf A zu, springt auf, stützt die Hände
auf die Schultern von A; gleichzeitig ergreift letzterer
den B an den Oberschenkeln und hebt ihn in die
wagerechte Lage. So ihn tragend läuft A vorwärts bis
an die Brettkante und hier wirft er B mit kräftigem
Stoss ins Wasser, der nun seinerseits fusswärts oder
kopfwärts oder mit Luftsprung ins Wasser gelangt.
A springt sofort entsprechend nach.

Es können auch Zwei (A und C) dieses Abwerfen so
übernehmen, dass sie den vor ihnen dem Wasser abgewandten B stützend an den Armen ergreifen, der nun
aufspringt, ins Handstehen auf den Schultern von A
und C übergeht und sich aus diesem Handstehen durch
A und C mit kräftigem Stoss ins Wasser werfen
lässt.

bb. Mit den Füssen. B liegt mit der Brust auf den emporgestreckten Füssen und tritt zugleich auf die Hände des auf dem Rücken liegenden A. A stösst nun unter kräftiger Streckung der Beine und Nachschieben mit den Händen den B kopfwärts ins Wasser und stürzt sich selbst kopfwärts nach.

3) Das Ueberwerfen und Nachspringen.

Hierbei stellt sich A, dem Wasser zugewendet, an der Brettkante in Schrittstellung auf, B stellt sich hinter ihn, Rücken an Rücken, beide erfassen sich an den hochgestreckten Händen. Indem nun B aufspringt und eine ganze Drehung rückwärts um die Breitenaxe macht, schwingt ihn A ins Wasser, mit Sturz auf den Kopf oder mit Luftsprung ihm folgend (Taf. 7, Fig. 9).

4) Das Zusammenspringen ohne Tragen.

Wir denken uns bei Angabe des Folgenden nur zwei Springer, bemerken aber, dass diese Sprünge zum grössten Theil auch von Mehreren, selbst von ganzen Reihen unter sich Verbundener ausgeführt werden können.

a. Beide stehen auf den Füssen.

aa. A und B stehen neben einander vorlings, mit den inneren Armen sich umfassend (Taf. 7, Fig. 4). Sie machen beide einen Sprung kopfwärts mit frei aufgestreckten äusseren Armen, oder indem sie sich die Hände über dem Kopf reichen oder die Arme an die Seite anlegen.

bb. A und B stehen neben einander rücklings, umfassen sich und springen ähnlich wie bei aa.

cc. A steht vorlings, B neben ihm rücklings, sie umfassen sich gegenseitig mit den inneren Armen über die Brust hinweg (Taf. 7, Fig. 3) und stürzen beide kopfwärts oder mit Luftsprung, der eine vorwärts, der andere rückwärts springend, ins Wasser.

dd. A und B stehen seitlings Brust an Brust, die dem Wasser zugewendeten Arme aufgestreckt, mit den

anderen Armen umfassen sie sich und machen einen
Schwertsprung. Beide können auch in gleicher Aufstellung den Schwertsprung aus dem Hockstand machen,
ähnlich wie unter II. C. 1.

ee. A und B stehen seitlings Rücken an Rücken
und führen die gleichen Sprünge wie bei der vorigen
Uebung aus.

ff. A und B stehen seitlings, die gleiche Seite dem
Wasser zugewendet und machen die Sprünge wie
bei dd.

gg. A und B stehen hinter einander dem Wasser
zugewendet, der hinterstehende B hat den A umfasst
und beide stürzen vorwärts kopfwärts ins Wasser.

hh. A und B stehen hinter einander dem Wasser
abgewendet, A hat den vor ihm stehenden B umfasst und stürzt sich mit ihm rückwärts kopfwärts ins
Wasser.

ii. A und B stehen Brust an Brust, A rücklings,
B vorlings, sie umfassen sich beide und stürzen A
rückwärts, B vorwärts kopfwärts ins Wasser.

kk. A und B stehen Rücken an Rücken, A vorlings,
B rücklings, sie haken die Arme in einander, halten
sich so fest und stürzen, wie bei der vorigen Uebung,
kopfwärts ins Wasser.

ll. A und B stehen Rücken an Rücken wie vorher, sie beugen sich vor, greifen zwischen den Schenkeln durch und erfassen sich gegenseitig an den Hand-
gelenken oder Händen (Taf. 7, Fig. 2a). B springt auf
mit Drehung rückwärts, A macht Drehung vorwärts um
die Breitenaxe, beide stürzen kopfwärts ins Wasser.
Hier drehen sie weiter, sich an den Händen haltend,
so dass sie nun Brust gegen Brust sich wenden und
tauchen, immer sich noch festhaltend, zur Oberfläche
auf (Taf. 7, Fig. 2b).

**b. A steht auf den Füssen, B auf beiden Händen oder auf einer Hand,
mit der andern Hand A umschlingend.**

Das Aufschwingen der Beine zum Handstehen unterstützt
der auf den Füssen Bleibende, und muss in dieser gegenseitigen

Hülfe und Unterstützung ebenfalls das Bestreben liegen, diese vorangehende Uebung geschickt und schnell auszuführen.

aa. A und B stellen sich neben einander, A vorlings, B rücklings auf die Brettkante. B schwingt die Beine auf zum Handstehen auf beiden Händen. Mit dem Aufschwung umfasst A die Beine von B an den Oberschenkeln und hält ihn im Gleichgewicht. B bleibt auf beiden Händen stehen, oder schlingt seinen innern Arm um die Oberschenkel von A. Beide haben nun Stand vorlings und stürzen abkippend vorwärts ins Wasser.

bb. Dieselbe Uebung, aus Stand rücklings rückwärts stürzend.

cc. Dieselbe Uebung, A steht vorlings, B rücklings, A stürzt vorwärts, B rückwärts.

dd. Dieselbe Uebung, A und B stehen seitlings Brust an Brust, A deckt das Ohr mit dem gehobenen freien Arm; Beide stürzen seitwärts.

ee. Dieselbe Uebung, A und B stehen seitlings Rücken an Rücken, A hält B an dem einen Bein und deckt mit dem andern Arm das Ohr, B umfasst nach hinten hin die Unterschenkel von A. Beide stürzen seitwärts.

ff. Die vorigen Uebungen aus der Stellung hinter einander, indem beide das Gesicht oder den Rücken, oder der eine das Gesicht, der andere den Rücken dem Wasser zuwendet.

5) Das Zusammenspringen mit Tragen zu Zweien.

a. B sitzt A auf dem Rücken oder auf den Schultern; A umfasst in beiden Fällen die Schenkel des B und drückt sie fest an sich, so dass beide gleichsam einen Körper bilden. So stellt sich A vorlings oder rücklings auf die Springbrettkante und springt fusswärts oder kopfwärts mit B ins Wasser.

b. A nimmt Hockstand vorlings auf der Brettkante ein, B legt sich auf dessen Rücken vorlings so auf, dass er seine Arme über die Schultern von A hinüber legt und sich so fest hält; die Beine sind ein wenig gebeugt und auf das Brett gestemmt.

Nun macht A mit kräftigem Abstoss einen Froschsprung, indem B auch mit den Füssen vom Brett
abstösst und beide schiessen kopfwärts ins Wasser.

c. B nimmt Hockstand auf den Schultern von A
ein, und dieser springt vorwärts oder rückwärts fusswärts oder beide kopfwärts ins Wasser. Oder B richtet
sich zum Streckstand auf und sie springen so ins
Wasser. Anfangs kann bei diesen Uebungen auch A
Hockstand oder Sitz einnehmen, so dass beim Einsprung ins Wasser B nicht so hoch herunter stürzt.

d. B hängt im Kniehang von den Schultern des
A herab und hält sich mit den Armen an A fest.
A stellt sich auf die Brettkante, vorlings, rücklings oder
seitlings und stürzt sich mit B kopfwärts ins Wasser.

e. B stellt sich rücklings auf die Brettkante, A beugt sich
gegen ihn nieder, steckt seinen Kopf zwischen den Beinen
des B durch, ergreift ihn dicht über dem Fussgelenk,
indem B sich über A beugend ein gleiches thut. Nun
richtet sich A auf, wodurch B den Kopf nach unten
und das Gesicht dem Wasser zugewendet, so
von A getragen wird (Taf. 7, Fig. 1). In dieser
Stellung stürzen beide mit Drehung um die Breitenaxe
ins Wasser, woselbst sie sich loslassen und auftauchen.

Aehnlich dieser Aufstellung kann A den B dem
Wasser abgewendet aufheben oder sich mit ihm an
der Kante umdrehen und nun den Sprung mit Rück-
wärtsdrehung machen.

Ebenso kann A aus der Stellung seitlings mit
Drehung um die Tiefenaxe den Sprung ins Wasser
machen (Schwertsprung). Es ist aber darauf zu
sehen, dass der Getragene (B) die Beine über dem
Kopf von A bei allen diesen Einsprüngen fest schliesst.

6) Das Zusammenspringen mit Tragen zu Dreien.

Die Gruppensprünge unter 4. können auch so dargestellt
werden, dass A und B auf den Füssen stehend in den dort angegebenen Aufstellungen nun einen Dritten, C, tragen und mit
ihm verbunden sich ins Wasser stürzen. Hierbei kann C z. B.
folgende Stellungen einnehmen:

a. C steht auf den Händen der inneren Arme von A und B. Alle drei sind rücklings aufgestellt (Taf. 7, Fig. 5) und stürzen rückwärts.

b. C steht auf den Händen der dem Wasser abgewendeten Arme von A und B. A und B machen Schwertsprung, C Kopfsprung vorwärts (Taf 7, Fig. 6).

c. C steht auf je einer Hand von A und B und zwar zwischen ihnen, welche Brust gegen Brust, also der eine rücklings, der andere vorlings stehen. Mit den nicht tragenden Armen umfassen sich A und B gegenseitig. So fest verbunden stürzen alle drei kopfwärts ins Wasser.

d. C steht auf dem Rücken der wie auf Taf. 7 bei Fig. 2a stehenden A und B, oder nimmt hier Hockstand, Kniestand, Sitz ein und stürzt sich mit A und B zugleich ins Wasser.

B. Gesellschaftssprünge.

Wir beschränken uns darauf, an den einzelnen Geräthen nur einige Beispiele anzuführen und wollen weitere Zusammenstellungen den Wasserspringern selbst überlassen.

Auch hier gilt die bei den Gruppensprüngen gemachte Bemerkung, dass die ins Wasser Eingesprungenen möglichst rasch den folgenden Springern Raum schaffen müssen.

1) Sprünge vom Springbrett.

Von diesen Brettern eignet sich besonders gut zu Dreisprüngen ein Brett mit abgestumpften Ecken, wie auf Taf. 4, bei Fig. 6b, wo sich Uebungen ausführen lassen, wie:

a. Alle drei springen gleichzeitig ab und machen denselben Sprung oder verschiedene Sprünge.

b. Alle drei springen schnell nach einander und zwar
    aa. vom rechts bzw. links Stehenden her, oder
    bb. von den aussen bzw. dem innen Stehenden her.

c. Der innen Stehende bzw. die aussen Stehenden springen aus Stand vorlings bzw. rücklings oder seitlings, die andern aus entgegengesetzter Aufstellung.

2) Sprünge vom Laufbrett.

Das Springen mit Anlauf hinter einander.

Die Springer stellen sich in beliebiger, nicht zu kleiner Anzahl hinter einander am untern Ende des Laufbrettes auf. Beim Anlaufen folgt der Eine dem Andern so schnell als möglich, so dass in kürzester Zeit Einer nach dem Andern von der Brettkante abspringt. Die Sprünge werden dann so eingerichtet, dass A schräg rechts nach aussen, B gerade aus, C schräg links nach aussen, D wieder rechts nach aussen u. s. w. durch die Luft fliegen und stets an einer Stelle ins Wasser gelangen, die der nächste Vordermann nicht durchschnitten hat.

3) Sprünge von der Schranke.

a. Die Springenden machen alle denselben Sprung, wie Hocke, Ueberschlag, Kopfsprung u. s. w.

b. Sie machen verschiedene Sprünge, z. B. bei Dreien machen

aa. die Aeussern denselben Sprung, wie Knieabsprung, der Mittlere einen andern Sprung, wie Ueberschlag aus dem Stütz.

bb. Die Aeussern denselben Sprung nach verschiedenen Seiten, wie Wolfsprung, Wende, Kehre, Flanke, der Mittlere einen besonderen Sprung, wie Kopfsprung vorwärts mit flüchtigem Aufstützen der Hände.

4) Sprünge vom festen Reck.

Drei Springer machen z. B.

a. gleiche oder verschiedene Sprünge aus gleichem Hang, wie Sprung auf den Kopf aus dem Seithang vorlings mit Armzucken und Aufschwingen der Beine; oder

b. Sprünge aus verschiedenem Hang, wie Sprung auf den Kopf aus dem Wagehang rücklings von den Aeusseren, aus dem Nesthang vom Mittleren.

c. Gleiche oder verschiedene Sprünge aus gleichem Stütz, wie aus Stütz rücklings, die Aeusseren Sprung auf den Kopf rückwärts, der Mittlere vorwärts.

d. Gleiche Sprünge aus dem Sitz nach verschiedenen Seiten, z. B. Stehschwung, die Aeusseren nach
derselben, der Mittlere nach der entgegengesetzten
Seite.

e. Sprünge theils aus dem Hang, theils aus dem
Stütz, wie Sprung auf den Kopf aus dem Hang beim
Rückschwung die Aeusseren, Ueberschlag aus dem Hand-
stehen der Mittlere.

5) Sprünge vom Schaukelreck·

a. Zwei stehen auf dem Reck, der Eine mit Schluss-,
der Andere mit Grätschstellung Brust gegen Brust.
Beide machen den Sprung auf den Kopf rückwärts.

b. Der Eine steht auf dem Reck, der Andere hängt
am Reck, beide das Gesicht nach derselben Seite.
Am Ende des Schaukelns machen beide Luftsprung
bzw. Ueberschlag rückwärts.

u. s. w.

Anhang.

Geschäfts-Ordnung
der
von Pfuel'schen Schwimmanstalt
in Berlin.

(Nebst drei Beilagen.)

Vorbemerkung.

Der gegenwärtige Direktor der von uns wiederholt erwähnten berühmten Schwimmanstalt, Herr Oberstlieutenant Henny, hat uns auf unsre desfallsige Anfrage freund-
lichst gestattet, die vorgenannte, unseres Wissens noch nirgends veröffentlichte „Geschäfts-Ordnung" in ihrem ganzen Umfang in unserem „Lehrbuch der Schwimmkunst"
mit abdrucken zu lassen. Wir machen hiermit von dieser Erlaubniss dankbaren Gebrauch und lassen nur im „Inventarium" (Beilage C) einzelnes Unwichtige fort.

§ 1.

1. **Das Personal** besteht ausser der Direction aus:

A. dem Rechnungsführer,

B. dem Schwimmmeister,

C. den Schwimmlehrern,

D. den Hülfs-Schwimmlehrern,

E. den Kompagnie-Schwimmlehrern,

F. einem während der Schwimmzeit anzustellenden Wärter, der ein
geübter Schwimmer sein muss.

Eine Wäscherin, sowie die Restauration hält die Familie T. für
eigene Rechnung, beide stehen nur insoweit unter Aufsicht der Anstalt, als solche zur Aufrechthaltung der Ordnung und billiger Preise
erforderlich ist.

I. Personal-Bestand.

§ 2.

2. **Die Geschäfte des Rechnungsführers** bestehen allein:

1) in Führung der Rechnungen über Einnahme und Ausgabe;

2) Notirung der sich anmeldenden Lehrlinge und Schwimmer und
provisorische Vertheilung derselben;

3) Besorgung aller übrigen auf die Verwaltung der Anstalt Bezug
habenden Schreibgeschäfte, Correspondenz u. s. w. nach Anweisung der Direction.

II. Obliegen-heiten der Angestellten, des Rechnungs-führers.

Das Detail dieser Angelegenheiten zerfällt:

ad 1.

Einziehung der Beiträge. In Einkassirung der Beiträge, welche durch die Gesetze der Schwimmanstalt vorgeschrieben worden, und Verrechnung derselben. Hierbei gilt als Norm:

Beilage A.

A. dass die Beiträge praenumerando bezahlt werden.

B. Dass zwar mit Genehmigung der Direction Credit gegeben werden kann und nur mit Bescheidenheit gemahnt werden darf, dass aber

C. Restanten von früheren Jahren nicht wieder angenommen werden, wenn sie den Rückstand nicht sofort berichtigen.

D. Bedürftige Theilnehmer für ermässigte Preise, oder Freischwimmer, werden nur auf specielle Anweisung der Direction zugelassen.

Ausgaben.

E. Bestimmte Ausgaben sind:

a. für jeden Schwimmlehrer vom 1. Juni bis 1. September monatlich 8 Thlr.;*)

b. für jeden Hülfs-Schwimmlehrer ebenso lange monatlich 4 Thlr.;

c. für den Wärter in derselben Zeit monatlich 5 Thlr.

d. Der Rechnungsführer selbst erhält für seine Bemühungen nach Ablauf der Schwimmzeit ein für allemal 25 Thlr.

Ausserordentliche Ausgaben.

F. Ausserordentliche Ausgaben werden besonders angeordnet.

ad 2.

ist zu beobachten:

Marken.

A. Dass jedem Beitretenden eine mit der fortlaufenden Registernummer versehene, vom Rechnungsführer unterschriebene Marke ausgefertigt werden muss, welche seinen Namen und Charakter, bei Militair-Personen auch den Truppentheil — die erfolgte Zahlung des Antrittsgeldes — und den Schwimmlehrer, dem er zugetheilt worden, nachweiset.

Diese Marken erhalten ihre Gültigkeit durch die Unterschrift der Direction — sie dienen mit der Unterschrift des Directors (Major Henny) zugleich als Quittung über den gezahlten Beitrag.

Die im Laufe einer Woche eingegangenen Gelder werden dem Vorstand abgeliefert, von welchem auch die Gelder zu den laufenden Ausgaben jederzeit empfangen werden.

Die etwa vorkommenden Reparaturen jeder Art sind von dem Schwimmmeister durch einen hierüber sprechenden Zettel dem Vorstande anzuzeigen. Derselbe wird sich von der Nothwendigkeit der Ausführung überzeugen und dieselben veranlassen.

---

*) Es erhalten jetzt die älteren Schwimmlehrer 10 Thlr., die Jüngeren 8 Thlr., je nach der Leistungsfähigkeit.

B. Dass jeder sich meldende Theilnehmer vor der Einschreibung mit den Gesetzen der Anstalt, und sofern er ein Lehrling ist, auch mit der Unterrichts-Vorschrift bekannt gemacht werden muss; weshalb der Rechnungsführer eine Abschrift von beiden haben und eine andere im Saale des Schwimmhauses aufgehangen werden muss. *Bekanntmachung der Gesetze und Unterrichts-Vorschriften an die Theilnehmer.*

C. Dass dem Schüler zugleich eröffnet wird, dass sein Schwimmlehrer zwar ein der Willkür des Lehrlings überlassenes Douceur zu gewärtigen habe, dagegen verpflichtet sei, keins dergleichen auf unbescheidene Weise zu fordern, auch erst nach beendigtem Unterricht, d. h. nach dem Uebertritt in die 4. Klasse, ein solches annehmen darf.

D. Dass ihnen zugleich bekannt gemacht wird, wie die Anstalt sich mit Verabreichung, Aufbewahrung und Reinigung der Wäsche, als der Schwimmhosen, Handtücher und Mäntel nicht befasse, ebensowenig für Aufbewahrung von Uhren, Geld, Börsen etc. haften könne, — es vielmehr Jedem überlassen bleiben müsse, sich wegen der Wäsche mit der Familie T. und wegen Aufbewahrung mitgebrachter Effecten während des Unterrichts mit einem Schwimmlehrer zu einigen, von denen ein Jeder dazu ein besonderes verschliessbares Schubfach besitzt, oder selbst dafür zu sorgen. *Verabreichung und Aufbewahrung der Wäsche und Effecten.*

E. Dass ihnen eröffnet wird, wie sie zwar an keine bestimmte Unterrichtsstunde gebunden würden — dass, wenn sie dies aber ihren Verhältnissen angemessen erachten und sich also mit ihren Lehrern über eine bestimmte Unterrichtsstunde einigen wollen, ihnen hieraus der Vortheil erwächst, dass sie alsdann auch zur bestimmten Zeit vorzugsweise abgefertigt werden — dahingegen es im anderen Falle vom Zufalle abhängig ist, ob und wie lange sie warten müssen, bis sie die Reihe trifft. *Zweckmässigkeit der Einigung über bestimmte Unterrichtsstunden Seitens der Schüler mit den Lehrern.*

F. Dass, wenn der sub E. angegebenen Massregeln ungeachtet dennoch zuweilen der gleichzeitige Andrang von Lehrlingen sich so vermehren sollte, dass die zuletzt gekommenen allzulange warten müssen — diese für diesen Tag einem andern Schwimmlehrer zum Unterricht überwiesen werden, wenn sich deren gerade einige Unbeschäftigte vorfinden. *Aushülfe der Schwimmlehrer untereinander im Unterrichtgeben.*

G. Dass Jeder seine Schwimmkarte bei sich führen muss, weil sie ihm zugleich zur Legitimation dient und auf Verlangen des Schwimmlehrers von der Woche demselben vorgezeigt werden muss. *Vorzeigung der Schwimmkarten.*

H. Dass bei der von ihm nach 2. vorzunehmenden provisorischen Vertheilung der Lehrlinge übrigens die weiter unten (§ 3 Nr. 5) gegebenen Bestimmungen inne gehalten werden und

I. dass bei der successiven Annahme neuer Hülfsschwimmlehrer aus der Zahl der Kompagnie-Schwimmlehrer, oder bei der Zutheilung von Kadetten und andern Lehrlingen an dieselben, ihnen jedesmal die Bedingungen, unter welchen ihnen der Unterricht anvertraut wird, und die Belohnungen etc., die ihnen die Anstalt dafür bewilligt, speciell bekannt gemacht werden, damit sie späterhin auf die vorgebliche Unbekanntschaft mit diesen Verhältnissen nicht ungebührliche Forderungen gründen können (vergl. § 3, No. 6 u. 7 und III. B, § 10, No. 2).

§ 3.

Obliegenheiten der Schwimmlehrer.

Obliegenheiten der Schwimmlehrer.

1) Diese bestehen aus:

dem Schwimmmeister
den Schwimmlehrern ⎫ der Anstalt,
den Hülfs-Schwimmlehrern ⎭
den Schwimmlehrern der Regimenter und Truppentheile.

Beilage B.

2) Die beiden ersten und die dritte Klasse werden aus den letzteren gewählt, sie stehen nicht bloss in technischer, sondern auch in disciplinarischer Hinsicht unter der Direction der Anstalt, und die für sie besonders entworfene Geschäftsordnung enthält ihre Obliegenheiten.

3) Die Kompagnie-Schwimmlehrer stehen nur in technischer, d. h. in Hinsicht der Unterrichtsmethode unter der Direction der Anstalt — in disciplinarischer Hinsicht aber zunächst unter der Aufsicht ihrer Officiere. Die Tauglichsten unter ihnen werden notirt, um sie, wenn der Anwachs der Schüler solches erfordert, zum Unterricht, besonders der Kadetten mit heranziehen zu können. Das Nähere über ihr Verhältniss geht aus den Bestimmungen über die Theilnahme des Militairs an der Anstalt (sub. III.) hervor.

Kleidung der Schwimmlehrer der Anstalt.

4) Die Schwimmlehrer der Anstalt erhalten jeder eine bunte Jacke und eine Strohkappe — Hosen und Schuhe schaffen sie sich selber an. Nach Ablauf der Schwimmzeit liefern sie die unentgeldlich verabreichten Sachen wieder ab.

Zahl der Schüler.

5) Jeder Schwimmlehrer erhält vom 1. Juni bis 1. September monatlich 8 Thlr. (bis 10 Thlr.), jeder Hülfs-Schwimmlehrer 4 Thlr. Gehalt. Dafür haben die ersteren im Anfange 20, später auch 24 Schüler — die Hülfs-Schwimmlehrer aber 6 Schüler laufend im Unterricht. Haben die Schwimmlehrer jeder die Zahl von 24 Schülern, so werden den Hülfs-Schwimmlehrern deren bis auf das Maximum von 20 zugetheilt und erhalten alsdann für jeden, den sie monatlich über die festgesetzte Zahl von 6 ausbilden, 15 Silbergroschen.

6) Erfordert es die anwachsende Zahl der Schüler, so werden für je 16 neu hinzutretende ein neuer Hülfs-Schwimmlehrer angenommen, der aus der Zahl der dienstfreien Kompagnie-Schwimmlehrer ausgewählt wird. Auch können sie an die Tauglichsten unter diesen vertheilt und dann mit 15 Sgr. vergütigt werden, sobald sie in die 4. Klasse treten.

7) Bei der Vertheilung der Schüler an die Schwimm- und Hülfs-
schwimmlehrer ist übrigens noch darauf zu sehen, dass sie
ihre Zahl immer wieder ergänzt erhalten, sobald einer der
älteren in die 4. Klasse getreten ist; und dass sie in Hinsicht
auf die Douceurs, Schüler aus der vornehmeren und geringeren,
reicheren und ärmeren Klasse ziemlich gleichmässig zugetheilt
erhalten, damit Neid und Eifersucht unter ihnen vorgebeugt
werde.

§ 4.

Obliegenheiten des Wärters. Wärter.

1) Derselbe hat täglich den Raum der Anstalt, die Zelte und
Kabinette zu revidiren und dem Schwimmlehrer der Woche
Meldung zu machen.

2) Den Saal und die Kabinette zu reinigen und dafür zu sorgen,
dass die Thüren und Fenster jeden Abend geschlossen und
des Morgens wieder geöffnet werden.

3) Die auf der Anstalt zerstreuten Stangen, Leinen etc. täglich
Mittags und Abends zusammen zu tragen.

4) Den Tag über hat er hauptsächlich auf die, erst zur 4. Klasse
übergetretenen Schwimmer Acht zu geben, besonders wenn
deren Lehrer, oder der Schwimmlehrer der Woche mit Unterrichtgeben beschäftigt sind. Er muss stets leicht bekleidet
und jeden Augenblick bereit sein ins Wasser zu springen, um
etwa Ermatteten beistehen und Unglücksfällen vorbeugen zu
können.

A. Theilnahme der Truppen.

§ 5.

III. Theil-
nahme des
Militairs an
der Schwimm-
Anstalt und die
Zulassung von
Frei-Lehrlingen.

1) Den Truppen der Garnison steht die kostenfreie Theilnahme
am Unterricht für die Klasse der Unterofficiere und Gemeinen,
in der durch die Umstände bedingten Ausdehnung frei; —
weshalb in der Regel die Zahl der Lehrlinge dieser Klasse,
12 per Kompagnie oder Escadron, nicht überschritten werden
darf, die jedoch den Sommer über immer vollzählig erhalten
und wieder ergänzt werden können, so oft einer ausgelernt
hat.

2) Portepeefähnriche, Freiwillige auf einjährige Dienstzeit —
Schüler der Divisions-, der Artillerie- und Ingenieur-Schule
— wenn sie nicht an dem Kompagnie-Unterricht Theil nehmen
wollen oder können, zahlen die Beiträge der Subaltern-Officiere, oder haben bei erwiesener Mittellosigkeit ihre Aufnahme
kostenfrei, oder gegen ein ermässigtes Eintrittsgeld jedesmal
speciell nachzusuchen; denn

3) die Anstalt kann keine Kosten für die Truppen übernehmen,
und ihnen daher auch nichts weiter gewähren, als die Leitung
und Anweisung der Kompagnie-Schwimmlehrer beim Unterricht — die Benutzung des Locals und der Stangen, Kähne

Leistungen der
Anstalt an die
Truppen.

und Zelte zum Aus- und Ankleiden auf dem Lande — soweit
dies erforderlich ist. Für Schwimmhosen, Gurte und Leinen
sorgen die Truppen selbst, stellen auch per Kompagnie oder
Escadron ihren eigenen dienstfreien Schwimmlehrer, welcher
von der Anstalt keine Vergütigung zu erwarten hat, da der
Kompagnie-Unterricht ihm als Dienst angerechnet wird.

4) Von jedem Regiment wird ein Officier — oder bei einer geringeren Zahl von Schülern wenigstens ein tüchtiger Unter-
officier zur Aufsicht über die Schwimmer kommandirt, welcher
in den Unterrichtsstunden des Regiments jedesmal persönlich
gegenwürtig ist, in jeder Hinsicht auf Ordnung und Befolgung
der Vorschriften hält und für den Fall einer Abhaltung allemal einen Stellvertreter bestimmt und der Anstalt namhaft
macht, der in seiner Abwesenheit für alle Unordnungen haftet,
dem die übrigen, sowohl Schwimmlehrer als Lehrlinge Folge
zu leisten haben — und welcher zugleich auf Verhütung aller
Beschädigungen oder Verunreinigungen der Zelte zu achten
hat.

§ 6.

Obliegenheiten
der Lehrer.

Den Lehrern dieser Anstalt liegt ob:

a. für die öftere Revision und erforderlichen Falls für die Aus-
besserung der Gurte und Leinen zu sorgen, um möglichen Un-
fällen vorzubeugen;

b. stets eine Liste von ihren Kommandirten zu führen, in welcher
sie die Fortschritte derselben notiren.

§ 7.

Beaufsichtigung
des Unterrichts
der Militair-
Schwimmer
durch die
Schwimmlehrer
der Anstalt.

Die Aufsicht über den Unterricht, und dass solcher auch
wirklich nach der in der Anstalt vorgeschriebenen Methode ertheilt
werde — ist demnächst eine Obliegenheit der Schwimmlehrer der
Anstalt — sie haben daher das Recht, bemerkte Unregelmässigkeiten
und Abweichungen von der Vorschrift im Unterricht der Kompagnie-
Schwimmlehrer mit Ruhe und Anstand zu rügen und zu verweisen
— und den letzteren liegt ob, ihren Anweisungen in solchen Fällen
willig Folge zu leisten. Uebrigens haben die Kompagnie-Schwimmlehrer, die in der Geschäftsordnung (Beilage B.) sub. § 1, 2 und 9
vorgeschriebenen Ordnungs- und Sicherheits-Massregeln ebenfalls genau inne zu halten, worüber insbesondere noch bemerkt wird:

1) dass, so lange Militair-Lehrlinge noch nicht geführt werden,
ihnen der Unterricht in dem kleinen Bassin ertheilt wird.

2) Dass sie zwar im Becken geführt werden, dabei aber jedesmal die in der Unterrichts-Vorschrift vorgeschriebene Anmeldung bei dem die Aufsicht führenden Schwimmlehrer vorausgehen, und das Führen der Lehrlinge nicht willkürlich
angefangen werden darf — vielmehr liegt dem Schwimmlehrer
ob, dem angemeldeten ersten Versuche zum Stosszählen bei-

zuwohnen, und wenn er den Schüler nicht für reif dazu erkennt, ihn wieder auf das kleine Bassin zurück zu verweisen.

3) In gleicher Art darf der Uebergang über die Spree mit keinem Schüler ohne vorhergegangene Anmeldung und ohne Aufsicht und Prüfung seiner Reife unternommen werden, welche letztere ebenfalls in Abwesenheit des Vorstandes dem Schwimmlehrer obliegt.

§ 8.

Die Kompagnie-Schwimmlehrer haben sich daher ebenfalls in allen Schwimmarten fleissig zu üben und müssen alle Vormittage, nach beendigtem Kompagnie-Unterricht, selbst im Becken schwimmen. *Uebung der Kompagnie-Schwimmlehrer.*

§ 9.

1) Die Schwimmstunden für die Truppen sind Vormittags von 7 bis 12 Uhr, in den längsten Tagen von 6 bis 12 Uhr. *Schwimmzeit der Truppen.*

2) Die Regimenter kommen nicht auf einmal, sondern nach und nach in einer festgesetzten Reihenfolge und zu bestimmten Stunden.

3) Ist eine Militair-Abtheilung noch nicht fertig, wenn die andere eintrifft, so helfen die Schwimmlehrer der letzteren denen der ersteren, jedoch dürfen die bestimmten Stunden nicht überschritten, sondern der Unterricht muss nöthigenfalls abgebrochen werden.

B. Theilnahme des Kadetten-Korps. *Kadetten.*

§ 10.

1) Das Kadetten-Korps zahlt für jeden Lehrling, der in die 4. Klasse tritt, 20 Sgr. als Douceur für den Schwimmlehrer.

2) Die Kasse der Anstalt leistet die Zahlung dieser Douceurs nur vorschussweise für Rechnung des Kadetten-Korps und ziehet selbige nach Beendigung der Schwimmzeit von der Kasse des Korps im Ganzen wieder ein, — wobei zu bemerken, dass diese Douceurs die § 3 No. 6 angeführten vertreten und letztere also wegfallen. *Douceurs für die Schwimmlehrer.*

3) Die Lehrlinge des Kadetten-Korps werden in zwei Abtheilungen getheilt, die in den 6 Wochentagen einen Tag um den andern zu bestimmten Stunden zum Unterricht kommen. *Eintheilung der Lehrlinge.*

4) Der tägliche Unterricht ist für sie auf 1½ Stunde beschränkt, es dürfen daher nicht mehr als sechs von jeder Abtheilung einem Schwimmlehrer zugetheilt werden. *Tägliche Unterrichtszeit.*

5) Zum Unterricht der Kadetten werden vorzugsweise die besten Kompagnie-Schwimmlehrer als Hülfslehrer ausgewählt. Die Schwimmlehrer erhalten gar keine. *Auswahl der Lehrer für die Kadetten.*

§ 11.

Frei-Schwimmer. *Frei-Schwimmer.*

1) Söhne unbemittelter Eltern, Schüler, Gymnasiasten, Studenten, Seminaristen und Schullehrer — wenn ihre Mittellosigkeit erwiesen ist, — zahlen nur die Beiträge der Subaltern-Officiere.

2) In ausserordentlichen Fällen werden diese bis auf 15 Sgr. — als soviel der Anstalt selbst der Unterricht kostet — herabgesetzt; oder auch ganz erlassen.

3) Alle Kadetten und Freischwimmer werden in den Verzeichnissen roth geführt.

§ 12.

IV. Eröffnung der Anstalt. Nächst den baulichen Anordnungen ist hierbei folgendes zu beobachten:

1) Anzeige an das General-Kommando des Garde-Korps, unter Einreichung der Uebersicht von den Resultaten des vorjährigen Schwimm-Unterrichts, und an den Kommandeur des Kadetten-Korps — von dem Termin der Wiedereröffnung der Anstalt.

2) Kurze Anzeige in den öffentlichen Blättern.

§ 13.

1) Wenn sich zur Inspection beim Schwimm-Unterricht kommandirte Officiere der Truppen melden, werden die namentlichen Listen der Militair-Lehrlinge und die der Schwimmlehrer eingefordert und gesammelt.

Prüfung und Probe-Schwimmen neuer Lehrer. 2) Wenn sich unter den Letzteren neu dazu in Vorschlag kommende befinden, so wird ein Probe-Schwimmen und eine Prüfung derselben in Absicht auf Unterrichts-Methode angestellt und nur diejenigen angenommen, die für tauglich anerkannt werden. Zu dem Ende wird

3) ein Tag bestimmt, wo sich sämmtliche kommandirte Officiere mit ihren Schwimmlehrern zu einer bestimmten Stunde auf der Anstalt einfinden, um die nöthigen Anordnungen zu verabreden.

§ 14.

Bei dieser Gelegenheit wird:

1) den zur Aufsicht kommandirten Officieren ein Auszug aus der Geschäfts-Ordnung vorgelegt, um sie mit ihren Obliegenheiten bekannt zu machen.

Auswahl von Schwimmlehrern und Hülfsschwimmlehrern. 2) Aus den Kompagnie-Schwimmlehrern werden die tauglichsten zu Schwimmlehrern und Hülfsschwimmlehrern ausgewählt, in sofern sich die älteren dazu nicht in hinreichender Zahl schon früher gemeldet haben.

Verpflichtung derselben. 3) Die Schwimm- und Hülfsschwimmlehrer der Anstalt (nach Beilage B.) verpflichtet.

4) Es werden diese den Kompagnie-Schwimmlehrern vorgestellt und in einer kurzen Anrede jeder Klasse ihre besonderen und gegenseitigen Obliegenheiten bekannt gemacht. Es wird

5) die Folge der Unterrichtsstunden für die verschiedenen Truppentheile festgesetzt.

6) Den Schwimmlehrern der Anstalt jedem seine Brüstung oder Abrichtungsstelle bleibend angewiesen,

7) den kommandirten Officieren die Vertheilung ihrer Leute an
die Kompagnie-Schwimmlehrer übertragen, und dabei die
Schwimm-, wo möglich auch die Hülfsschwimmlehrer der Anstalt vom Kompagnie-Unterricht frei gemacht.
Zugleich wird endlich:

8) das namentliche Verzeichniss der kommandirten Officiere, unter
Notirung ihrer Wohnungen, der Schwimm-, Hülfs- und Kompagnie-Schwimmlehrer entworfen, und jedem Schwimmlehrer
der Anstalt eine besondere Nummer gegeben, die er zum Be-
huf der Register-Führung den Sommer hindurch beibehält.

§ 15.

Zu den ferneren Vorbereitungs-Anstalten gehört demnächst die
Instandsetzung der Aushänge-Tafeln und Register-Bücher.

1) Die ersteren bestehen: **Aushänge-Tafeln**

A. In der namentlichen Nachweisung der Fahrtenschwimmer **für die Fahrten-schwimmer.**
— unter Glas und Rahmen — eine Art Ehrentafel, auf
welcher jeder Lehrling verzeichnet wird, der die halbe
Stunde abgeschwommen hat, oder in die 5. Klasse getreten
ist — die älteren Fahrtenschwimmer alphabetisch, die neu
hinzutretenden nach der Zeitfolge geordnet. Die Kadetten
werden roth geschrieben (§ 11, No. 3).

B. In den namentlichen Nachweisungen der in die 4. Klasse **Für die Spree-**
getretenen Schüler (Spreegänger) excl. der Kadetten auf **gänger.**
Pappe, alphabetisch geführt, und wo bei dem Namen
eines Jeden die Nummer seines Schwimmlehrers zu notiren ist.

C. Dieselbe Nachweisung von den Kadetten nach Kom- **Für die Spreegänger**
pagnien. **der Kadetten.**

D. Eine ähnliche Nachweisung der Militairschwimmer, nach **Für die Militair-**
den Regimentern etc. geordnet (siehe unten 2 C.) **schwimmer.**

E. Die schwarzen Aushänge- und eine Schiefertafel zu No- **Tafeln für No-**
tizen. **tizen und Be-**
kanntmachungen

2) Zu den letzteren gehören:

A. Das fortlaufende jährliche Register der Theilnehmer, alphabetisch geordnet.

B. Das Lehrlings-Verzeichniss, in dem jeder Schwimmlehrer
nach der Reihenfolge seiner Nummer sein besonderes Folium
hat, und endlich

C. Statt der oben erwähnten Nachweisung ein Register-Buch
der Militair-Schwimmer, Regimenter- und Bataillonsweise
geordnet.

§ 16.

Die Aufrechthaltung des guten Rufs der Anstalt und möglichen **V. Geschäfts-**
Beförderung ihrer Gemeinnützigkeit sind die Hauptzwecke aller vor- **führung wäh-**
stehend getroffenen und während der Dauer der Schwimmzeit von **rend der**
der Direction noch speciell zu treffenden Anordnungen. Zu letzteren **Schwimmzeit.**

lassen sich daher keine besonderen Vorschriften geben, da sie nach den Umständen und den sich zeigenden Bedürfnissen getroffen werden müssen. Strenge Befolgung der vorstehend gegebenen Vorschriften haben sich bereits als hinreichend zur Aufrechthaltung der Ordnung und Verbütung von Unglücksfällen bewährt. Specielle laufende Geschäfte sind die stete Fortführung der (ad. IV. § 16 etc.) erwähnten Tafeln und Register, und die monatliche Rechnungs-Abnahme; — Veranstaltungen von Schwimmfahrten und anderen zur Lust und Belebung dienenden Uebungen u. s. w.

§ 17.

VI. Schluss der Anstalt.

1) Die zunehmende Kälte des Wassers führt den Schluss der Anstalt gewöhnlich von selbst herbei, indem die Besucher sich allmählich in eben dem Verhältniss vermindern. In der Regel wird der Unterricht mit dem 15. September aufhören und die Anstalt selbst mit dem 1. October gänzlich geschlossen werden können.

2) Als Vorbereitung gehört hierzu die Anzeige vom Schluss des Militair-Unterrichts an die Truppen, um der unerwarteten Einziehung der Schwimmlehrer, welche die Anstalt noch einige Zeit beizubehalten wünscht, zuvor zu kommen. Anzeige von dem Termin zum Schluss des Unterrichts in der Anstalt durch öffentlichen Anschlag im Schwimmsaale — endlich Entlassung der Kompagnie-Schwimmlehrer mit dem Ende des Militair-Unterrichts und dem der Kadetten — und der übrigen Schwimmlehrer der Anstalt mit dem Aufhören des Unterrichts im Allgemeinen, von denen nur einer, oder einige bis zum gänzlichen Schluss der Anstalt, als Aufseher beibehalten werden.

3) Der Entlassung der Kompagnie-Schwimmlehrer, deren man sich für die Kadetten und anderweitig zur Aushülfe bedient hat — ingleichen der Hülfs-Schwimmlehrer — muss die gänzliche Befriedigung derselben, nach der mit ihnen zu haltenden Abrechnung vorhergehen. Diese erfolgt auf den Grund des Register-Buches (IV. § 15, No. 2 B.), wo nach und nach (II. § 3, No. 5 u. 6) sich ihre Forderung feststellt, auf welche die ihnen verabreichten Vorschüsse abgerechnet und ihnen der Ueberrest herausgezahlt wird.

4) Die Schwimm- und Hülfs-Schwimmlehrer geben zugleich die nach II. § 3. No. 4 empfangenen Bekleidungs-Gegenstände wieder ab, ingleichen die Schlüssel, Gurte und andere Utensilien.

5) Hierauf kann die Abrechnung der Anstalt, soweit sie für nöthig erachtet wird, erfolgen, nach deren Beendigung die Schlussrechnung angefertigt wird.

Berlin, den 20. Mai 1858.

gez. v. Pfuel.

Beilage A.

Gesetze der Schwimm-Anstalt.

§ 1.

Ein Jeder, der in die Schwimm-Anstalt aufgenommen worden ist, zahlt einen Beitrag. Dieser Beitrag beträgt für den Sommer:

a. für denjenigen, der neu hinzutritt, aber bereits regelrecht schwimmen kann, 3 Thlr.

b. für denjenigen, der bereits im vorigen Jahre Theilnehmer der Anstalt war, $2^1/_2$ Thlr.

c. für denjenigen, der bereits seit zwei Jahren Theilnehmer war, 2 Thlr.

d. für denjenigen, der schwimmen lernen will, 5 Thlr.

e. Subaltern-Officiere zahlen in diesem Fall jeder nur 3 Thlr.

f. Wer im vorigen Jahr nicht ausgelernt hat, zahlt nur $2^1/_2$ Thlr.

§ 2.

Die Schüler haben nicht die Wahl des Schwimmlehrers, sondern werden von dem Vorstande, oder in dessen Abwesenheit vom Rechnungsführer irgend einem Lehrer zugetheilt, und erhalten ihren Unterricht in der jedesmaligen Reihenfolge, wie sie sich zum Schwimmen einstellen.

§ 3.

Jeder Schüler muss sich der Stufenfolge des Unterrichts nach Klassen, sowie den Sicherheits-Massregeln, welche er bedingt, unterwerfen; dahin gehört insbesondere: dass er in den drei ersten Klassen sich niemals und unter keiner Bedingung der Aufsicht des Lehrers entziehen, — dass er demnach den Sprung ins Wasser niemals früher, als nach erfolgter Aufforderung des Lehrers dazu, vollziehen, — noch auf eigene Hand Schwimm-Versuche unternehmen darf. — Beitretende, welche sich als schwimmkundig angeben, haben sich an der Leine einer Prüfung ihrer Fertigkeit und nach dem Ausfalle derselben, der Einverleibung in die entsprechende Unterrichtsklasse zu unterwerfen.

§ 4.

Ausser dem Bereich der Anstalt darf Niemand schwimmen ohne besondere Erlaubniss, und diese Erlaubniss wird niemals einem Einzelnen gegeben, sondern nur dann ertheilt, wenn 4 oder mehrere Schwimmer eine gemeinschaftliche Fahrt machen wollen, und auch eine solche Fahrt kann nur in Begleitung eines Kahns geschehen.

§ 5.

Niemand darf den Andern ohne seinen Willen untertauchen oder sonst necken.

§ 6.

Niemand darf ohne Schwimmhosen schwimmen.

§ 7.

Auf der Schwimm-Anstalt darf nicht geraucht werden.

§ 8.

Hunde dürfen nicht auf die Schwimmanstalt gebracht werden.

§ 9.

Die Unterrichtsstunden sind von Morgens 6 bis Abends 8 Uhr, mit Ausnahme der Sonn- und Festtage.

§ 10.

Für Wäsche sorgt jeder Theilnehmer selbst.

§ 11.

Wer diese Gesetze nicht befolgt, hört auf, Theil an der Schwimmanstalt zu nehmen und verliert seinen Beitrag.

Berlin, den 20. Mai 1858.

gez. v. Pfuel.

Beilage B.
Geschäftsordnung für die Schwimmmeister.
Allgemeine Vorschriften.

§ 1.

Nebst Fertigkeit in der Kunst und einer guten Unterrichtsgabe, sowie für Fälle der Gefahr des nöthigen Grades von Geistesgegenwart und Entschlossenheit, sind Geduld, Ruhe und ein bescheidenes Benehmen wesentliche Eigenschaften eines guten Schwimmlehrers.

§ 2.

Vorsicht beim Unterricht und die pünktlichste Innehaltung der für denselben gegebenen Vorschriften gehören zu seinen vorzüglichsten Obliegenheiten, weil davon die Vermeidung jedes Unglücksfalles, der gute Ruf der Anstalt und das Gedeihen des Schwimmunterrichtes selbst abhängig ist. Daher ist er verbunden:

a. sich unter keinerlei Vorwande Abweichungen von den Gesetzen der Anstalt, der Unterrichtsvorschrift und insbesondere von den darin festgesetzten Bedingungen zum Uebergange seiner Schüler aus einer Klasse in die andere zu erlauben;

b. jedesmal diejenigen Schüler, welche wegen Jugend und Unerfahrenheit dieser Vorschrift bedürftig erscheinen, vor dem Beginn des Unterrichts zu untersuchen, ob sie auch genugsam abgekühlt sind; ebenso

c. bei allen Schülern, so lange sie noch an der Stange unterrichtet oder an der Leine geführt werden, die durch die Unterrichtsvorschrift angeordneten Sicherheitsmassregeln, in Betreff des Sprunges ins Wasser, so lange in Anwendung zu bringen, bis ihnen auf ihren Antrag durch den Vorstand etc. wegen bewiesener Vorsicht und Besonnenheit der Sprung vom Gangwege herab ausdrücklich gestattet worden ist;

d. sich durch Umwickeln der Gurtleine um die Hand ihrer vor dem Sprunge des Schülers jedesmal fest zu versichern, ihm auch den Sprung nie eher als auf sein Geheiss, am wenigsten aber gewaltsame Nöthigungen dazu (durch Stossen von hinten her) zu gestatten.

§ 3.

In den Unterrichtsstunden von 5 bis 12 und bis 8 Uhr sind sämmtliche Schwimmlehrer auf dem Deck, wobei es ihnen allgemein obliegt, möglichst darauf zu achten, dass Schade verhütet werde, weshalb sie bemerkte Abweichungen von der Vorschrift und sonstige Unordnungen sogleich bei dem Vorstand anzuzeigen haben.

§ 4.

Jeder Schwimmlehrer hat seinen bestimmten Stand oder seine besondere Brüstung zum Unterricht, die ihm angewiesen wird.

§ 5.

Keiner darf einen Schüler annehmen, der ihm nicht eine Marke oder einen Zettel überbringt, worauf des Schülers und der Name des Lehrers vermerkt ist, dem er zugetheilt worden, und der von der Direction und vom Rechnungsführer unterzeichnet ist. Fehlt der Marke noch die Unterschrift des Vorstandes, so nimmt der Lehrer den Schüler zwar an, behält aber auch die Marke an sich, um sie dem Vorstande vorzulegen, die geschehene Vertheilung bestätigen und die Karte unterzeichnen zu lassen, um sie dem Schüler demnächst wieder zuzustellen, damit er sich derselben als Einlassmarke bedienen kann.

§ 6.

Sobald ein Meister einen neuen Schüler erhält, muss er ihn befragen, ob er eine bestimmte Unterrichtsstunde innehalten will oder nicht. Im ersteren Falle muss er sich dieserhalb mit ihm einigen, und wenn sich der Schüler zu der verabredeten Zeit einstellt, ihn alsdann auch vorzugsweise abfertigen. Alle Schüler, welche sich nicht über bestimmte Unterrichtsstunden geeinigt haben, werden hingegen in der Reihenfolge unterrichtet, wie sie sich gerade täglich einstellen, und kein später gekommener darf einem früher gekommenen eigenmächtig vorgezogen werden.

§ 7.

Wenn sich viele Schüler eines Lehrers von ungefähr gleichzeitig zum Unterricht einfinden, ein anderer Lehrer aber Musse hat, so hilft der letztere dem ersteren aus und liegt solche Aushülfe vorzugsweise den Hülfsschwimmlehrern ob. — Verträglichkeit und wechselseitige Gefälligkeit der Schwimmlehrer unter einander ist überhaupt sehr zu empfehlen.

§ 8.

Jeder Lehrer führt ein namentliches Verzeichniss seiner Schüler, welches er stets vorzulegen bereit sein und in welchem er die Fortschritte der Schüler bemerken und im Stande sein muss, daraus ungefähr anzugeben, wie viel Unterrichtsstunden sie erhalten haben bis zu ihrer Versetzung in die 4. Klasse.

§ 9.

Uebrigens müssen sich sämmtliche Schwimmlehrer in allen schwierigen Schwimmarten, ingleichen in Rettungsversuchen von Verunglückten fleissig üben, um sich in ihrer Kunst immer mehr zu vervollkommnen.

Es gehört zu den Dienstobliegenheiten des Vorstandes, dergleichen Uebungen, namentlich die Rettungsversuche (z. B. durch fingirte Unfälle des Reissens oder Entschlüpfens der Leine, des Platzens des Gurtes u. dgl.)

in den ersten Wochen nach Wiedereröffnung der Anstalt täglich, später wenigstens wöchentlich unter seiner Aufsicht anstellen zu lassen

Schwimmlehrer von der Woche.

§ 10.

Zwei Schwimmlehrer (ein Schwimmlehrer und ein Hülfsschwimmlehrer) haben jedesmal zusammen die Woche. Alle Montage werden sie abgelöst und überliefern ihr Geschäft den Antretenden mit Ordnung, wobei der Vorstand in der Regel zugegen sein wird.

§ 11.

Die Schwimmlehrer von der Woche bleiben beständig auf der Anstalt und sind für die Ordnung im Allgemeinen verantwortlich. Es liegt ihnen daher ob:

    a. darauf zu sehen, dass Gurte und Leinen stets in gutem Stande sind und haben sie daran nöthige Ausbesserungen dem Vorstande sogleich anzuzeigen, auch schadhafte Gurte sogleich bei Seite zu legen.

    b. Alle Abende die ganze Anstalt zu besichtigen und dem Vorstande bei dessen Eintreffen jedesmal zu berichten, ob die Zelte und Fahrzeuge in Ordnung sind und ob und was etwa vorgefallen ist.

    c. Dafür zu sorgen, dass durch den Wärter die Zeltvorhänge alle Abend aufgebunden und die Zelte gelüftet werden, ausserdem aber die Thüren der nicht besuchten Zelte stets verschlossen zu halten.

    d. Auf Ordnung und Reinlichkeit auf der Stube der Schwimmlehrer, dem Saal und den Zelten zu halten und daher Verunreinigung und Mitbringen von Hunden nicht zu dulden, auch auf Verhütung von Feuersgefahr streng Acht zu haben.

    e. Dem Zudrange unbefugter Zuschauer (dem Mitbringen von Bedienten zum An- und Auskleiden) und der Ueberfüllung der Anstalt überhaupt vorzubeugen, endlich ·

    f. stets im Schwimmsaal zu sein, sobald Scholaren frei im Becken schwimmen, um auf sie Acht zu geben und zur Hülfe bereit zu sein.

§ 12.

Die Schwimmlehrer von der Woche vertreten überhaupt den Vorstand in dessen Abwesenheit in allen Fällen, wo es sich nicht um das Rechnungswesen handelt, haben das Recht, alle bemerkten Unregelmässigkeiten auf der Stelle mit Bescheidenheit zu rügen, und die Obliegenheit, demnächst bei dem Vorstande davon Anzeige zu machen. Sowohl die übrigen Schwimmlehrer als die Schüler und sämmtliche Theilnehmer werden sich in dergleichen Fällen ihren Anweisungen zu fügen und ihren Anordnungen Folge zu leisten haben.

§ 13.

Insbesondere liegt ihnen daher noch ob, auf den Schwimmunterricht der Militair-Abtheilungen zu achten, damit solcher nach der Vorschrift geschehe; auch bei Anmeldungen von Militair-Lehrlingen zum Führen im Becken nach der Unterrichts-Vorschrift den ersten Versuch zum Stosszählen zu beobachten, und wenn sie den Schüler dazu noch nicht für reif

erkennen, ihn (in die 2. Klasse) zurückzuweisen, damit nachtheiligen Ueber-
eilungen beim Unterricht vorgebeugt werde.

§ 14.

Der Hülfsschwimmlehrer von der Woche steht dem Schwimmlehrer in
allen § 11 erwähnten Verrichtungen nach Kräften bei und übernimmt die
ihm zu dem Ende von letzterem zu Theil werdenden Aufträge mit Bereitwilligkeit. Demnächst haben sie in Ermangelung anderer Führer vorzugsweise die Obliegenheit, bei Uebergängen über die Spree den Kahn zu führen.

§ 15.

Schwimmlehrer, welche diesen die Aufrechthaltung der Ordnung be-
zweckenden Vorschriften wiederholt entgegenhandeln, werden ohne Weiteres
entlassen und von der Anstalt entfernt. Diese Vorschriften werden ihnen
daher als Bedingungen ihrer Annahme vor Eröffnung der Anstalt bekannt
gemacht und sie werden zur Befolgung derselben durch Wort und Unterschrift verpflichtet.

Die Direction bringt die obigen Vorschriften, auf deren Beobachtung
die Schwimmlehrer verpflichtet sind, hierdurch zur allgemeinen Kenntniss
der Theilnehmer, um sie auch ihrestheils mit den Obliegenheiten der
Schwimmlehrer bekannt zu machen, und bemerkt in Hinsicht des § 7 erwähnten und bei zunehmender Zahl von Schülern nicht immer zu vermei-
denden Falles:

dass — wenn wartende Lehrlinge wider Vermuthen bei unbeschäftigten
Schwimmlehrern Unbereitwilligkeit zur Aushülfe im Unterricht bemerken
sollten — es ihnen freisteht, sich wegen ihrer einstweiligen Ueberweisung
an einen der unbeschäftigten Schwimmlehrer an den Vorstand oder
Schwimmlehrer der Woche zu wenden.

Berlin, den 20. Mai 1858.

gez. v. Pfuel.

Beilage C.

Inventarium der von Pfuel'schen Schwimmanstalt.

I. Die Schwimmanstalt selbst

ist, ganz auf Pfählen ruhend, von Holz in die Spree gebaut. Die Pfähle
sind durch Rahmen unter sich verbunden, worauf Balken liegen, welche
mit Dielen belegt sind. Zur Anstalt führt eine auf Pfählen ruhende Dielen-
brücke, theilweise mit Geländer. — Die Anstalt bildet 2 Hauptabtheilungen,
jede hat ein grosses und ein kleines Bassin.

1) Zu dem grossen Bassin führen 4 Stufenleitern vom Verdeck hinab,
   2 Lattenleitern, zum Ausruhen bestimmt, gehen vom Wasserspiegel
   bis auf den Grund, 3 Schwungbretter an jeder Seite des grossen
   Bassins befestigt, 1 Balancierbalken schwimmt frei in demselben
   herum, 6 Rettungsstangen liegen neben dem Verdeck auf eisernen
   Haken.

2) Zu dem kleinen Bassin führen 4 Lattenleitern vom Verdeck hinab
   bis auf den Grund. Ausserhalb dieses Bassins sind 4 Unterrichts-

bänke so befestigt, dass sie im Winter abgenommen werden können. Zu jeder Bank führen 2 kleine Treppen vom Verdeck hinab. Jede Bank hat vorn einen mit Brettern bekleideten Bock. Neben diesen Unterrichtsbänken führen 6 Lattenleitern vom Verdeck bis auf den Grund.

An allen 4 Seiten beider Bassins sind 3 Reihen Latten über dem Wasserspiegel zum Ausruhen bestimmt, angebracht.

An den 4 Ecken des grossen Bassins sind auf dem Verdeck hölzerne Geländer mit eisernen Streben befestigt.

Zu diesen Bassins gehören an beiden Enden der Anstalt mit Brettern bekleidete und mit Zink gedeckte Zelte.

II. Zelte.

1) Das grosse Zelt liegt gegen die Morgenseite und besteht aus einem Saal und 4 Zimmern.

a. In der Mitte des Saals steht ein aus Kreuzholz verfertigter Springthurm. Rechts und links von demselben sind zwei Sprungbretter mit grauem Zwillich bezogen.

b. Das Zimmer Nr. 1 rechts vom Saale (Generalszelt) ist innerhalb an allen Seiten tapezirt, hat zwei Glasfenster mit grossen Scheiben, eine Thür mit Schloss und Bändern.

c. Das Zimmer Nr. 2 hat ein Glasfenster, eine Thür mit Verschluss und ist nicht tapezirt.

d. Das Zimmer Nr. 3 links vom Saale hat ein Fenster, eine Thür mit Verschluss.

e. Das Zimmer Nr. 4, für die Schwimmlehrer bestimmt, hat eine Decke von alten Brettern, 2 Glasfenster und eine Thür mit Verschluss und Bändern.

2) Das kleine Zelt auf der Abendseite der Anstalt enthält 9 Abtheilungen, sämmtlich durch Bretterwände von einander geschieden, in jeder eine Thür mit Verschluss und ein Glasfenster; ausserdem in jedem Flügel 3 kleine Zelte, welche vorn durch Gardinen geschlossen werden, und eine Uriniranstalt. Das Verdeck um das grosse Bassin und bis zu den Auskleidezelten wird alljährlich mit grauem Zwillich bezogen.

III. Ein grosses und ein kleines Lehrbassin,

zum Unterricht für das Militair und die Kadetten bestimmt, sind durch eine verschliessbare Thür in der Mitte des Saales verbunden. Ausserhalb stehen 2 Lattenleitern. Zum Schutz dienen 2 in die Spree eingeschlagene Pfähle.

IV. Das Haus für den Aufseher

am linken Ufer der Spree ist von Fachwerk — —

V. Das Apartement

steht auf einer Grube (auf dem Lande) von Kalksteinen ausgemauert.

VI. Kähne.

2 grosse, 1 kleiner; dazu gehören:

12 Ruder verschiedener Art,

1 Anker.

VII. Das Meublement auf der Anstalt – –

VIII. Utensilien.

1 Handramme,
1 Fügebank,
1 Fahnenstange,
12 Führstangen,
40 Unterrichtsstangen,
1 Grundharke,
1 Leine mit Gummiball,
26 Schwimmgurte mit Leinen,
2 Wasserschaufeln,
1 Handschippe,
2 Haarbesen,
2 Schrubber,
2 schwarze Tafeln,
1 schwarze Tafel zum Wetter bemerken,
1 Thermometer,
1 Instructionsbefehl, } auf Leinwand in Rahmen (lackirt),
1 Reglementstafel }
1 Geschäftsordnung-Tafel,
6 Foliobücher (Tagebücher für die Schwimmlehrer),
1 Foliobuch für Kadetten-Lehrlinge,
1 Tagebuch,
1 Kassenbuch,
1 Foliobuch für Soldaten-Lehrlinge,

(Ausserdem werden die älteren Bücher und von jedem Jahrgang ein Volumen Beiläge und ein Volumen Correspondenz asservirt.)

1 Aktenkasten.

IX. Rettungs-Apparat*) für im Wasser Verunglückte
im Generalszelt. Hierzu:

a. Sachen: 2 flanellene Decken, um den Körper darauf zu legen und
einzuwickeln,
flanellene Lappen, } zum Reiben,
6 Bürsten }
einige Pfund guten Branntwein oder Wein,
eine Flasche mit Baumöl,

---

*) Wir machen auf diesen „Rettungs-Apparat" sowie auf die S. 20 erwähnten „Rettungsgeräthe" ganz besonders und dringend aufmerksam. In keiner Schwimmanstalt sollten dieselben fehlen. So hatte der gänzliche Mangel an solchen Rettungsgeräthen im Juli 1870 in Berlin einen bedauerlichen Unfall zur Folge. In einer dortigen renommirten Badeanstalt ging innerhalb des Bassins ein Schwimmender, den seine Kräfte verliessen, unter und zog den ihm sofort zur Hülfeleistung nachspringenden Bademeister mit in die Tiefe. Beide ertranken. Weder war in dem grossen Bassin ein Kahn, noch eine Rettungsleine oder ein Rettungshaken zur Stelle. (Voss. Ztg. v. 16 Juli 1870.)

In der Pfuel'schen Schwimmanstalt ist trotz der bedeutenden Frequenz der Anstalt (vgl. S. 32) seit dem Bestehen derselben, soviel wir in Erfahrung gebracht haben, ein Unglücksfall, wie der vorerwähnte, nicht vorgekommen.

Weinessig,
Küchensalz,
4 blecberne Wärmflaschen,
eine Wanne zu ganzen Bädern,
aromatische Kräuter,
ätzender Salmiakgeist,
Hoffmannstropfen,
Brechweinstein, Ingwer, Senf, Blasenpflaster,
gestrichenes Klebepflaster,
4 Aderlassbinden,
1 irdene Theekanne.

b. Instrumente:

2 Lancetten,
2 Bistouris,
1 Klystierspritze,
1 Injectionsspritze, um die Kehle vom Schleim zu reinigen.

X. Sechs Stämme Bauholz,

welche als Abhalter der Wellen und des Unraths dienen und an den Enden der Anstalt zwischen den Pfählen liegen.

XI. Das Kadettenzelt,

der Anstalt gehörig, in dem neuen Uebungsschuppen der Garde-Pionier-Abtheilung.

Das Soldatenzelt hat eine Seitenwand und an den Wänden herumlaufende feste Bänke, sowie eine Bank in der Mitte. Von diesen Zelten führt eine hölzerne Laufbahn nach der Anstalt.

Auf dem Soldaten-Bassin befindet sich ein Springthurm und ein Zelt mit Glasfenster und verschliessbarer Thür für den wachthabenden Officier. Das Unterrichts-Bassin hat 6 kurze Leitern; auch ist dasselbe mit einer Bretterwand nach aussen bekleidet. Das grosse Bassin hat 4 Leitern und 2 Sprungbretter und auf einer Seite eine Barriere, welche mit eisernen Streben befestigt ist.

Berlin, den 12. April 1859.

gez. Henny, Ob.-Lt. a. D.

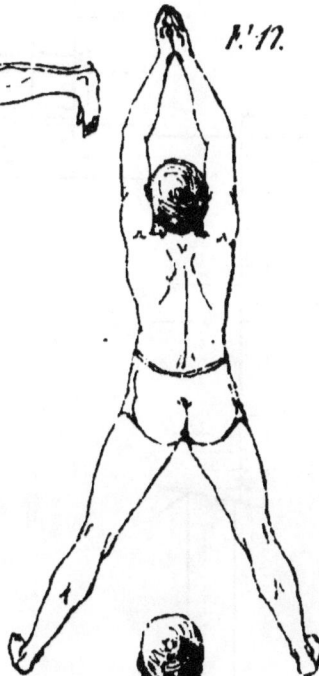

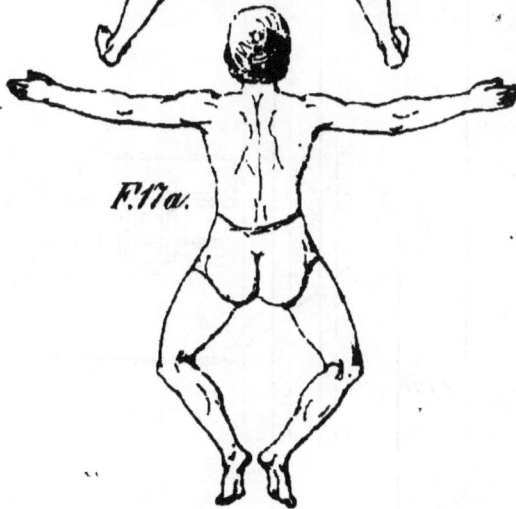

umweise.

F. 1.

F. 15.

F. 17.

F. 16.

F. 17a.

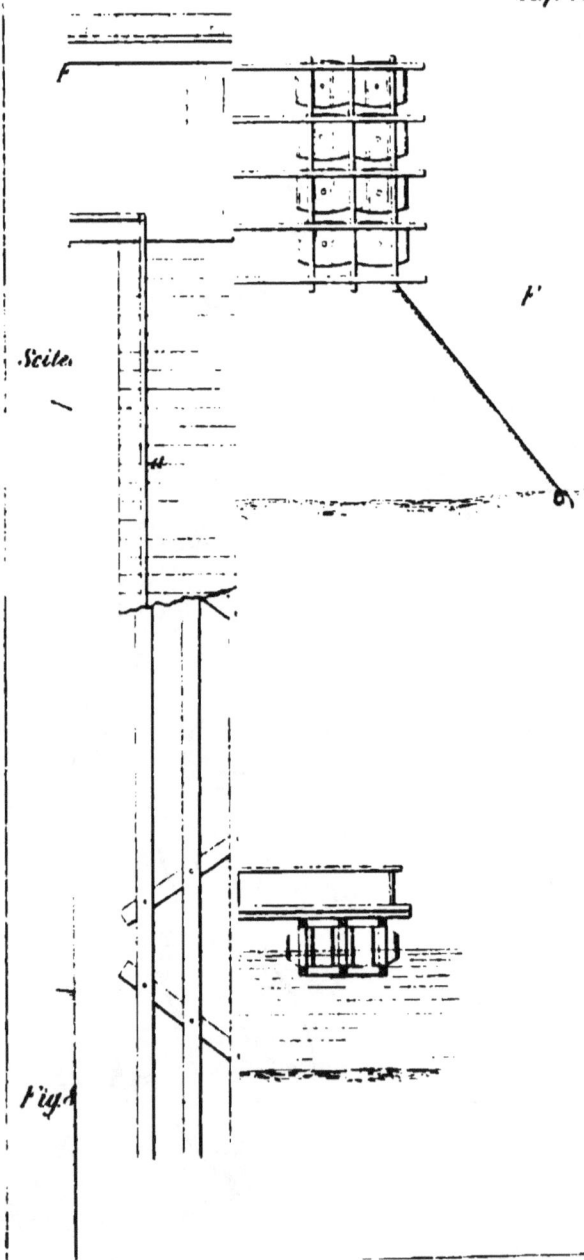

Taf. 10.

Seile

Fig.

Taf: 11.

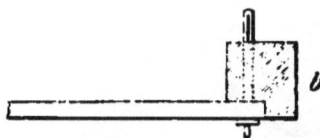

_b_

...ckstangen-Befestigung.   _Querschnitt nach A B._

Fig. 4.

_B_

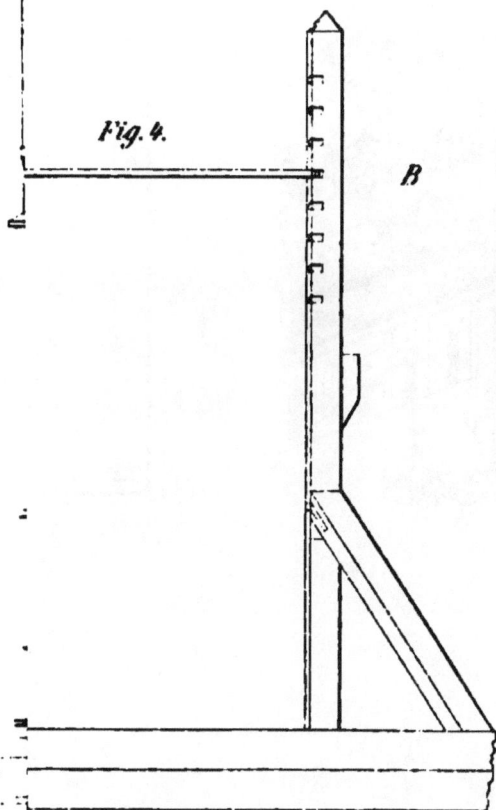

Festes Reck.

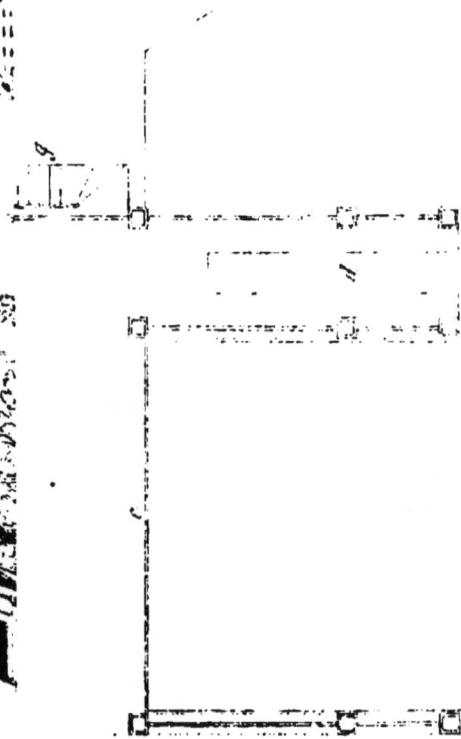

Vorderansich

a, *Reck.*

b, *Hacken.* ⎫   *Für die*

c, *Sturz-Treppe.* ⎬ *Schaukel.Geräthe.*

d, *Laufbretter*

e, *Schwungbretter*

f, *Springbretter*

g, *Treppe*

h, *Leiter.*

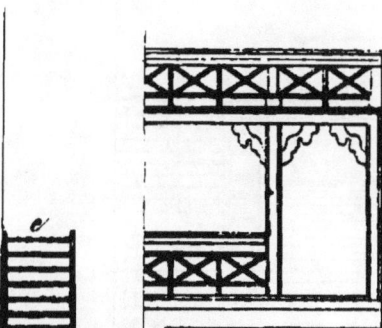

nung des Schn

· —B

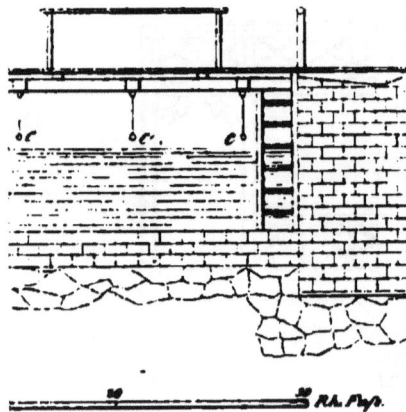

R.h. Fuß.

Fig. 13.

Taucher mit Rüstung.